JN014710

事務管理・
不当利得・
不法行為

根本尚徳・林 誠司・若林三奈

[著]

Nippyo
Basic Series

日評ベーシック・シリーズ

日本評論社

はしがき

　本書は、事務管理・不当利得・不法行為の各法分野をはじめて勉強する皆さんが——あたかも新書を読むかのように——1人で通読し、それぞれの分野に関する基本的理解をえられるように配慮して書かれた教科書である。説明をする際には、①わかりやすく、はっきりとした言葉を使うこと、②重要な言葉の定義を示すこと、そして③考えの筋道をできるかぎり詳しく、かつ具体的に述べることの3点をとくに心がけた。読者の皆さんは、本書を（可能であれば、六法と辞書とを手もとに置いて、条文や意味のわからない言葉が出てきたときには、そのたびにそれらを確認しながら）ゆっくりと読み進めてほしい。

　また、本書では、ある法制度の土台をなす一般的な考え方（原理、原則あるいは理論などといわれるもの）を基礎として条文や判例の意味を理解し、それらに基づき個別の具体的な問題に関する特定の結論を正当化する方法（伝統的に法解釈論とよばれてきたもの）を皆さんに身につけてもらうことをも目指した。事務管理・不当利得・不法行為に関する基本的理解をそなえつつ、このような方法をもあわせて知っていれば、将来、皆さんがそれまで考えたこともなかったようなあたらしい問題に直面したときにも、皆さん自身の手で、その問題に関する説得的な考えを見つけ出すことができるであろう。

　そのような法解釈論の組み立て方を勉強するのにもっとも良い方法は、実際に自らそれをやってみることである。しかし、初学者の皆さんが法解釈論を一からすべて自分自身の力で作り上げることは困難であろう。そこで、本書においては、執筆者各自による法解釈論の試みを、皆さんに追体験してもらうことにした。その際には、当然のことながら、判例・学説によるこれまでの法解釈論の積み重ねを重視し、その到達点を明らかにすることを第1とした。その上でさらに、さまざまな見解が今なお激しく対立している問題や、そもそも判例・学説による議論が未だ十分に行われていない問題については、執筆者各自の見解を提示した。とくに不法行為の分野では、判例および伝統的通説の立場

と近時の学説上の有力説の立場とが多くの重要な論点について大きく異なっている。これらの点に関して、何らの道標も示さないまま、皆さんをそのような見解の対立・混迷状況の中に置き去りにすることこそ、まさしく教科書として不適切であり、有害でさえある、と考えたからである。もちろん、本書の立場を皆さんに押しつけるつもりはまったくない。できるかぎり丁寧に説明をしたがために、執筆者各自の見解に分析の不足や論理の飛躍が潜んでいるとすれば（どうかそのようなことがありませんように！）、読者の皆さんは、それらを簡単に見つけることができるであろう。皆さんには、むしろ、「そのような分析の不足・論理の飛躍を発見してやろう」というほどの意気込みを持って本書を読んでほしい。そのような批判的検討を通じて、皆さんが、本書の説明にあきたらず、他の教科書や学術論文にまで手を伸ばしてみたい、との気持ちになってくれるならば、執筆者一同にとってこれ以上に大きな喜びはない。

　2021年5月

根本尚徳・林　誠司・若林三奈

事務管理・不当利得・不法行為

略語一覧

＊本文中、民法については表記を省略している。

Ⅰ　主要法令名

意匠	意匠法
一般法人	一般社団法人及び一般財団法人に関する法律
警官援助	警察官の職務に協力援助した者の災害給付に関する法律
厚生年金法	厚生年金保険法
小切手	小切手法
国賠	国家賠償法
実用新案	実用新案法
商標	商標法
消防	消防法
製造物	製造物責任法
船員	船員法
著作	著作権法
手形	手形法
特許	特許法
不正競争	不正競争防止法
民訴法	民事訴訟法
労災保険法	労働災害補償保険法

Ⅱ　判例集

民録	大審院民事判決録
民集	大審院民事判例集
	最高裁判所民事判例集
集民	最高裁判所裁判集民事
交民	交通事故民事裁判例集
判時	判例時報
判タ	判例タイムズ

序章

　本書では、不法行為法、事務管理法、そして不当利得法という3つの法制度について順に説明する。

　それぞれに関する説明をはじめる前に、まず、3つの法制度の共通点と相違点とを簡単に整理し、各法制度を個別に勉強する際に読者の皆さんに注意してほしいところを述べておこう。

　不法行為法、事務管理法、不当利得法の3つに共通することは、それらはすべて、債権という権利の発生要件を定めた法制度である、ということである。すなわち、不法行為法は、損害賠償請求権という名前のついた債権が発生するために、どのような要件が満たされなければならないか、について定めたものである。同じく、事務管理法は、受取物引渡請求権や費用償還請求権という名前のついた債権について、また不当利得法は、不当利得返還請求権という名前のついた債権について、それぞれ発生要件を定めている。

　そのため、皆さんは、各法制度について勉強する際に、その法制度がまさしく債権の発生要件を定めたものであるということを肝に銘じて、損害賠償請求権、受取物引渡請求権、費用償還請求権、そして不当利得返還請求権という4つの債権の発生要件の内容を正確に理解するように心がけてほしい。

　次に、上記3つの法制度の相違点は、それぞれがもうけられた理由、つまりは各法制度の目的が異なる、ということである。それに合わせて、各法制度が定める債権の発生要件、さらには効果の内容もまた互いに異なることとなる。たとえば、不法行為に基づく損害賠償請求権は、請求の相手方（債務者）に対して損害の賠償を求めるために発生するものである。それゆえ、それは、債務

者に故意または過失が認められることをその発生要件とする（この点につき詳しくは、後にあらためて説明する。→9頁）。これに対して、不当利得返還請求権は、請求の相手方（債務者）の手もとに存在する不当な利得の返還を求めるために発生する。したがって、その発生には債務者の故意または過失を必要としない、というように。

　そのため、皆さんは、3つの法制度がそれぞれどのような目的をもち、それに合わせて各債権の発生要件および効果としてどのような事柄を定めているのか、を個別に理解してほしい（不法行為法、事務管理法、不当利得法は互いに別個の法制度である。それらを混同しないように気をつけること）。また、その際には、それぞれの債権の発生要件や効果の内容を抽象的に理解することだけではなく、各債権が発生する典型例に即しつつ具体的に理解することを心がけよう。

第1章

不法行為総論

　これから不法行為法について学ぶに当たり、まず、本章では、その手はじめとして、この法制度の機能と特徴、そしてこの法制度の目的について順に説明する（→Ⅰ）。

　その後、日本における不法行為法のしくみ、とくに条文のならび方を整理した上で（→Ⅱ）、本書の第1部における説明の進め方を概観しよう（→Ⅲ）。

Ⅰ　基礎

1　機能

　はじめに、不法行為法の機能、すなわち、この法制度はどのようなはたらきをすべきものであるか、について説明する。

　あらかじめその結論を述べておくと、不法行為法の機能は、不法行為の被害者が受けた損害を加害者に転嫁することである。

　以下、このことの意味を説明しよう。

(1)　必要性

　ある人がその生活において何らかの不利益を受けたときには、その人は、この不利益を自分自身で引き受けなければならない。言い換えるならば、その不利益を他人に押しつける（＝転嫁する）ことは許されない。これが、私たちの社会の基本原則である。

たとえば、Ａが道を歩いていたところ、突然、物が落ちてきてＡの頭に当たったとしよう。その結果、Ａは、頭にケガをした。このとき、Ａは、そのケガを治療するための費用（たとえば、5,000円分の金銭）を自分の財布から出さなければならない。すなわち、物が落ちてきたことによる不利益（ケガの治療のために5,000円分の金銭を失うこと）を、不運として自ら引き受けなければならないのである。

　だが、この場合に、もしＡの頭の上に物が落ちてきたことが、たとえばＢの不注意によるものであったとすると、これに基づくＡの不利益を単なる不運としてすませるわけにはいかない（それでは、Ａが納得しないであろう）。その場合には、この不利益をＢに負担させることが妥当である。すなわち、先ほどの基本原則に対する例外として、不利益を受けた人（Ａ）が、その不利益を生じさせた人（Ｂ）に対して自らの不利益を転嫁することを認めるべきである。そして、このような必要にこたえるために用意された法制度こそ、まさしく不法行為法にほかならない。

(2)　方法

　では、不法行為法は、どのようにしてそのような必要にこたえるのか。それは、次のような方法によってである。

　不法行為法は、ある人が他人に不利益を与える行為を、一定の要件のもとで「不法行為」ととらえる。そして、このような不法行為を行った人に対して、その行為によって他人に生じた不利益を回復すべき責任を負わせるのである。このとき、不法行為を行った人のことを「加害者」、不法行為によって不利益を受けた他人のことを「被害者」という。また、被害者が受けた不利益のことを「損害」とよぶ。さらに、損害を回復することを、損害を「賠償」する、という。

　たとえば、先ほどの具体例においては、Ｂが不注意によってＡの頭の上に物を落とした行為が「不法行為」に当たる。この「不法行為」によって、Ａには治療費（5,000円分の金銭）の支払という不利益が生じた。そのため、Ａは、不法行為の「被害者」であり、治療費の支払がＡの「損害」である。また、Ｂが不法行為の「加害者」となる。したがって、Ｂは、Ａが受けた損害を回復すべ

き責任、つまりは損害賠償責任を負う。具体的には、Bは、Aの損害に見合う
だけの金銭（5,000円）をAに対して支払わなければならない。そして、Bが
5,000円をAに支払うと、これによってAの損害（治療費の支払として5,000円分
の金銭を失ったこと）が回復されるとともに、Bは、それと同じ損害（5,000円
分の金銭の喪失）を受けることとなる。すなわち、被害者の受けた損害が加害
者に転嫁されるのである。

　さらに、以上に説明した事柄を被害者（A）の立場から見て表現するなら
ば、被害者は、自分の損害を加害者（B）に賠償させることができる、という
ことになる。具体的には、被害者は、加害者に対して、損害の賠償を請求する
権利、つまりは損害賠償請求権を取得する。損害賠償請求権は、加害者に損害
の賠償という一定の行為を求める権利である。それゆえ、これは債権の１つに
ほかならない（債権という権利の一般的性質については、NBS『債権総論』8〜11
頁を参照）。

2　特徴

　以上のような不法行為法の機能、すなわち被害者の受けた損害を加害者に転
嫁する、というはたらきは、多くの国々の不法行為法に共通してみられるもの
である。

　他方で、各国の不法行為法は、他の国々の不法行為法にはみられない独自の
特徴をも有している。

　そこで、次に、日本の不法行為法の特徴についてみることとしたい。

　なお、これ以降の説明では、不法行為法に基づき発生する加害者の損害賠償
責任のことを不法行為責任とよぶ。

(1)　2つの特徴

　709条によれば、「故意又は過失」によって他人の「権利又は法律上保護され
る利益」を侵害した人は、これによって生じた「損害」を賠償する責任を負わ
なければならない。すなわち、不法行為責任が発生するには、加害者が被害者
に対して「損害」を与えたことに加えて、さらに、①加害者が被害者の「権利

又は法律上保護される利益」を侵害したこと、および②そのような侵害が加害者の「故意又は過失」によるものであることが必要である。

これに対して、たとえば、フランスの不法行為法では、上記①は不法行為責任の発生要件とはされていない。また、かつてのドイツ（ゲルマン）の不法行為法は、加害者が被害者に損害を与えた以上、それが加害者の故意や過失によるものではなかったとしても、加害者は常に不法行為責任を負うべきである、としていた。すなわち、ゲルマンの不法行為法においては、不法行為責任の発生には上記②の要件は不要であった。これらと比べるならば、上記①および②の2つの要件が定められていることが日本の不法行為法の特徴である、ということになる。

では、なぜ日本の不法行為法には、これら2つの要件が定められることとなったのか。次に、この点について説明しよう（また、その際には、とくに現在におけるこれら2つの要件の意義についても合わせて検討する）。

(2) 権利・法律上保護される利益の侵害

まず、「権利又は法律上保護される利益」の侵害という要件が定められた理由について。

(a) 起草者の見解——消極的機能の承認

この要件は、2004年に行われた改正の前までは単に「権利」の侵害とされていた（以下、この改正前の要件のことを権利侵害要件とよぶ）。

もともと、民法典の起草者は、権利侵害要件を、加害者が不法行為責任を負うべき場合を限定するための要件として定めた。

たとえば、Aスポーツクラブの従業員であるBが、現在Cスポーツクラブに通うDに対して、Aの設備の良さと月会費の安さを力説して、Aに入会するよう勧誘した結果、DがCから退会した上で、Aに入会したとしよう。Cは、これによってDという会員を失った。すなわち、Cは、もしBがそのような勧誘をしなければDから得られるはずであった月会費をもはや得ることができなくなった。これは、Cにとって、損害に当たる事柄である。また、Bには、Dを勧誘する意思（Cを退会させて、Aに入会させようとする意思）、つまりは故意があった。

この場合に、もしBがCに損害を（故意で）与えたことのみを理由としてBにCに対する不法行為責任を負わせるとすれば、今後、Bは、そのような責任をさらに負わされることをおそれて、Cの他の会員をAへの入会に勧誘しなくなるであろう。しかし、それでは、経済活動を通じてより多くの顧客を獲得し、より多くの利潤（もうけ）を手にする、というA（B）の正当な利益が損なわれてしまう。また、AとCとの間で顧客の獲得をめぐる競争が公正に行われることで、より質の良い商品（スポーツクラブにおける設備やサービス）が、より低い価格で、より多くの人々に対して供給されることとなる。だが、Bによる勧誘が止まり、AC間の競争が行われなくなれば、そのような社会全体にとっての利益もまた失われてしまう。

そこで、このような不都合を防ぐために、起草者は、加害者が被害者に対して「損害」を与えたことに加えて、さらに、その損害が被害者の「権利」に対する侵害によって生じたことをも不法行為責任の発生要件とした。すなわち、不法行為責任が発生すべき場合を、被害者が「損害」を受けた場合のうち、さらに被害者の「権利」が侵害されたときに限定することで、人々が社会的に望ましい行為（たとえば、公正な競争）を広く自由に行いうることを保障しようとしたのである（上記具体例におけるCには、Dを自分の顧客として独占する権利は存在しない。そのため、Bの行為は、Cの「権利」を侵害せず、したがって、Bの不法行為責任は発生しない）。

(b) 近時の展開——積極的機能の承認

このように、権利侵害要件は、もともとは、加害者に不法行為責任を負わせる場合を限定する、といういわば消極的な機能を果たすべき要件として定められた。また、2004年に改正された後の「権利又は法律上保護される利益」の侵害という要件（以下、この改正後の要件のことを権利・利益侵害要件という。さらに、改正後の709条の「権利」と「法律上保護される利益」とを合わせて法益とよぶ）がそのような消極的機能を持つことについても今日、異論はない。

しかし、権利・利益侵害要件の機能は、このような消極的なものだけに止まらない。この要件は、さらに、被害者の法益が侵害された場合には、（他の要件も満たされている限り）被害者＝法益の主体に損害賠償請求権という法的保護手段が与えられることを保障する——そして、これを通じて、被害者の法益

を加害者による侵害から事後的に保護する——という積極的な機能をも果たすことが可能であり、かつ果たすべきである、と解される。

すなわち、民法は、1人1人の人間や法人（以下、これらの人々をまとめて私人とよぶ）に対して、その人に固有の法益（たとえば、物権や債権、名誉やプライバシー、日照や通風を受ける利益など）を認め、それぞれの私人が自己の法益を自由に享受することを承認している（このことを「私人に法益を割り当てる」という）。そうである以上、このような私人による法益の享受が、その法益の内容や性質に照らして不当な形で妨げられ、その結果として私人が損害を受けた場合には、民法は、この私人、つまりは被害者に対して、その損害を回復し、侵害が起きる前の状態（＝この私人が法益を自由に享受している状態）を取り戻すための法的手段をも保障しなければならない（もしこの場合に、私人にそのような法的手段が与えられないとすると、私人の法益は、実質的に無意味なものとなり、民法による法益の割当てもその意義を失うこととなる）。それゆえ、民法は、不法行為に関する法制度を用意し、被害者に損害賠償請求権を認めることによって、自らが私人に割り当てた法益（＝「権利又は法律上保護される利益」）を事後的に保護すべきである。まさしくこのような理由からもうけられた法制度こそ不法行為法であり、そのことを明確にするために定められた要件こそ権利・利益侵害要件である、と考えられる。709条の規定も、客観的には——加害者は、被害者の法益を侵害しない限り、不法行為責任を負わなくてよい、ということ（＝権利・利益侵害要件の消極的機能）よりも、むしろ——加害者は、被害者の法益を侵害した場合には（そして他の要件が満たされている限り）、被害者に対して不法行為責任を負わなければならない（＝被害者には、加害者に対する損害賠償請求権が認められなければならない）ということ（＝権利・利益侵害要件の積極的機能）を明らかにした規定である、と読むことができる。

後で詳しく述べるように（→27〜30頁）、近時の学説においては、このような権利・利益侵害要件の積極的機能を承認し、この要件を不法行為責任の発生要件の中核に位置づける見解が有力となっている。

(3) 故意・過失

次に、「故意又は過失」が不法行為責任の発生要件とされた理由について。

(a) 帰責

(i) 帰責事由の必要性

一般に、ある人に他人に対する損害賠償責任を負わせることを帰責という。そのため、不法行為法は、帰責に関する法制度の1つである、ということができる（帰責に関する他の法制度は、債務不履行法〔415条1項〕である）。

また、このような帰責を受けること、つまりは他人に対する損害賠償責任を負わされることは、責任を負わされる人（不法行為責任であれば、加害者）にとっては不利益である。なぜなら、すでに説明したとおり（→4〜5頁）、加害者が損害賠償責任を果たすと、それによって、被害者の受けた損害（＝不利益）が加害者に転嫁されるからである。それゆえ、このような不利益＝損害賠償責任を加害者に負担させるためには、そのことを正当化しうる理由が加害者に認められなければならない。このような理由のことを、一般に、帰責事由という。

(ii) さまざまな帰責事由

では、どのような事柄を不法行為に基づく損害賠償責任（不法行為責任）の帰責事由とすべきであるか。

この点については、さまざまな考え方が成り立ちうる（それらの考え方を帰責原理という）。たとえば、①そのような帰責事由としては「加害者が被害者に損害を与えたこと」のみで十分である、との考え方（原因責任原理）や、②「加害者に故意または過失が存在すること」が必要である、との考え方（過失責任原理）、あるいは③「加害者が一般的・抽象的に支配する損害発生の危険が実現したこと」で足りる、との考え方（危険責任原理）などである。

(b) 故意・過失＝帰責事由──過失責任主義の採用

日本の不法行為法（709条）は、不法行為責任の帰責原理として過失責任原理を採用した。すなわち、加害者に「故意又は過失」が存在する場合に、はじめて加害者に不法行為責任を負わせることができることとしたのである（過失責任原理は、伝統的に過失責任主義、過失責任の原則ともよばれてきた。そのため、以下では、「過失責任主義」の言葉を用いる）。

では、なぜ709条は、過失責任主義をとったのか。その理由は、大きく原理的理由と政策的理由との2つに分けられる。以下、順に説明しよう。

（i）　近代法原理に基づく帰結——原理的理由　　第1に、日本の民法典は、ヨーロッパで発展した「近代法」という理念をその基礎とするものである。近代法のもとでは、すべての自然人（法人とは区別をされた、生身の人間）は、それぞれ独立した、平等の、自由な存在として尊重される。すなわち、人は、他人から何事をも強制されない。そのため、何人（なんぴと）も自らの意思によらなければ、他人に対する義務や責任を負うことはない（私的自治の原則）。そうであるとすれば、加害者の被害者に対する不法行為責任についても、加害者の故意（他人の法益を侵害しようとする意思）または過失（他人の法益を侵害しないように、社会から守るべきことを求められる注意を守らなかった、という行為＝意思の態様）を帰責事由とすべきである、と考えられる。

（ii）　近代産業社会の発展の保護・促進——政策的理由　　第2に、民法典が制定された当時（19世紀後半）の日本は、近代産業社会のはじまりの時期、さらにはその発展の時期を迎えていた。そのため、私人による活発な経済活動が必要とされ、実際にも活発な経済活動が行われていた。すなわち、人は他人（競争相手や消費者）と接触を持つことが期待されていた。

　他方において、他人と接触する機会が増えれば、それだけその他人に損害を与える危険もまた大きくなる。この場合に、もし不法行為責任の帰責原理として、たとえばすでに説明した原因責任原理（→9頁）が適用され、他人に損害を与えた者は、常にその損害を賠償しなければならない、とすると、人々は——他人に損害を与え、不法行為責任を負わされることのないように——他人との接触をできる限り控えるようになるであろう。また、その結果として、社会におけるさまざまな経済活動が停滞を余儀なくされる。だが、これでは、近代産業社会の発展は、大きく阻害されてしまう。

　そこで、このような事態を避けるために、日本では、不法行為責任の帰責原理として過失責任主義がとられることとなった。なぜなら、過失責任主義によれば、人々は、ある行為をする際に、他人の法益を侵害しないように注意をしていさえすれば、たとえ実際にその行為によって他人の法益を侵害し、その人に損害を与えたとしても、不法行為責任を負う必要はないからである。すなわち、起草者は、このようなルールを定めることで、人々に自由な活動領域をできる限り広く保障し、近代産業社会の発展を保護、さらには促進しようとした

のである。

過失責任主義の限界と無過失責任（危険責任原理）導入の必要性

　しかし、民法典が施行された後、近代産業社会がさらなる発展をとげるに連れて、過失責任主義の限界もまた明らかとなった。とくに1960年代から70年代にかけて大きな社会問題となった公害や交通事故の事案において、そのことが鮮明になった。

　すなわち、過失責任主義によると、たとえば、ある工場からその付近の川に流された汚染水によって、その川ぞいに住む人々（被害者）の生命や身体（健康）が侵害された場合には、その工場の持主である企業（加害者）が故意または過失によって汚染水を川に流していたという事実が認められるときに、加害者は、被害者に対する損害賠償責任を負うべきこととなる。被害者は、自らの手で加害者の故意または過失の存在を証明しなければならない（この証明が成功しない限り、被害者に生じた被害がどれほど深刻なものであったとしても、被害者は、加害者の損害賠償責任を追及することはできない）。具体的には、汚染水を川に流せば、汚染水に含まれている化学物質がゆくゆくは被害者の体内に入り、そしてその生命や身体（健康）を害する危険があるということを加害者が知っていた、あるいは少なくとも知ることが可能であったという事実を被害者自身で明らかにしなければならない。そして、そのためには、その化学物質の性質やそれが被害者のもとに届くまでの過程で生ずる化学変化の内容（たとえば、その物質が川に住む魚の体内にどのように蓄積され、濃縮されるか）などに関する知識が必要である。しかし、大多数の被害者は、そのような知識を持っていない。また、加害者の故意または過失を証明するための証拠は、通常、加害者の側に存在しており、被害者がそれらを入手することさえ一般には困難である。これらの事情によって、――被害者が加害者の故意または過失を証明することができないばかりに――本来であれば不法行為法によって保護されるべき被害者が加害者の不法行為責任の追及に失敗したり、そもそもこれを断念したりする事態が起こるとすれば、それは不正義である（しかも、まさしく過失責任主義に基づく不正義である）、といわなければならない。

　さらに、多数の自動車が一定の限られた空間の中を高速で走行している場合には、1人1人の運転者が自らの注意を尽くしており、それゆえそれぞれの運転に過失がないとしても、一定の確率で事故が発生することは避けられない。

過失責任主義からすれば、この場合には、交通事故によって損害を受けた被害者が事故を起こした加害者の不法行為責任を追及することはできない、ということになる。これと同じような問題は、科学技術の発達とともにさまざまな設備（鉄道、航空機、工場、原子力発電所など）の構造がますます複雑化し、人間によるそれらのコントロールがそれだけより一層難しくなっている現代において、その深刻度を増している（しかも、それらの設備が一度、事故をひき起こしたときには、多数の被害者に多大の損害をもたらす危険が高い）。

　以上のような過失責任主義の限界が明らかとなるに従って、加害者の故意または過失以外の事情を帰責事由とする損害賠償責任（無過失責任）を加害者に負わせる必要が広く認められるようになった。そして、実際に、そのような無過失責任について定める特別な法律が複数、制定された（鉱業法109条、水質汚濁防止法19条、自動車損害賠償保障法3条、原子力損害賠償法3条1項本文など）。たとえば、自動者損害賠償保障法3条によると、自己のために自動車を運行の用に供する人は、その運行によって生じた他人の生命または身体に関する損害について、無過失責任を負わなければならない（詳しくは、→203頁）。

　また、このような特別の法律が複数、制定されたことを踏まえて、学説では、現在、無過失責任の発生を正当化する帰責原理として、すでに説明したような危険責任原理（→9頁）への関心が高まっている。

　ただし、以上に述べたように、一定の場合に加害者に無過失責任を負わせる法律が複数、制定されたとしても、日本における不法行為責任の帰責原理があくまで過失責任主義である事実には変わりがないこと、そして過失責任主義は、それ自体として今日なお、重要な意義を持っていることをも忘れてはならない。

3　目的

　不法行為法の機能と日本の不法行為法の特徴とに関するこれまでの説明を踏まえて、次に、日本の不法行為法が追求する目的について説明しよう。

(1)　法益の保護──被害者側の法益の保護

　不法行為法の第1の目的は、私人1人1人に割り当てられている法益（709

条の「権利又は法律上保護される利益」）を保護することである。法益とは、
——その内容に則して定義をすれば——法的保護に値する利益のことをいう。
法益の保護は、①個別的保護と②一般的保護との2つにさらに区別すること
ができる。

(a) 個別的保護

　権利・利益侵害要件の積極的機能に関する説明においてすでに述べたように
（→7〜8頁）、不法行為法は、私人による法益の享受が他人によって侵害さ
れ、この私人が損害を受けた場合に、一定の要件のもとで、その私人（＝被害
者）にこの他人（＝加害者）に対する損害賠償請求権を認める。具体的には、
各法益の内容や性質に照らして加害者による侵害が許されるべきではないと判
断される場合（かつ加害者に故意または過失が認められるとき）に、加害者に損
害賠償責任を負わせる。そして、これを通じて、被害者が、損害を受ける前の
状態、つまりは、その人が自己の法益を自由に享受していた状態を回復する機
会を保障するのである。すなわち、このような保障を与えることで、不法行為
法は、被害者の法益（の享受）を加害者による侵害から——それぞれの内容や
性質に適した形で——個別に保護しようとする（なお、これは、侵害が起きた後
に行われる事後的な保護である）。

(b) 一般的保護

　また、すでに述べたとおり（→9頁）、日本の不法行為法は、不法行為責任
に関する帰責原理として、過失責任主義を採用している。さらに、過失とは、
ある人の行為が法によって課される行為義務（行為規範）に違反することを意
味し、その有無は一般人の能力を基準として判定される（この点については、
後に詳しく説明する。→62頁、66頁、85頁）。すなわち、不法行為法（より正確に
いえば民法）は、「人々は、それぞれの置かれた具体的な状況のもとで、他人
の法益を侵害しないように、一般人であればとることが可能であり、かつとる
ことが期待される行為をとらなければならない」との行為義務（行為規範）を
設定し、それによって、人々が他人の法益を侵害する行為をしないよう人々の
意思に働きかける。そして、このような働きかけを通じて、人々が他人の法益
を侵害する行為をすることを未然に防止しようとするのである。それゆえ、不
法行為法（民法）は、まさしくそのような形で、私人（潜在的被害者）の法益

を人々（潜在的加害者）による侵害から一般的に保護している、ということができる（なお、これは、侵害が起きる前に行われる事前の保護である）。

(2) 損害の公正な回復──加害者側の利益の保護

第2に、不法行為法は、私人の法益の保護を、加害者に損害賠償責任を負わせることによって実現しようとする。具体的には、すでに説明したとおり（→4〜5頁）、被害者が受けた損害を加害者に転嫁することで、被害者が自由にその法益を享受していた状態を回復する。このとき、もし損害の転嫁が適切な形で行われなければ、それは、加害者の側に存在する──それ自体、法的保護に値する──利益を侵害することとなる。たとえば、加害者の行為に過失（不注意）が認められるべきではない場合にまで過失が認められ、そしてその結果として加害者に不法行為責任を負わせるとすれば、それは、加害者がもともと有している、自由に行動する権利（行動の自由）を正当な理由なく制限するものである。また、加害者の行為に過失を認めることが適切であると考えられる場合であっても、加害者に課される損害賠償責任の内容が必要以上に重い（加害者が支払うべき金銭の額が不必要に高い）場合には、加害者は、本来であれば自分の手もとに持ち続けることができるはずの財産（それらに対する権利）を正当な理由なく奪われてしまう。これらの結論が不当なものであることは明らかであろう。したがって、そのような不当な結論を回避すること、すなわち、被害者の法益を保護する際に、それを加害者との関係において公正な形で実現すること、そしてそれを通じて加害者の利益（行動の自由や財産権）を不当な制約から保護することもまた、不法行為法の1つの課題、つまりは不法行為法が追求すべき1つの目的である、といわなければならない。判例・学説が従来、不法行為法の目的として強調してきた「損害の公平な分担」という理念は、まさしく以上のような事柄を指すものである。

(3) 私人一般の行動の自由の保護

不法行為法の第3の目的は、私人一般の行動の自由を確保することである。すなわち、不法行為法は、被害者の法益および具体的な加害者の利益を保護するだけにとどまらない。さらに、社会生活を送る中で他人から損害を受ける危

険に常にさらされている私人一般（潜在的被害者）と、同じく社会生活を送る中で他人に損害を与える危険を常に抱えている私人一般（潜在的加害者）とに認められるそれぞれの行動の自由をも保護している。

　具体的には、不法行為法は、他人に損害を与える行為のうち、どのような行為が他人の「権利又は法律上保護される利益」を実際に侵害するのか、あるいはどのような行為に実際に「過失」が認められるのか、ということ（これらの要件の具体的内容）を明示することによって（実際には、判例と学説とがそれらの内容を明らかにする）、一方で、そのような被害にあった人は損害賠償請求権による法的保護を受けることができる、との安心を人々（潜在的被害者）に与える（そのような安心が成り立たない社会では、私人は、他人の不法行為によって損害を受けないように、自らの行動を制限する〔そのような形で自衛する〕しかない）。他方で、それらの要件に該当しない限り、何人もその行動を理由として他人に対する損害賠償責任を負わされることはない、との安心をも人々（潜在的加害者）に与えて、私人一般（潜在的被害者・潜在的加害者）の行動の自由を保護しているのである。

制裁・抑止を目的とする不法行為責任？──利益剥奪責任の位置づけ

　加害者が損害賠償責任を負わされること、さらには賠償金を実際に支払わされることで、被害者がそれまで加害者に対して抱いていた悪感情がやわらいだり、あるいは、そのような形でいわば痛い目にあった加害者が、もう二度同じような不法行為をしないと心に誓ったり、さらには、それを目にした第三者も──「他人のふり見て我がふり直せ」と──自らの言動により一層の注意を傾けたりすることは、事実として現にみられるところであろう。すなわち、不法行為責任の現実の負担（賠償金の実際の支払）が、加害者に対する制裁（それによる被害者の応報感情の満足）や将来におけるさらなる不法行為の抑止という作用を社会において実際に果たしていることは、否定しえない事実である（なお、このような不法行為責任の現実の負担による抑止と、すでに説明した行為義務〔行為規範〕の設定を通じた法益の一般的保護〔→13〜14頁〕とは、内容の異なるものとして区別されるべきである）。

　しかし、そのことと、加害者に対する制裁や不法行為責任の実際の負担によるさらなる不法行為の抑止という事柄を、加害者の損害賠償責任の発生要件や

効果の具体的内容を決定する要素としての不法行為法の目的ととらえることとは別である。たとえば、日本の判例（最判平成9・7・11民集51巻6号2573頁）および学説上の多数説は、主として加害者に罰を与えるために（＝制裁目的）、あるいはそれを通じて当該加害者や第三者を将来における同様の不法行為から遠ざけるために（＝抑止目的）、加害者に、被害者の受けた損害の額を越える損害賠償責任（いわゆる懲罰的損害賠償責任）を負わせることに反対する。

　ただし、近時、学説では、少なくとも一定の場合に、とりわけ不法行為によって加害者のもとに、被害者の損害を大きく上回る経済的利益が発生し、かつ加害者がそれを意図して不法行為を行った場合——たとえば、出版社が、有名人のプライバシーを違法に侵害するような記事の掲載された雑誌をわざと発行し、多額の売上げを手にするような場合——には、加害者が負うべき損害賠償責任の要件・効果を考える際に、先ほど説明したような制裁・抑止（とくに後者）の要素を考慮して、加害者が不法行為によって受けた経済的利益をその者から奪い取るほどに高額の損害賠償責任を加害者に負わせるべきである、との主張も有力に展開されている（そのようにしないと、加害者にとっては、結局、不法行為をした方がとくになり、不法行為を誘発してしまうから）。

　このようないわゆる利益剥奪責任（あるいは利益吐出し責任）を不法行為法に基づく効果として認めるべきか、あるいはそれ以外の法制度（たとえばいわゆる準事務管理制度。これについては、後述する。→249頁）に基づく効果ととらえるべきか。これは、今後とも議論されるべき重要な問題である。

II　不法行為法のしくみ——条文の整理

　次に、日本の不法行為法のしくみ、とくにその条文のならび方について整理しよう。

　不法行為法に関する条文は、主に民法典第3編「債権」第5章「不法行為」の箇所に置かれている。条文の番号でいえば、709条から724条の2までである。

　これらの条文をそれぞれの内容を基に分類するならば、それらは大きく次の3つのグループに分かれる。

1 一般的な不法行為に関する条文

第1のグループは、不法行為のいわば基本形について定めた条文である。

現行の民法典は、不法行為法に関する条文の先頭に置かれた709条において、「故意または過失によって他人の権利又は法律上保護される利益を侵害した者は、これによって生じた損害を賠償する責任を負う」と規定する。これは、人が不法行為を理由として損害賠償責任を負うべき場合の一般的な内容（その責任の発生要件と効果と）を示したものであり、そのような意味で一般的な不法行為について定めた条文である、ということができる。

また、712条・713条（責任無能力者の免責）および720条（正当防衛・緊急避難）は、そのような一般的な不法行為が例外的に成立しない場合について定めた規定である。

2 特別な不法行為に関する条文

第2のグループは、一般的な不法行為から外れる、そのような意味で特別な不法行為について定めた条文である。

民法典は、709条が定める要件とは異なる要件のもとで損害賠償責任が発生すべき場合について、714条（監督義務者責任）、715条（使用者責任）、717条（土地工作物責任）、718条（動物占有者の責任）、そして719条（共同不法行為責任）の各条文において、それぞれの責任の発生要件と効果とを規定している。

3 不法行為に共通して適用される条文

第3のグループは、一般的な不法行為と特別な不法行為のどちらにも共通に適用される条文である。

そのような条文に当たるものは、710条（非財産的損害の賠償）、711条（近親者に対する損害の賠償）、721条（損害賠償請求権に関する胎児の権利能力）、722条（損害賠償の方法・過失相殺）、723条（名誉毀損における原状回復）、724条および724条の2（不法行為による損害賠償請求権の消滅時効）の7つである。

Ⅲ　第 1 部の構成

　最後に、本書の第 1 部における説明の進め方を概観^{がいかん}しておく。

　第 1 部では、709条から724条の 2 までに規定された不法行為法の内容について、重要な項目ごとに判例および主要な学説を取り上げて説明する。

　具体的には、まず、一般的な不法行為の成立要件をめぐる判例・学説の議論を、「権利又は法律上保護される利益」の侵害の要件（→第 2 章、第 3 章）、「故意又は過失」の要件（→第 4 章、第 5 章）、事実的因果関係（→第 6 章）の順に整理し、それぞれの意義について説明する。

　次に、不法行為責任の一般的な効果をめぐる判例・学説の議論について説明する。すなわち、損害賠償の具体的な方法（金銭賠償原則・原状回復処分）、損害の意義および損害賠償請求権の主体について説明した後（→第 7 章）、加害者が被害者に対して実際に支払うべき損害賠償金の額が決定されるまでの過程を追う形で、保護範囲の確定、損害の金銭的評価、過失相殺、損益相殺の順に、それぞれの意義を説明していく（→第 8 章）。その上で、不法行為に基づく損害賠償請求権の消滅時効について説明する（→第 9 章）。

　最後に、714条、715条、717条、718条、そして719条に規定された損害賠償責任を「他人の行為による責任」（→第10章）、「物の危険の実現による責任」（→第11章）、「複数の責任主体の責任」（→第12章）の 3 つに分けた上で、それぞれの発生要件や効果について説明する。

　さらに、以上の説明に際しては、必要に応じて、民法以外の特別法に定められた損害賠償責任にも触れることとする。たとえば、717条（土地工作物責任）・718条（動物占有者の責任）との関連で自動車損害賠償保障法や製造物責任法が定める損害賠償責任に言及する（→202〜205頁）。

第 2 章

権利・利益侵害（違法性）総論

　本章では、709条に定められた「他人の権利又は法律上保護される利益を侵害した」ことという要件について説明する。

　2004年に改正される前の709条は、「故意又ハ過失ニ因リテ他人ノ権利ヲ侵害シタル者ハ之ニ因リテ生シタル損害ヲ賠償スル責ニ任ス」として、ある人が「他人ノ権利ヲ侵害シタ」ことを不法行為責任の発生要件としていた（前章においてと同じく、以下、この要件のことを権利侵害要件とよぶ）。そして、この要件の意義をめぐって、判例・学説は、さまざまな議論を積み重ねてきた。この議論の内容を理解することは、改正後の新たな要件の意義について考える上でも重要である。

　そこで、本章では、まず、この改正前の議論について説明する（以下の I および II において「709条の『権利』」という場合、それは改正前の709条に規定されていた「権利」のことを指す）。

I　伝統的通説の確立

　まず、権利侵害要件に関する伝統的通説がどのようなものであったか、そして、この説がどのようにしてできあがったのか、を確認しよう。

　その出発点となったのは、民法典の起草者の見解であった。

1 起草者の見解

(1) 権利＝法的に保護されるべき利益

第1に、民法典の起草者は、もともと、709条の「権利」の意味を広くとらえていた。すなわち、この「権利」には、物権や債権などの財産権のほかに、生命や名誉などの人格的利益も含まれる、と考えていた。

(2) 権利侵害要件＝不法行為責任の発生を制限するための要件

第2に、権利侵害要件は、本来、加害者が不法行為責任を負うべき場合を限定するための要件として定められた。すなわち、第1章においてすでに説明したとおり（→6～7頁）、この要件は、不法行為責任が発生すべき場合を、被害者が加害者の行為によって損害を受けた場合のうち、被害者の権利が侵害された場合に制限するためにもうけられたものであった。このような起草者の見解によれば、被害者が不法行為法によって保護されるのは、加害者の行為が行われる前から被害者に何らかの権利がすでに認められていた場合（そして、その権利が加害者の行為によって侵害されたとき）に限られることとなる。

2 判例の展開

(1) かつての立場──桃中軒雲右衛門事件判決

判例も、民法典が施行された当初は、以上のような起草者の見解に沿う形で、709条の「権利」とは、民法その他の法律によってすでに権利として認められているもの（たとえば、物権や著作権）に限られる、としていた。たとえば、大判大正3・7・4刑録20輯1360頁（桃中軒雲右衛門事件判決）は、Xが有名な浪曲師A（桃中軒雲右衛門）の同意を得て、Aによる浪花節の即興的な演奏をレコードに録音し、販売したところ、YがこのレコードをXに無断で複製し、その複製したレコードを販売したという事案に関して、Yの行為は「正義ノ観念ニ反スル」ものではあっても、Xの「権利」を侵害するものではなく（当時の著作権法によれば、以上のようなAによる即興的な演奏には著作権は成立せず、したがってXもまたAの演奏について著作権を有しない、とされた）、そうである以上、Yの行為は不法行為には当たらない、と判断した。

(2) 問題点

しかし、このように709条の「権利」が、すでに民法その他の法律によって権利として認められているものに限られるとすると、それ以外の法益を不法行為法によって保護することが——その必要性がどれほど大きくても——おおよそできなくなってしまう。また、従来、民法の分野における立法は、必ずしも十分活発に、また迅速には行われなかった。そのため、なかなか行われない立法によってそれらの法益が権利として認められるのを待っていたのでは、社会の変化とともに生まれてくる新たな法益の保護を事実上、断念せざるをえないことにもなりかねない。

(3) あらたな立場の確立

(a) 問題点の現実化

このような問題点は、先ほどの桃中軒雲右衛門事件判決の言渡しから数えて11年後に、ある事件をきっかけとして現実のものとなった。

この事件では、Y₁から建物を賃借し、その建物で公衆浴場を営業していたXが、Y₁らに対して不法行為に基づく損害賠償を請求した。Xの主張によれば、X（の先代）は、Y₁から建物を借りる際に、自らの公衆浴場のために「大学湯」という名前をY₁から買い取った。その後、Xが公衆浴場の営業を止め（建物に関するY₁との賃貸借契約を解約し）、「大学湯」の名前を第三者に売却して、経済的利益を得ようと考えていたところ、Y₁がY₂およびY₃にその建物を賃貸し、さらに「大学湯」の名前で公衆浴場の営業を始めさせたため、Xがこの名前を第三者に売ることができなくなった。そこで、Xは、このようなY₁らの行為が不法行為に当たると主張して、Y₁らに対する損害賠償請求の訴えを起したのである。

ある名前（たとえば「大学湯」）を使用することで、この名前に社会から寄せられている信用や信頼（いわばブランド・イメージ）を利用しうる利益のことを一般に老舗という。しかし、民法その他の法律には、老舗（あるいは老舗を売ることによって得られる経済的利益）を権利として認めた規定は存在しない。そのため、上述の事案においては、Y₁らの行為が老舗（「大学湯」という名前）に関するXの利益（それを売ることに基づく経済的利益）を奪ったことが事実その

とおりであるとしても、その当時の判例の立場からすれば、Y_1らの行為が709条の「権利」を侵害したものということはできず、したがって、XのY_1らに対する損害賠償請求は認められない、との結論にいたるはずである。

(b) 見解の変更——大学湯事件判決

しかし、大判大正14・11・28民集4巻670頁（大学湯事件判決）は、以下のように述べて、従来の判例の立場とは異なるあたらしい立場に基づき、Xの請求を認める可能性を示した（Xの請求を棄却した原審の判決を破棄し、審理を原審に差し戻した）。

一般に、不法な行為とは、「法規ノ命スルトコロ若ハ禁スルトコロニ違反スル行為」のことを指す。また、709条は、そのような法規違反の行為によって生じた結果（損害）について被害者に損害賠償請求権を与えることが「吾人ノ法律観念ニ照シテ必要ナリト思惟セラルル場合」、つまりは、私たちの法観念に照らして被害者が損害賠償法（不法行為法）による保護を受ける必要があると認められる場合に関する規定である。そのため、「第七百九条ハ故意又ハ過失ニ因リテ法規違反ノ行為ニ出テ他人ヲ侵害シタル者ハ之ニ因リテ生シタル損害ヲ賠償スル責ニ任スト云フカ如キ広汎ナル意味ニ外ナラス」。不法行為による侵害の対象についても、①所有権や債権などの具体的権利のみならず、②「吾人ノ法律観念上其ノ侵害ニ対シ不法行為ニ基ク救済ヲ与フルコトヲ必要トスト思惟スル一ノ利益」、すなわち、私たちの法観念に照らして不法行為法による保護を受ける必要があると認められる利益もまたその範囲に含まれる、と解すべきである。そして、「大学湯」という名前を第三者に売却することでXが得るはずであった経済的利益は、まさしくそのような②の利益に当たるものである、と。

このように、大学湯事件判決によって、不法行為法の保護対象は、民法その他の法律によってすでに権利として承認された利益（上記①。それ以前の判例において709条の「権利」に該当するとされていたもの）だけではなく、私たち（一般人）の法観念に基づき、法的保護を受けるべきものと認められる利益（上記②）にまで拡張された。その結果、709条のもとでさまざまな法益を迅速に保護することが可能となった。このような立場は、その後、最高裁判所によっても受け継がれている（なお、最高裁は、上記②に相当する利益は、上記①の利益と

ともに709条の「権利」に含まれる、との法律構成を採用した。最判昭和33・4・11
民集12巻5号789頁）。

3 伝統的通説の確立

(1) 違法性説・相関関係説の登場

また、以上のような判例の展開を受けて、学説においても、判例のあらたな
立場を補強しうる理論を打ち立てようとする試みが行われた。その結果、違法
性説・相関関係説とよばれる学説（以下、単に違法性説という）が登場し、幅広
い支持を集めることとなった。

そこで、次に、その内容を説明しよう。

(a) 違法性への読替え

第1に、この説によると、709条の定める、ある人が「他人ノ権利ヲ侵害」
する場合とは、違法な行為が行われる場合の1つの具体例にすぎない。「権利」
が侵害される場合のほかにも、違法な行為が行われる場合は存在する。そし
て、そのような場合には、「権利」が侵害される場合と同じように、加害者に
損害賠償責任を負わせるべきである（判例のあらたな立場は、まさしくこのこと
を認めたものである）。そのため、709条の「他人ノ権利ヲ侵害シタ」こととい
う文言は、これを「違法な行為をした」ことというように読み替えることが妥
当である。

(b) 違法性に関する相関関係的判断

第2に、このように考えてくると、ある行為が不法行為に当たるか否かは、
その行為が違法と認められる否かによって大きく左右されることとなる。で
は、ある行為の違法性の有無は、どのように判断されるべきであるか。

この点に関しては、その行為によって侵害される利益（これを被侵害法益と
いう）の保護の必要性の強弱と、その行為自体の持つ本来の悪性の強弱との相
関関係（そう）によって判断すべきである。
かんかんけい

たとえば、所有権のような絶対権は、原則として誰との関係においても、ま
たどのような場合であっても（＝絶対的に）保護されるべき法益である。すな
わち、その保護の必要性は強い、と考えられる（このような保護の必要性のこと

を要保護性という）。そのため、ある行為によって絶対権が侵害された場合には、通常、その行為の悪性が低いものであっても、その行為は違法と認められる。

これに対して、未だ社会において広く法的保護に値するものとは認められていない利益、つまりは、その要保護性の弱い利益を侵害する行為は、その行為が公序良俗に違反するものであったり、犯罪に該当するものであったりする場合など、それ自体の悪性がとくに強いものである場合に限って違法と認められることとなる。

(2) 違法性・過失二元説の成立

さらに、このような違法性説の確立とともに、権利侵害要件と709条に定められた他の要件、とくに加害者の「故意又ハ過失」の要件との関係についても、1つの理論が打ち立てられた。それが違法性・過失二元説である（この理論については、第4章において再度、検討する。→56〜61頁）。その主張の要点は、以下のとおりである。

すでに説明したように、違法性説によれば、①709条の権利侵害要件は、いわば違法性要件へと置き換えられるべきものである。また、②この違法性要件は、「ある行為が違法であるか否か」を判定するというその役割からすでに明らかなように、行為の客観的なありよう（＝態様）にかかわる要件である。

これに対して、③709条が定めるもう1つの要件である「故意又ハ過失」の要件は、ある人の行為ではなく、その行為をした人の意思、つまりはその人の主観的態様にかかわる要件である。すなわち、「故意又ハ過失」の要件は、違法な行為をその人がわざと（＝故意に）行ったのか、あるいは意思の緊張を欠く状態で（＝過失で）行ったのかを判定するための要件としてとらえられる。

そのため、④（権利侵害要件と置き換えられた）違法性要件と「故意又ハ過失」の要件とは、一方が客観的要件、他方が主観的要件として互いに明確に区別され、対置される。これらの要件が混じり合うことはありえない。

以上のような違法性・過失二元説の考えを図式にまとめるならば、以下のようになる。①権利侵害要件が消え、その代わりに違法性要件が組み込まれていること、②違法性要件は、「故意又ハ過失」の要件とは区別されていること、

③違法性要件は行為に、「故意又ハ過失」の要件は加害者（行為者）にそれぞれ関連づけられていることに注目してほしい。

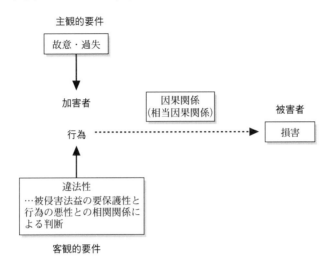

Ⅱ　伝統的通説に対する批判

　以上のような伝統的通説の立場、すなわち違法性説（および違法性・過失二元説）は、その確立後、一方で、わが国の立法や判例・法実務に大きな影響を与えた。

　他方で、学説においては、とくに1970年代に入って以降、違法性説は、さまざまな批判を浴びることとなった。また、その結果、現在では、この見解を支持する学説は、むしろ少数となっている。

　では、違法性説は、どのような問題点を抱えているのか。以下では、この説に加えられた批判のうち、とくに重要なものを２つ取り上げることにしよう。

1　違法性要件の要否

　違法性説に対する第１の批判は、この説が709条の解釈に際して違法性要件を用いることに向けられた。

(1) 709条の制定過程

すなわち、そもそも違法性という概念は、ドイツ民法典823条1項に由来するものである。下記の欄内に示すように、この条文は、ある人が故意または過失によって他人の権利を「違法に」侵害した場合に不法行為が成立する、と定めている。日本の違法性説は、ドイツ民法典823条1項をいわば手本として、709条の解釈論を展開しようとしたものである。

しかし、709条の制定過程を調べてみると、この規定は、もともとフランス民法典旧1382条（現1240条）を参考にして作られたものである。そして、フランス民法典旧1382条（現1240条）には、違法性要件は定められていない（下記の欄内を参照）。フランス民法典旧1382条（現1240条）は、被害者の損害と加害者のフォート（故意または過失に相当するもの）のみで不法行為が成立することを規定した条文である。そのため、この条文を基にして作られた709条にも、違法性の文言は、みあたらない。

そこで、このような709条の制定過程に照らすならば、709条を解釈する際に、違法性要件をあえて用いなければならない必要性がない限りは、この要件を使用すべきではない、と考えられる。

ドイツ民法典823条1項

　　故意又は過失によって他人の生命、身体、健康、自由、所有権又はその他の権利を違法に侵害した者は、その他人に対して、これによって生じた損害を賠償する義務を負う。

フランス民法典旧1382条（現1240条）

　　他人に損害を与える人の行為はすべて、その損害をフォートによってもたらした者に対して、その損害を賠償する義務を負わせる。

---

(2) 違法性要件の不要性

では、709条の解釈において、違法性要件をあえて用いなければならない必要性はあるだろうか。

この点に関して、わが国の判例を分析してみると、判例は、ある行為が客観的にどれほどの悪性を持っているか（その行為が法に照らして許されるべきものであるか否か）を「過失」の要件のもとで判断している、ということができる

（過失の客観化。この点につき詳しくは、後述する。→59頁）。すなわち、判例においては、行為の客観的態様（その悪性の強弱）の判定は、——違法性説が主張するように違法性要件のもとでこれを行うのではなく——「過失」の要件のもとで行うべきものとされている。そうであるとすれば、709条を解釈する際に、この条文にもともと置かれている「過失」の要件に加えて、さらに違法性要件を——先ほど説明したような709条の制定過程に反してまで——あえて使用すべき必要性はない、と解すべきである。

以上が、違法性説に対する第1の批判である。

2　違法性要件への置換えの不当性

次に、この説に対する第2の批判を検討しよう。

違法性説に対する第1の批判は、違法性要件と「過失」の要件との関係を問題にするものであった。これに対して、第2の批判は、違法性要件と権利侵害要件との関係に焦点を合わせるものである。

(1)　絶対権の保護の不徹底
(a)　相関関係説による違法性判断方法

すでに説明したように（→23〜24頁）、違法性説は、709条の権利侵害要件を違法性要件に置き換えるべきである、と主張する。その上でさらに、ある行為の違法性の有無を、被侵害法益の要保護性の強弱と行為の悪性の強弱との相関関係によって判断すべきである、とする。そのため、この説によれば、ある行為が違法であるか否かは、被侵害法益の要保護性の強弱だけでは決まらず、常に行為の悪性との比較を経てはじめて決定されることとなる。

(b)　問題点

しかし、このような違法性判断方法においては、絶対権の保護が不当に弱まるという問題が生じる。

（i）　絶対権の性質に適した違法性判断のあり方　　後で詳しく説明するように（→38〜41頁）、所有権その他の物権や人の生命・身体（健康）などの法益は、その内容や価値に照らして、原則として誰との関係においても、またどの

ような場合であっても保護されるべき法益、つまりは絶対権である。また、まさしくそれゆえに、これらの絶対権が客観的・形式的に侵害された場合には（そして、その侵害が加害者の故意または過失によるものであるときには）、その侵害に関する加害者の損害賠償責任が直ちに認められるべきである。言い換えるならば、絶対権が客観的・形式的に侵害された場合には、そのことのみを理由としてその侵害を即座に違法と評価することが、以上のような絶対権の性質に最も良く適合する（その意味で妥当な）違法性判断のあり方である、と考えられる。

　(ii)　絶対権の性質に反する違法性判断が行われる可能性　　だが、違法性説によれば、絶対権が客観的・形式的に侵害されたとしても、それだけではその侵害は直ちに違法とは評価されない。なぜなら、先ほど説明したとおり、この説のもとでは、ある行為（侵害）が違法であるか否かは、被侵害法益の要保護性の強弱のみによって決まるものではなく、その法益を侵害した行為のもともとの悪性の強弱との相関関係においてはじめて決定される（べき）ものだからである。そのため、この説においては、一方で被侵害法益の要保護性がそれ自体として強いものであっても、他方で、これを侵害する行為の悪性が必ずしも強いものでない場合には、その侵害の違法性が否定される可能性が、ごく限られた事案における例外的なものとしてではなく、一般的な可能性として残ることとなる。とりわけ、所有権や人の身体（健康）を侵害する行為が、道路などの公共施設の運営や企業の経済活動などのように多くの人々の生活に少なからず利便をもたらしたり、経済的利益を生み出したりする場合には、その行為の悪性が弱いものであることを理由に、所有権や人の身体（健康）に対する侵害が違法とは認められないことも、少なくとも一般的・抽象的可能性としてはありうるのである。実際に、公害・生活妨害に関する過去の事案において、公共施設の運営主体や企業の経営主体がこのような、公共施設の運営・企業活動の違法性を否定すべき旨の主張を行うこともあった。

　(c)　違法性要件への置換えの妥当性を再考すべき必要性

　このように、違法性説における違法性判断方法（相関関係説）は、本来、誰に対しても、またいつ何時であっても絶対的に保護されるべきものである、という絶対権の性質に反するものである。また、そうであるとすると、このよう

な判断方法によっては、「私人の法益を、それぞれの内容や性質に則して的確に保護する」という不法行為法の第1の目的（個別的保護。→13頁）を達成することもできない。そして、このような違法性判断方法をもたらしたそもそもの原因が709条の権利侵害要件を違法性要件に置き換えたことにあるとすれば、まさしくそのような置換え自体の妥当性を根底から考え直さなければならない。

　以上が、違法性説に対する第2の批判である。

(2) 近時の判例・学説の動き——権利侵害要件の再生

　以上のような違法性説に対する第2の批判を踏まえて、近年、学説においては、権利侵害要件の目的と意義とを再確認し、その再生をめざす立場が支持を増やしてきた。

　この立場に賛成する学説の中でも特に有力なものは、権利侵害要件を違法性要件に置き換えることなく、そのまま維持した上で、709条の「権利」という言葉を——民法典の起草者がそうであったように——広く法的保護に値する利益一般を指すものと解すべきである、と主張する。そして、権利侵害要件は、ある行為によって一定の利益が侵害されたと被害者が主張した場合に、①そもそもその利益が不法行為法による保護を受けるべきものであるか否か、また、その利益が法的保護に値するものであると認められる場合に、②この利益に加えられた侵害が違法なものであるか否かを判定するための要件として機能すべきである、さらに、③そのような違法性の有無に関する判断においては、絶対権に対する侵害は、原則として直ちに違法と評価されるべきである、とする。また、この見解は、権利侵害要件を、上記①の点で加害者に損害賠償責任を負わせるべき場合を（ゆるやかにではあれ）制限する要件として位置づけており、この点においても、すでに確認をした起草者の立場と類似している。

　さらに、従来の判例の中にも、以上のような近年における学説上の有力説と同様に、——違法性要件ではなく——権利侵害要件のもとで、ある利益が法的保護を受けるべきか否かを独立に分析するとみられるものが複数、存在する。たとえば、最大判昭和63・6・1民集42巻5号277頁は、「静謐な宗教的環境のもとで信仰生活を送るべき利益」は、「直ちに法的利益として認めることがで

きない」ものである、と判示した。また、最判平成12・2・29民集54巻2号582頁は、自らの宗教上の信念に従って輸血を受けることを拒否する「意思決定をする権利は、人格権の一内容として尊重されなければならない」と述べている。

III　2004年改正による影響

ところで、本章のはじめにおいて述べたように、2004年の改正によって、709条の文言は、「他人ノ権利ヲ侵害シタ」ことから「他人の権利又は法律上保護される利益を侵害した」ことへと変更された。すなわち、不法行為法によって保護されるべき法益として、「権利」のほかに「法律上保護される利益」が明記された。

1　立法担当者の見解

この改正の立法担当者によれば、このような文言の変更は、709条に関するこれまでの判例および学説の共通理解を条文の文言に反映させるために行われたものである。すなわち、この改正は、大学湯事件判決によって示された見解、つまりは、一般人の法観念に照らして、法的保護を受けるべきものと認められる利益は709条によって保護される、との立場を変更しようとするものではない。また、立法担当者は、709条の文言を変更することで、権利侵害要件の意義をめぐって対立する学説（伝統的通説である違法性説やこれを批判する近時の有力説など）のいずれかを支持しようとするものでもない、とする。

2　709条の解釈（違法性判断方法のあり方）への影響

確かに、不法行為法によって保護される（べき）法益の範囲は、以上のような文言の変更によっても何ら変わらないであろう。この点に関しては、立法担当者も述べているとおり、2004年の改正は重要な意義を持たない。しかし、その範囲のいわば内部において被侵害法益が「権利」と「法律上保護される利

益」との２つに区別されたことは、──立法担当者の意図に反して──709条の具体的な解釈、とくに侵害の違法性判断方法のあり方（この点をめぐる学説の議論）に大きな影響を与えうるものである。

　すなわち、709条がその文言において、不法行為法による保護を受けるべき利益を「権利」と「法律上保護される利益」とに分けているとすると、それは、①709条（をその一部とする民法典）自体がこれら２つの法益を互いに異なるものと考えているからである（そうであるからこそ、文言上、わざわざ２つに区別しているのである）と解することが、この条文の客観的な読み方として合理的である（少なくとも可能である）と考えられる。さらに、その上で、②このような「権利」と「法律上保護される利益」との区別を、近時の有力説が主張するように、絶対権とそれ以外の法益との区別に対応するものととらえつつ、そのような区別を709条が行っているのは、③絶対権とそれ以外の法益とでは、それぞれに対して加えられた侵害の違法性の判断方法が異なる（べきだ）からである──具体的には、ⓐ絶対権が客観的・形式的に侵害された場合には、原則として、それだけで直ちにその侵害を違法と評価すべきであるのに対して、ⓑそれ以外の法益については、このような判断方法をとることはできない（むしろ、個々の法益の内容がさまざまであるため、１つ１つの法益ごとにきめ細かく侵害の違法性の有無を判定することが妥当である）からである──と解することが、709条の解釈としてこれまで以上に大きな説得力を持ちうることとなる。実際に、2004年の改正後には、まさしくこの改正をきっかけとして、以上のような学説（前記有力説）の主張がより一層、有力となり、１つの潮流を形成している。

　また、判例にも、「権利」と「法律上保護される利益」とを互いに異なる内容の法益として区別していると考えられるものがみられる。すなわち、最判平成18・３・30民集60巻３号948頁は、「良好な景観に近接する地域内に居住し、その恵沢を日常的に享受している者」が有する「良好な景観の恵沢を享受する利益」＝「景観利益」は、未だに私法上の権利といいうるような明確な実体を有していないため、それを「景観権」とまで認めることはできない、と判示している。

Ⅳ　まとめ──権利・利益侵害要件、違法性概念の有用性

本章では、これまで、①2004年改正前の709条に定められていた権利侵害要件に関する伝統的通説の内容とその問題点とを確認した上で（→Ⅰ、Ⅱ）、②2004年の改正がこの条文の解釈に与える影響について検討した（→Ⅲ）。

最後に、本章のまとめとして、これらの作業の結果に基づき、現709条の「他人の権利又は法律上保護される利益を侵害した」ことという要件（第1章においてと同じく、以下、この要件のことを権利・利益侵害要件とよぶ）の意義について考えてみよう。ただし、この要件と「過失」の要件との関係──違法性説に対する第2の批判のように、「行為の客観的態様は『過失』の要件で考慮することが可能であるため、権利・利益侵害要件あるいはこれに代わる違法性要件を『過失』の要件とは別にあえてもうける必要はない。」との主張の当否──に関しては、「過失」について説明した後で分析することとし（→71〜72頁）、ここでは、①権利・利益侵害要件を違法性要件に置き換えることの当否および②（違法性要件に置き換えない場合における）権利・利益侵害要件の具体的な解釈方法、そして③違法性概念・判断の要否の3点について検討する。

1　権利・利益侵害要件の違法性要件への置換えの当否

まず、709条の解釈として、権利・利益侵害要件を違法性要件に置き換えることは妥当ではないであろう。なぜなら、第1に、そのような置換えは、709条の文言とその制定過程とに反するものだからである。第2に、置換えの結果として提唱された違法性説の主張する違法性判断方法（相関関係説）のもとでは、所有権その他の物権や人の生命・身体（健康）などの絶対権を、その内容や性質に適する形で保護することができないからである。これは、法益の保護という不法行為法の第1の制度目的（個別的保護。→13頁）に反するものといわなければならない。

また、権利・利益侵害要件を違法性要件に置き換えず、民法典の起草者が考えていたように、ある行為によって侵害された利益が法的保護に値するものであるか否かを判定するための要件として残しておくことは、科学技術の発展に

ともなって人々の接触の度合いや仕方がめまぐるしく変化し、その結果として
あたらしい法益（とりわけ名誉やプライバシー、生活環境などの人の人格にかかわ
る利益）の主張が次々にあらわれる現代社会においてこそ有意義である、と解
される。すなわち、自らの（あらたな）利益を侵害されたと主張する人が登場
したときに、この主張を真正面から受け止め、その利益の性質や内容を分析
し、この利益が不法行為法によって保護されるにふさわしいものであるか否か
を検討するための要件として、権利・利益侵害要件を活用すべき必要性は大き
いものと思われる。そのことは、すでに確認したように、複数の判例におい
て、ある法益が法的保護に値するか否かが独立に問題とされていたこと（しか
も、それらの利益は、いずれも人格的利益であったこと）によっても裏づけられる
ところである。

2　権利・利益侵害要件の具体的な解釈方法

　以上に述べたように、権利・利益侵害要件を違法性要件に置き換えず、これ
をそのまま維持することとすると、次に、権利・利益侵害要件をどのように具
体的に解釈すべきであるか、が問題となる。

　結論として、この点については、近時の有力説の主張を支持すべきであろ
う。すなわち、709条に定められている2つの被侵害法益のうち、「権利」は絶
対権を、「法律上保護される利益」は絶対権以外の法益をそれぞれあらわすも
のととらえた上で、①絶対権とそれ以外の法益とで異なる違法性の判断を行う
べきである、と解される（それぞれの判断の具体的内容については、第3章で詳し
く説明する）。というのも、そのように考えることが、各法益にそれぞれの内
容・性質に即した適切な保護を与えるという不法行為法の第1の制度目的（個
別的保護。→13頁）に最も良く合致するものと思われるからである。また、こ
のような解釈によれば、709条が被侵害法益を「権利」と「法律上保護される
利益」との2つに区別していることに解釈論上の意味をもたせることができる
（そのような意味で709条の文言の解釈として優れたものである）。さらに、このよ
うな解釈をとることによって、絶対権とそれ以外の法益とでは、その内容・性
質が大きく異なり、またそれゆえに侵害の違法性判断方法も大きく異なること

を、709条の文言の上でも明らかにしうる。

証明責任

　本文において述べたように、絶対権が客観的・形式的に侵害された場合には、それだけを理由に直ちにその侵害を違法と評価すべきである、と解することの実際的な意義は、被害者が加害者を被告として損害賠償請求訴訟を提起した場合にあらわれる。

　一般に、不法行為を理由として損害賠償を求める訴訟を提起した人（原告）は、訴訟の相手方（被告）の行為が不法行為の成立要件をすべて満たすことを自らの手で証明しなければならない。もし、このような証明に失敗した場合、たとえば相手方の行為によって自分の損害が発生したということ（事実的因果関係）をはっきりと示すことができなかった場合（そのような事実的因果関係の存否が不明である場合）には、損害賠償請求権が存在しないものと判断され、請求棄却の判決を受けることになる（このように、訴訟において、各種の証拠によっても、ある事実が存在するのか、それとも存在しないのかを確定することができない場合に、その事実の存在・不存在が否定される、という不利益のことを、一般に証明責任という）。

　しかし、すでに説明したとおり、絶対権が客観的・形式的に侵害されていれば、原則としてそれだけで直ちにその侵害は違法と評価されるべきであるとすると、絶対権が客観的・形式的に侵害されたことが証明されたときには、そのことから、その侵害が違法なものであることが事実上、推定される。すなわち、被害者は、権利・利益侵害要件が満たされることを主張するために、それ以上の事実を証明する必要はない。この場合には、加害者（被告）が、その侵害が違法ではないこと（例えば、それが緊急避難〔720条2項〕に当たること）を証明しなければならない。

　これに対して、絶対権以外の法益の侵害については、このような違法性の事実上の推定がはたらかない。そのため、被害者は、その法益が客観的・形式的に侵害されたことに加えて、その侵害が違法と評価されるべきこと（そのような評価を根拠づける事実）を自ら証明すべきこととなる。そのような証明が行われてはじめて、権利・利益侵害要件が満たされたものと認められる。

3　違法性概念・判断の要否

　では、先ほど説明したとおり、権利・利益侵害要件の違法性要件への置換えを行わない（＝違法性要件は、不法行為の成立要件として不要である）とした場合、「ある行為が、法の趣旨に照らして許されないものであるか否か」、つまりは「その行為が違法であるか否か」という判断もまた不要となるであろうか。

　これまでの説明からもすでに明らかなように、権利・利益侵害要件を独立の要件として維持するとしても、この要件のもとで、そのような違法性判断を行うことは必要である（たとえば、他人の絶対権を侵害する行為が客観的・形式的に行われれば、それだけでその行為＝侵害は直ちに違法と評価されるべきである、というように）。すなわち、違法性要件は不要であっても、違法性判断、したがってまた違法性という概念自体を不要とすることはできない（少なくともそれらを不要なものとして放棄しなければならないわけではない）のである。なぜなら、ある人に、その人の行為を理由として損害賠償責任を負わせるということは、その人がその行為をしたことを法的に非難するということにほかならないからである。そして、そのような法的非難を正当化する第1の要素は、その行為に基づく他人の法益への侵害が法の趣旨に照らして許されないものであること、つまりは違法であることである。

　また、どのような行為（どのような法益に対するどのような態様における侵害）を違法と評価すべきか、ということは、最終的には、その時々の社会通念によって決定されるべき事柄である。言い換えるならば、違法性の内容は、社会と時代の変化によって変わりゆくものである。このことは、裏面からみれば、違法性という概念が社会や時代の変化に対応しうる柔軟性を持っていることを意味するものといえよう。そうであるとすると、違法性の概念を維持し、（権利・利益侵害要件のもとで）違法性判断を行う可能性を開いておくことは、不法行為法が社会の時々刻々の変化に素早く対応するための方法として有益である、と思われる。

　さらに、たとえば正当防衛（720条1項）や緊急避難（同条2項）のように、違法性という概念を前提にしていると考えられる制度（少なくとも、違法性概念を使用して分析することが、その制度の意義を理解するための方法として最も適

切であると解される制度）が民法典自体にも用意されている。したがって、違法性概念を用いて不法行為法（709条）の解釈を行うことは、日本の民法典の立場に反するものではない。

　そして、判例には、ある法益、とりわけ人格的利益が違法に侵害されたと認められるか否かを検討し、しかもそのような侵害の違法性が認められないことを理由として加害者の不法行為責任を否定したと考えられるものが複数、存在する（たとえば、最判昭和63・2・16民集42巻2号27頁〔氏名を正確に呼称される利益〕、最判平成17・11・10民集59巻9号2428頁〔自己の容ぼう等をみだりに撮影されない利益〕、前掲最判平成18・3・30〔景観利益〕）。すなわち、以上のような違法性判断は、少なくとも一定の紛争に関しては、それを解決するための方法として実際に用いられている、ということができる。

民法上の正当防衛・緊急避難──違法性阻却事由

　正当防衛（720条1項）および緊急避難（同条2項）は、一般に、ある法益を侵害する行為が、その法益の内容や性質それ自体からすれば本来、違法と判断されるべき場合において、その行為の違法性を例外的に否定する事情・理由（事由）である、と解されている。このような事情・理由のことを違法性阻却事由という。正当防衛・緊急避難以外の重要な違法性阻却事由としては、法益侵害に対する被害者の事前の同意を挙げることができる。

　なお、民法上の正当防衛および緊急避難の各内容と、刑法上の正当防衛（36条1項）および緊急避難（37条1項）の各内容とは一致しない。すなわち、AがBによる侵害から自らの法益を守るため、Cの法益をやむをえず侵害した場合には、民法によれば、AのCに対する正当防衛が成立する。これに対して、刑法では、AのCに対する緊急避難の成否が問題となる。また、民法上の緊急避難に当たる事案は、刑法上の緊急避難に当たる事案と比べて、その範囲が狭い。たとえば、ある人が自然現象に基づく急迫の危難を避けるために、他人の物を壊した場合には、刑法上の緊急避難が成立しうる。しかし、民法上の緊急避難が成立する余地はない（その危難は「他人の物から生じた」〔720条2項〕ものではないから）。

4　小括——次章の目的

　以上の理由から、本書では、709条の解釈として、一方で、①権利・利益侵害要件を独立の要件として維持するとともに、他方において、②この要件のもとで違法性判断を行い、③侵害の違法性が認められた場合にはじめて、権利・利益侵害要件が満たされたものと解する立場を支持することとしたい（なお、このような違法性は、後で説明する「結果不法」に当たるものである。→69〜70頁）。

　では、ある法益に対する侵害は、具体的にどのような場合に、実際に違法と認められるべきであるか。次章では、権利・利益侵害（違法性）各論として、法益ごとの具体的な違法性判断のありようを整理しよう。

第3章

権利・利益侵害（違法性）各論

　本章では、前章において説明した709条の「権利」および「法律上保護される利益」に関する立場（→33頁）、すなわち、709条の「権利」は絶対権を、「法津上保護される利益」は絶対権以外の法益をそれぞれ指していると解する立場を前提として、ある法益の侵害が実際に違法と認められるべき場合（その侵害が違法であるか否かを判断するための具体的な基準）について、個別の法益ごとに説明する。

　具体的には、まず、法益ごとの説明をはじめる前に、絶対権の意義を確認する（→I）。なぜなら、上述のような立場においては、ある法益が絶対権であるか否かが、侵害の違法性判断基準を決定する際の1つの大きな分かれ目となるからである。すなわち、もしその法益が絶対権であるとすると、すでに説明したとおり（→28頁）、この法益を客観的・形式的に侵害する行為は、原則として直ちに違法と評価されるべきこととなる。そのため、どのような法益が実際に絶対権に当たると判断されるべきか、を明らかにしなければならない。その後、さまざまな法益のうち、財産的利益と人格的利益とからそれぞれ代表的なものを取り上げて、それぞれに関する侵害の違法性判断基準を個別に検討しよう（→II～IV）。

I　絶対権の意義

　絶対権とは、その内容が、原則として誰との関係においても、またどのような場合であっても保護されるべき法益のことである。その代表例として、所有

権あるいは人の生命や身体（健康）を挙げることができる。

　では、ある法益が絶対権に当たるか否かは、どのようにして判断すべきであるか。

　結論として、それは、その法益の主体（たとえば、所有権であれば、その権利の主体である所有者）による自己決定を原則として常に尊重すべきであるか否かによって決めるべきである。すなわち、そのような自己決定を原則として常に尊重すべきであると判断される場合に、その法益を絶対権と認めるべきである。

　この点を明らかにするために、ここで、所有権が絶対権とされる理由を考えてみよう。それは、所有者が自らの権利の行使の仕方——たとえば、その所有物を自分で使うのか、他人に貸すのか、あるいはその物を壊すのか、など——について自由に決定しうる（206条）からである。言い換えるならば、その権利の行使の仕方（その法益の享受の仕方）について所有者の自己決定が常に尊重されるべきである、と解されるからである。そうであるからこそ、たとえば所有者がその所有物を自分で使用しようとしているとき（＝自分で使用すると所有者が決めたとき）には、そのような所有者の自己決定は原則として誰に対しても、また何時であっても常に（＝絶対的に）保護されなければならない、つまりは、所有者による——自己使用という形での——所有権の行使が客観的・形式的に邪魔されている場合には、そのような邪魔＝侵害は直ちに違法と評価されるべきこととなるのである。

　以上と同じく、ある人の生命・身体（健康）が絶対権として他人の侵害から常に保護されるべき理由もまた、その生命や身体（健康）のありかた（それらの法益の享受の仕方）は、「その人がどのように生きていくか」ということに深く関わる事柄であり、まさしくその人自身の自己決定に完全にゆだねられるべきものだからである。

　そこで、このように考えてくると、ある法益を絶対権と認めるべきか否かについては、以上に述べたような所有権や人の生命・身体と同様に、その法益の享受の仕方に関して、その法益の主体による自己決定を常に尊重すべきか否かを検討し、その法益の内容や性質に照らして、そのような自己決定を原則として誰との関係においても、またどのような場合にも尊重すべきであると判断さ

れる場合に、その法益は絶対権に当たる、と認めることができる（また認めるべきである）といえよう。

そして、このような判断基準に基づくならば、たとえば、ある人に与えられる社会的評価、すなわち名誉は絶対権ではない、と解される。なぜなら、人は、社会から与えられる評価の内容を自分自身の好きなように決定することはできない（＝名誉のあり方に関するその人の自己決定を常に尊重することはできない）からである。

また、同じく以上のような判断基準によれば、いわゆるプライバシーのうち、個人識別情報（名前・性別・住所・電話番号など）を知られない利益も絶対権ではない。すなわち、ある人の個人識別情報を他人がその人の意思に反して知ることそれ自体は、違法ではない、といわなければならない。というのも、個人識別情報は、他人がその人をほかの人から区別して認識する（＝識別する）ために必要なものであり、そのような性質上、むしろ他人が知ることを前提としているからである（個人識別情報の取得などが違法とされる場合については、後述する。→53〜54頁）。

II　財産的利益

1　物権

(1)　物権＝絶対権

物権の権利者は、その権利を自由に行使しうる。また、それゆえ、誰に対しても、どのような場合であっても自らの権利行使を尊重するよう求めることができる。すなわち、物権は、絶対権の1つである。そのため、ある物権が客観的・形式的に侵害されれば、その侵害は原則として直ちに違法と評価される。

たとえば、Aの所有する自動車のドアにBがキズをつけた場合には、まさしくそのようなキズがつけられたという事実それ自体から、Bの行為＝Aの絶対権に対する侵害は違法なものと認められる。この場合に、もしBの行為の違法性を否定すべき例外的な事情が存在するとき（たとえば、Bの行為が720条2項の定める緊急避難に当たるとき）には、Bがこの事情の存在を証明しなければな

らない（→34頁のコラム【証明責任】を参照）。

(2) 所有権

　所有権の侵害の態様としては、所有物を物理的に壊すこと（上記のBの行為のように、他人の所有物にキズをつけることもその１つである）のほかにも、他人の所有物を無断で使用すること（たとえば、BがAの自動車を勝手に乗り回すことやCがDの土地の上を無断で通り抜けること）あるいは他人の所有物を売ってしまうこと（たとえば、BがAの自動車をEに対して売り払い、Eに即時取得〔192条〕が成立すると、Aは自動車に対する所有権を失う）などが考えられる。どの場合であっても、それらの侵害が客観的・形式的に生じていれば、その侵害は違法と評価される。

　これに対して、所有権に対する侵害が客観的・形式的に生じていても、その侵害が違法と評価されない例外に当たる場合として、不動産の二重譲渡に関する事例を挙げることができる。たとえば、Aの所有する甲土地についてAとBとが売買契約を結んだ場合には、これによってBは甲の所有権を取得する（176条）。だが、この場合に、Aが甲をさらにCに譲渡し、そしてCがBよりも先に甲の所有権移転登記をそなえると、Cのみが甲の所有者としてあつかわれる（177条）。すなわち、Cの行為によって、Bは甲の所有権を失うこととなる。しかし、判例によれば、この場合に、Cは——たとえCがAB間における第一譲渡について悪意であり、それゆえBの所有権に対する侵害について故意を持っていたとしても——Bに対して不法行為責任を負わない。なぜなら、このようなAC間における第二譲渡とCの登記具備とは、177条（対抗要件主義）のもとではもともと許されている（＝適法である）と解されるからである（なお、この場合に、BはAに対して、Aの売主としての債務不履行責任〔415条〕を追及することができる）。

(3) その他の物権

　所有権以外の物権のうち、その侵害の違法性判断基準が特徴的なものは抵当権である。抵当権の侵害が違法とされる場合については、NBS『担保物権法〔第２版〕』37〜44頁の説明を参照してほしい。

2 債権

(1) 定義

　債権とは、ある人（＝債権者）がある人（＝債務者）に対して一定の給付を請求することができる権利である（詳しくは、NBS『債権総論』8 ～ 9 頁を参照）。たとえば、Aの所有する甲自動車についてAとBとが売買契約を結ぶと、Aは、Bに対して、代金（たとえば100万円）の支払に関する債権を取得する（555条）。この場合に、Aは、この債権に基づき、Bに対して、100万円をAに支払うよう請求しうる。

(2) 2つの方法

　一般に、債権者は、次の2つの方法によって、その債権から一定の経済的利益を受けることが可能である。

　第1の方法は、債務者から自ら給付を受ける方法である。たとえば、先ほどの具体例においては、Aは、Bに対する債権を行使して、Bから100万円の支払を受けることで、自らの財産を100万円増加させることができる。

　第2に、債権者は、債権を第三者に譲渡する方法（466条1項本文）によってもその財産を増やすことができる。たとえば、AがBに対する債権をCに対して80万円で譲渡し、Cから代金80万円を受け取ると、Aの財産は80万円増加する。

　そして、これら2つの方法は、どちらも不法行為法による保護を受ける。すなわち、①債権者が債務者から給付を受けようとするのを第三者が邪魔する場合、および②債権者が自らの債権を譲渡する可能性を第三者が奪う場合のいずれであっても、それらの行為は、ともに債権に対する違法な侵害となりうる。

　しかし、①の場合と②の場合とでは、債権に対する侵害が具体的に違法と評価されるべき場合（この点に関する判断基準）が異なる。それは、それぞれの場合における債権の権利としての性質が異なるからである。以下、この点について順に説明しよう。

(3) 債務者の給付が侵害される場合

　まず、債権者が債務者から給付を受けようとするのを第三者が邪魔する場合（上記①の場合）に関する違法性判断基準について説明する。

(a) 請求権としての債権の特質——債権≠絶対権

　すでに確認したとおり（→42頁）、債権は、債権者が債務者に対して一定の給付を請求しうるということをその内容とする権利である。たとえば、先ほどの具体例において、A（売主）と甲に関する売買契約を結んだB（買主）は、Aに対する目的物引渡債権（555条）に基づき、Aに甲の引渡しを請求することができる。

　だが、この場合に、もしAがBの請求に応じなければ、Bは甲の引渡しを受けることができない。BがAの意思を無視して、Aのもとから甲を勝手に持ち去ることは許されない（自力救済の禁止）。

　このように、債権者（B）が債務者（A）から給付を受けようとする場合においては、債権者（B）が債権の内容（Aから甲の引渡しを受けること）を実現しうるかどうかは、本来的に債務者（A）という他人の意思にかかっている。すなわち、Bが「甲の引渡しを受けたい」と望んでも（そのように自己決定しても）、それが尊重されるか否かは、Aしだいである。言い換えるならば、債権者（B）は、法益の享受の仕方（甲の引渡しを受けられるかどうか）について、その自己決定を常に尊重されるわけではない。したがって、すでに説明した絶対権への該当性の判断方法（→39～40頁）に照らせば、この場合における債権は絶対権ではない、ということになる（なお、債権者は、債務者が債務を履行しないときには、履行強制〔414条1項〕の手段によってその債権を実現することが可能である。しかし、たとえば上述の具体例におけるAが、Bによる履行強制の始まる前に甲をCに引き渡したときには、Bがその後に履行強制の手段をとることはもはや許されない。すなわち、そのような意味で、このときにもやはりBはAの意思を完全に無視することはできないのである）。

(b) 違法性判断基準

　そして、以上に説明したように、債権者が債務者から給付を受けようとする場合における債権は絶対権ではないとすると、第三者がこの権利を侵害したとしても——すなわち、債権者が債務者から給付を受けることを第三者が客観

的・形式的に邪魔したとしても——、そのような侵害は、それだけでは直ちに違法とは評価されない、ということになる。

　たとえば、AがCに対して100万円の金銭債権を有する場合において、今、BもまたCに対して同じく100万円の金銭債権を取得し、そしてCがBの請求に応じてBに100万円を支払ったために、Cは無資力となってしまったとしよう。この場合に、Bの請求およびCからの100万円の受取りという行為によって、AがCから100万円の支払を受けることが事実上、不可能となった。すなわち、AのCに対する債権がBによって客観的・形式的に侵害された。しかし、そのことから直ちに、Bの行為が違法なものと認められるわけではない。

　判例（たとえば、大判大正4・3・10刑録21輯279頁）および伝統的通説によれば、債権者が債務者から給付を受けようとするのを第三者が邪魔した場合において、そのような第三者の行為が違法と評価されるのは、第三者の行為、とくに債務者による債務不履行への関与の仕方がとくに悪質であるとき、すなわち第三者が債務者の債務不履行をそそのかすなどしてそれに積極的に加担し、かつその行為の態様が公序良俗（90条）に違反するとき（たとえば、犯罪に該当するとき）に限られる。

(4)　債権の帰属が侵害される場合

　次に、債権者が自らの債権を譲渡する可能性を第三者が奪う場合（前記②の場合）に関する違法性判断基準について説明する。

(a)　1つの財貨としての債権の特質——債権＝絶対権

　たとえば、AがBに対して100万円の金銭の支払を請求しうる債権（以下、これを乙債権とよぶ）を有する場合において、CがAになりすました上で、Bに対して100万円をCに支払うよう請求し、そしてBがCをAと誤解してCに対して実際に100万円を支払ったとしよう。この場合に、BがCをAと誤解したことに過失がなかったとすると、BのCに対する100万円の支払は、Aの乙債権に対する弁済として有効である（478条）。それゆえ、乙債権は消滅し、その後、Aは、Bに対する乙債権をもはや有しないため、それを他人に譲渡して経済的利益を受けることももちろんできない。すなわち、Cの行為によって、Aが乙債権を譲渡する可能性が奪われることとなる。このことをより一般的な

形で表現すれば、Cの行為は、乙債権のAへの帰属を侵害した、ということができる。

　ところで、この具体例において、乙債権の債権者は、Aただ1人である。それは、ある物の所有者は、この世界でただ1人であるのと同じである。また、そうであるとすると、所有物をいつ誰に対して譲渡するのか（あるいは譲渡しないのか）について所有者に自由な自己決定が認められるのと同様に、乙債権をいつ誰に対して譲渡するか（あるいは譲渡しないのか）についてAに自由な自己決定を認めることが可能であり、また妥当であるといえよう。すなわち、この点に関する債権者（A）の自己決定を常に尊重すべきである、と考えられる。そのため、債権者が自らの債権を譲渡する可能性が第三者によって奪われる場合におけるその債権は絶対権に当たるものと解される。

(b)　違法性判断基準

　したがって、そのような譲渡の可能性（この可能性の基礎となる債権の帰属）が第三者の行為によって客観的・形式的に債権者から奪われた場合には、原則として、直ちにその行為を債権に対する違法な侵害と評価すべきである。この点について、学説の見解は一致している。そのため、たとえば、先ほどの具体例におけるCの行為は、それだけで違法と認められる（なんらかの違法性阻却事由が存在する例外的場合にのみ、その違法性が否定される）。

Ⅲ　人格的利益

1　さまざまな人格的利益

　人あるいはその人格にかかわる法益には、さまざまなものがある。たとえば、人の生命や身体（健康）のように人の存在そのものに関する利益のほか、人が1人の人間として生きていくために必要な他人との良好な関係を築くことに関する利益（名誉・プライバシー・家族関係に関する利益）、さらには人の平穏なくらしに密接に関連する環境（日照・静穏（せいおん）・通風・景観など）に関する利益である。また、すでに指摘したように（→32～33頁）、現代社会においては、そのような人格的利益の適切な保護は、不法行為法にとってますます重要な任務

となっている。

　他方において、これらの人格的利益の内容や性質は、法益ごとに千差万別である。そのため、判例・学説は、法益の１つ１つについて、またそれぞれの法益に加えられる侵害の態様をも区別しながら、各場合における個別の違法性判断基準を明らかにしようと努めている。

　そこで、以下では、代表的な人格的利益（名誉、プライバシー、家族関係に関する利益、住居における静謐・平穏）を取り上げて、それぞれに関する違法性判断基準を説明することにしよう。

2　名誉

(1)　意義

　名誉とは、「人がその品性、徳行、名声、信頼等人格的価値について社会から受ける客観的な評価、すなわち社会的名誉を指す」（最判昭和45・12・18民集24巻13号2151頁）。また、名誉を違法に侵害することを一般に名誉毀損とよぶ。

　人は、その人格的価値について社会から肯定的評価（＝名誉）を受けることによって、社会における自らの生き方に満足と誇りと安心とを感じることができる。また、人は、そのような肯定的評価を基にして社会とのさらなる（より良い）かかわりを築きつつ、日々生きていく（しかない）。すなわち、名誉は、人が平穏な社会生活を送る上で欠くことのできない基盤となるものである。そのため、民法その他の法律は、古くから名誉を違法な侵害から保護している（たとえば、刑法230条〔名誉毀損罪〕参照）。

　なお、法人の活動も社会的な評価にさらされ、それが法人のさらなる社会的活動の基盤となることから、法人にも名誉という法益が認められる。

(2)　侵害方法の区別

　名誉を侵害する方法としては、その人の社会的評価を低下させる事実を公表する方法（以下、これを事実の摘示という）とその人に関する否定的・消極的評価を公表する方法（たとえば、多数の人々の前で「Ａは、仕事の遅い人だ」と述べる方法。仕事が「遅い」かどうかは、事実の問題ではなく、評価の問題である。以下、このような意見を述べることを論評という）の２つが考えられる。

判例によれば、どちらの方法で名誉毀損が行われるかによって、その侵害の違法性判断基準が異なる。

(a) 事実の摘示による場合

(i) 原則　　まず、名誉毀損が事実の摘示によって行われる場合、ある人の社会的評価を低下させる事実を公表する行為は、原則として違法である、とされる。このことは、たとえその事実が真実であっても変わらない。また、ある事実が人の社会的評価を低下させるようなものであるか否かは、その事実を読んだり、聞いたりする一般人の普通の注意と受け止め方とを基準として決定すべきである（最判昭和31・7・20民集10巻8号1059頁〔新聞記事〕、最判平成15・10・16民集57巻9号1075頁〔テレビ番組〕）。

(ii) 違法性が否定される場合　　しかし、事実が事実として伝えられ、人々に共有されることは、民主主義に基づく社会（事実の多面的な検討・評価とそれを基礎とする議論とによって物事を決めていく社会）の土台ともいうべきものである。また、そのような社会に広く伝えられるべき事実には、人の社会的評価を低下させる事実も含まれる（たとえば、ある国会議員が性差別を容認するような発言をした、との事実）。そのため、これらの事実を公表する行為をすべて名誉毀損に当たるものとすることは妥当ではない。むしろ、それらの事実の摘示は、適法なものとして法的に保護されなければならない。

そこで、判例は、人の社会的評価を低下させる事実の摘示が行われても、①その事実が公共の利害に関するものであり（事実の公共性）、かつ②その事実の摘示が主として公益を図る目的で行われ（目的の公益性）、そして③その事実が真実であること（事実の真実性）を被告（その事実を公表した者）が証明したときには、そのような事実の摘示は違法ではない、とする（最判昭和41・6・23民集20巻5号1118頁）。

なお、どのような事実が公共の利害に関するものと認められるか、については一概にいうことはできない。しかし、刑法230条の2第2項と第3項とを参考にして考えるならば、公務員に関する事実、公職選挙の立候補者に関する事実、未だ公訴を提起されていない（裁判の開始されていない）犯罪行為に関する事実は、原則として公共の利害に関するものである、と解される。

(iii) 故意・過失が否定される場合　　先ほど確認した判例によれば、ある事

実の摘示に①事実の公共性と②目的の公益性とが認められる場合であっても、被告（事実を公表した人）が③事実の真実性を証明することができなかったときには、その人は損害賠償責任を負わなければならない。

　しかし、ある事実が真実であることを訴訟において証明することは必ずしも簡単ではない。そのため、事実が真実であることが証明されない限り、その事実を公表した人は常に不法行為責任を負わされるとすると、人々は、ある事実が公共の利害に関するものであり、それを他人に伝えることで公益を図りたいと考えたとしても、その事実が真実であることを確実に証明しうる場合でなければ、この事実の摘示を控えるようになるであろう（とくに、多くのさまざまな事実を日々、しかも比較的短時間のうちに伝えなければならない報道機関にとっては、すべての事実の真実性を訴訟の場で証明することができる程度にまで確認することは、過度の重荷である）。これは、本来行われるべき人々の間における事実の自由な伝達や報道までをもおびやかしかねず、前述のような民主主義に基づく社会にとって望ましい事柄ではない。

　そこで、判例は、摘示された事実が①公共の利害に関するものであり、②その事実の摘示がもっぱら公益を図る目的で行われた場合において、その事実の真実であることを被告が証明することができなかった（そのため、名誉毀損の違法性が否定されない）としても、③その事実が真実であると被告が信じたことに相当の理由が認められるときには、その人には709条の故意または過失が存在しないため、被告の不法行為責任が否定される、とした（前掲最判昭和41・6・23）。それゆえ、たとえば、新聞社がある事実を真実として報道する際に、その事実の真否について事前に十分な調査を行った場合には、報道後にその事実が真実ではなかったことが明らかになったときでも、結局、この新聞社は不法行為責任を負わないこととなる。

(b)　論評による場合

　次に、判例は、人の社会的評価を低下させる論評が行われた場合については、事実の摘示に関する基準とは——類似してはいるものの、しかし重要な点において——異なる基準によってその違法性を判断すべきである、とする。

　すなわち、その論評が①公共の利害に関する事柄について、②主として公益を図る目的で行われたものであり、かつ③その論評が前提としている事実が主

要な点において真実であることを被告（論評を行った人）が証明したときには、④その論評が人身攻撃に及ぶなど論評としての域を逸脱したものでない限り、その論評は名誉毀損には当たらない、とされる（最判平成1・12・21民集43巻12号2252頁）。

さらに、判例は、被告が論評の前提とした事実の真実性を証明することができない場合であっても、被告がその事実を真実と信じたことに相当の理由が認められるならば、——事実の摘示による場合と同じように——その論評には故意または過失が存在しないため、結局、被告は不法行為責任を負わない、としている（最判平成9・9・9民集51巻8号3804頁）。

(c) 侵害態様による区別の理由

すでに説明したように、事実の摘示による名誉毀損については、その事実が真実であることが、その行為の違法性が否定されるための1つの要件とされている。これは、摘示された事実の内容が客観的に誤りであること（内容の不正確性）が、その事実を公表する行為の（名誉毀損としての）違法性を支える大きな理由であることを意味している。

これに対して、論評による名誉毀損の違法性を判断する際には、論評の内容である意見の正確性・合理性は問題とされない（最判平成16・7・15民集58巻5号1615頁）。その意見が形づくられる際に前提とされた事実が正確に認識されていたか否か（上記③）が検討されるにすぎない。

このように、現在の判例においては、論評（評価・意見の公表）という表現活動は、事実の摘示という表現活動にくらべてより手厚く保護されている。その理由について、判例は、それは「意見ないし論評を表明する自由が民主主義社会に不可欠な表現の自由の根幹を構成するもの」だからである、とする（前掲最判平成16・7・15）。

3　プライバシー

(1) 今日の議論状況

プライバシーは、多義的な概念である。どのような利益を「プライバシー」として保護すべきであるかをめぐって、これまで、判例・学説上、さまざまな

見解が主張されてきた。

　そのような状況のもとで、近時の学説においては、プライバシーを、ある人と他人、そして他人の集まりとしての社会との関係（コミュニケーション）に関する利益ととらえた上で、その具体的な内容を複数のタイプ（類型）に分けて分析する立場がみられる。

　以下では、このような近時の学説の分析を手がかりとしながら、判例・下級審裁判例に実際にあらわれた代表的な事案を整理することとしよう（なお、プライバシーとして保護されるべき利益は、以下で取り上げるものに限られない）。

(2)　さまざまな「プライバシー」

(a)　私的空間

（i）　内容　　伝統的に、プライバシーは、「１人で放っておいてもらう権利」といわれてきた。具体的には、たとえば自宅や自室、自分の机やカバンなどの広い意味での「私的領域」を他人にのぞかれない利益（この「他人」にも、文字どおりの「赤の他人」から知人・友人、さらには家族も含まれる）がプライバシーの典型である、とされてきた。

　人は、社会において他人とかかわりながら生きていかなければならない。しかし、まさしくそうであるからこそ、他方で、人は、他人とのかかわり（とくに他人の目＝興味・関心・評価）から解放されて、自分だけの時間を持つことが必要である。また、そのような私的な時間を十分に楽しむことができるように、他人の目から確実に解放された私的空間を確保することが重要である。プライバシーとして保護されるべき利益の第１は、このような私的空間である、といえよう。

（ii）　判例・下級審裁判例　　このような意味でのプライバシーが違法に侵害された（それに対して不法行為法による保護が認められた）と解される判例・下級審裁判例としては、最判平成７・９・５判時1546号115頁（Ｙ社が、従業員Ｘのロッカーを無断で開け、Ｘの所属する政党の発行する手帳を写真撮影した事案）や東京地判平成１・６・23判時1319号132頁（Ｙ社のカメラマンがＸ〔当時、著名な作家と交際していた〕の自宅内を塀越しに写真撮影した事案）を挙げることができる。

（iii）　違法性判断基準　　これらの場合に、プライバシーに対する違法な侵害が認められるか否かは、①公にされた場所がその場所を支配・管理する人にとって私的空間に当たるものであること（その場所が「一般人の感受性を基準にして当該私人の立場に立った場合公開を欲しないであろうと認められ」るものであること。東京地判昭和39・9・28判時385号12頁）を前提として、②そのような私的空間を公にすることが社会にとって必要であるか否か、また社会の正当な関心に基づくものであるか否かによって判断されることとなろう。

（b）　自己のイメージを形成する利益

（i）　内容　　第2に、人は、ときには他人から期待される人物像（イメージ）に自らを合わせようとしつつ、またときには自分自身で積極的に自らがそうありたいと願うイメージを他人に伝えながら、他人とさまざまな関係（友人・恋人・同僚・師弟・夫婦・親子など）を築いていく。たとえば、ある人の恋人になりたいと望む人は、その人の持つ「良い恋人」のイメージにあうように行動することで（＝自己のイメージをそのように作り上げていくことで）、恋愛関係を成立させようとするであろう。また、そうであるからこそ、すでに作り上げられたイメージが一度、壊れてしまうと、それを基礎として成り立っていた他人との関係もまた壊れてしまう（少なくともその危険がある）。

そこで、このような、ある人が他人に対して自らのイメージをどのようなものとして提示するかを決める自由（社会における自己のイメージを自らの望むものに形成する利益）もまた、他人との関係に関する利益の1つ、つまりはプライバシーの内容の1つとして法的に保護されるべきである、と考えられる。

（ii）　判例・下級審裁判例　　このような自己のイメージを形成する利益をプライバシーとして保護すべきことを明確に述べた判例・下級審裁判例は、未だ存在しない。

しかし、そのような利益を709条によって保護したものと解される判例は、すでにあらわれている。それは、『逆転』事件判決（最判平成6・2・8民集48巻2号149頁）である（最判平成15・3・14民集57巻3号229頁は、この判例をプライバシー侵害に関するものととらえる）。

この判例は、Yが自らの書物（米国統治下の沖縄で実際に起きた傷害致死事件に関するノンフィクション）において、単なる私人にすぎないXの前科（この事

件の犯人として有罪判決を受け、服役した事実）をXの実名とともに公表した事案に関して、「ある者が刑事事件につき被疑者とされ、さらには被告人として公訴を提起されて……有罪判決を受け、服役したという事実は、その者の名誉あるいは信用に直接かかわる事項であるから、その者は、みだりに右の前科等にかかわる事実を公表されないことにつき、法的保護に値する利益を有するものというべきである」とし、さらに、「その者が有罪判決を受けた後あるいは服役を終えた後においては、一市民として社会に復帰することが期待されるのであるから、その者は、前科等にかかわる事実の公表によって、新しく形成している社会生活の平穏を害されその更正を妨げられない利益を有するというべきである」とした。そして、この事案ではYがXの前科をXの実名とともに公表することに合理的な理由は認められないとして、Yの不法行為責任を肯定した。

　以上の事案においては、Xは、沖縄での服役を終えた後、東京に移り、自らの前科を隠しつつ就職・結婚し、約10年間、平穏な生活を送ってきた。すなわち、その間に、Xは、東京で知り合った人々に自己のあらたなイメージ（たとえば、犯罪をおかすようなことのない真面目で堅実な人というイメージ）を示し、友人・同僚・夫婦という関係を築き上げてきた。しかし、YがXの前科を公表することで、そのようなイメージが壊され、そしてそれとともにXの東京における人間関係（友人関係・同僚関係・家族関係）——上記判例にいわゆる「平穏」な「社会生活」の実体あるいは中核に当たるもの——までもが壊れてしまった（少なくともそのような危険が生まれた）。前記判例は、まさしくこのように、Xが服役後に、他人との間であたらしく作り上げた自己のイメージをYが合理的な理由なく傷つけたこと、そしてその結果として、Xがそのようなイメージを今後さらに維持することができなくなったこと（＝Xの「自己のイメージを形成する利益」に対する不当な侵害）に、Yの行為が違法と評価されるべき理由を見出しているものと思われる。

　(iii)　違法性判断基準　　このように、ある事実の公表によって、ある人の自己のイメージを形成する利益が侵害された場合に、その侵害を違法と評価すべきか否かは、その事実の内容、自らのイメージを傷つけられた人の社会的立場、公表の意図、公表の方法などのさまざまな事情を考慮した上で、その事実

の公表に正当な理由が認められるかどうかによって判断せざるをえない。前記
『逆転』事件判決も、「ある者の前科等にかかわる事実を実名を使用して著作物
で公表したことが不法行為を構成するか否かは、その者のその後の生活状況の
みならず、事件それ自体の歴史的又は社会的な意義、その当事者の重要性、そ
の者の社会的活動及びその影響力について、その著作物の目的、性格等に照ら
した実名使用の意義及び必要性をも併せて判断すべきもので」あり、「前科等
にかかわる事実を公表されない法的利益」がそれを公表することによる利益に
「優越」すると判断される場合に不法行為が成立する、と述べている。

　(c)　個人識別情報を知られない利益

　(ⅰ)　内容　　第3に、判例は、ある人の名前や住所、電話番号などの個人識
別情報がその人の望まない他人によって知られないという利益をプライバシー
の1つとして保護する。

　(ⅱ)　判例　　その具体例として、最判平成15・9・12民集57巻8号973頁は、
中国の国家主席の講演会を主宰したY大学が、この講演会に出席したXらの氏
名・住所・電話番号等をXらに無断で警察に知らせていた事案に関して、これ
らの「個人情報についても、本人が、自己が欲しない他人にはみだりにこれを
開示されたくないと考えることは自然なことであり、そのことへの期待は保護
されるべきものである」と判示した上で、Y大学の行為は、Xらの「合理的な
期待を裏切るものであり」、Xらの「プライバシーを侵害するものとして不法
行為を構成するというべきである」とした。

　また、最判平成29・10・23判時2351号7頁は、私企業の従業員が顧客の氏
名・性別・生年月日・住所・電話番号などを名簿業者に売却した行為は、その
顧客のプライバシーに対する違法な侵害に当たる、とした（なお、最判平成1・
12・21民集43巻12号2252頁は、Yが、小学校の教員Xらの行為を非難する文書を
――そこにXらの氏名・住所・電話番号などを記載した上で――不特定多数の人々
に配布した結果、Xらの自宅にいたずら電話や脅迫電話がかかってきた事案に関し
て、Yの行為がXらの「私生活の平穏などの人格的利益を違法に侵害」したことを
理由として、Yの不法行為責任を認めた）。

　(ⅲ)　違法性判断基準　　ある人の氏名・住所・電話番号などの個人識別情報
が他人に知られると、その人から手紙を送られたり、電話をかけられたり、あ

るいは訪問を受けたりする可能性（そのような形で他人が自分の私生活の平穏を害する危険性）が高まる。そのため、人は、自らの望まない他人にそれらの個人識別情報を知られないことについて法的保護に値する利益を有している、ということができる。

　他方、個人識別情報を他人が取得することそれ自体を違法と評価することはできない。なぜなら、個人識別情報は、ある人について「他人」が——「○○に住む、△△出身の、××歳の、□□という名前の人」として——認識し、記憶する（＝識別する）ために必要とされる情報であり、その性質上、本来的に、他人に認識されることを予定しているものだからである（また、したがって、そのような情報に関する個人の絶対権を肯定することはできない）。

　そこで、人は、自己に関する個人識別情報を他人が取得し、保管し、さらにそれを利用することについて、それらが自らの私生活の平穏を害するような形で行われないように期待するしかない。言い換えるならば、ある人の個人識別情報を取得し、管理し、利用する人は、それらの取得・管理・利用に際して、その人の私生活の平穏が害されることのないように合理的な行動をとることを期待され、要請される。前掲最判平成15・9・12は、このような立場に基づき、これらの期待・要請に反する行為を法的にも許されないもの、つまりは違法なプライバシー侵害と評価するものと解される。

4　家族関係

　伝統的に、広い意味における夫婦関係も、1つの法益として不法行為法による保護を受けてきた。

　第1に、一方の配偶者の他方の配偶者に対する関係である。すなわち、一方の配偶者は、他方の配偶者と不貞行為を行った第三者に対して損害賠償を請求することができる（その詳細については、NBS『家族法［第3版］』38〜39頁を参照）。

　第2に、いわゆる内縁関係が不当に破棄された場合にも、一方の当事者は、そのような不当な破棄をした他方の当事者に対して、損害賠償を請求しうる（この点につき詳しくは、NBS『家族法［第3版］』79〜80頁を参照）。

5　住居における静謐・平穏

　人が自らの住居で、健康に、（各人の考えに従った）文化的な生活を日々、送るためには、まずもって、それぞれの住居における静謐・平穏という利益が法的に保護されなければならない。

　しかし、たとえば、ある人の住居で発生した騒音が他人の住居に流れ込んだからといって、これを直ちに静謐・平穏に対する違法な侵害と解することは妥当ではない。もしそのように考えるならば、（とりわけ多くの人々が比較的狭い空間に集まって生活する都市の内部においては）人々の生活はおおよそ成りたたなくなってしまう。そのため、判例・学説では、他人の住居における静謐・平穏を、社会生活上、人々が互いに許容し、我慢（＝受忍）し合うべき限度を超えてそこなう騒音や震動、悪臭などをはじめて違法な侵害ととらえる立場（受忍限度論）が一般に支持されている（たとえば、空港からの騒音に関して、最大判昭和56・12・16民集35巻10号1369頁〔大阪空港事件判決〕）。

第4章
故意・過失総論

　本章では、はじめに、不法行為責任の第2の発生要件である「故意又は過失」の要件（以下、故意・過失要件とよぶ）について説明する。その際には、前章でしたのと同じように、伝統的通説（→I）と近時の有力説（→II）とを対比しながら説明しよう。その後、第2章と第3章とで取り上げた権利・利益侵害要件と故意・過失要件との関係について検討する（→III、IV）。

I　伝統的通説

1　概要——故意・過失要件＝主観的要件

　伝統的通説（違法性・過失二元説。→24〜25頁）によれば、まず、故意とは、ある行為によって他人の法益が違法に侵害されるかもしれないことに気がつきながら、あえてそのような行為をしようとする精神状態のことを指す。すなわち、他人の法益に対する違法な侵害という結果が生じる危険を認識し、かつそのような結果の発生を受け入れる（＝認容する）ことが故意である。たとえば、Aが自転車をBにわざとぶつけるときには、Aは、Bの身体という法益を違法に侵害する危険を認識し、かつそのような侵害が生じることを認容している。そのため、この場合におけるAには故意が認められる。

　これに対して、過失とは、ある人が自らの意思を十分に緊張させないことである。たとえば、自転車を運転しているCが、寝不足でボーッとしていたために、Dに気がつかず、自転車をぶつけてしまったとしよう。この場合には、

「ボーッとしていた」という意思の緊張を欠いたＣの精神状態が過失に当たる。

　このように、伝統的通説のもとでは、709条の故意と過失とは、いずれもある行為をする人の精神状態＝主観のありよう（＝態様）を問題にする要件（主観的要件）である、と理解される。すなわち、その行為によって他人の法益が違法に侵害される危険に気づきつつ、侵害（結果）の発生を受け入れるならば、その行為者＝加害者には故意があり、意思を緊張させていなかったがためにこの危険に気がつかなかったとき、または危険に気づきながらも、「そのような結果は、実際には生じないであろう」と軽信したときには、加害者には過失がある、と判断される。

2　特徴

　また、このように故意・過失要件を主観的要件ととらえる伝統的通説は、次のような４つの特徴を有している、ということができる。

(1)　違法性要件との区別・対置

　第１に、伝統的通説においては、故意・過失要件は違法性要件と区別され、対置される。なぜなら、すでに説明したとおり（→24頁）、違法性要件は、行為者の主観とは無関係に（＝客観的に）、その行為自体の悪性の有無や程度を測るための要件だからである（違法性要件＝客観的要件　←→　故意・過失要件＝主観的要件。この点について、25頁の図式を再度確認してほしい）。

(2)　過失責任＝意思責任

　第２に、故意・過失を発生要件とする損害賠償責任（このような責任のことを一般に、過失責任という）は、行為者の主観＝意思の態様がいわば「悪い」ものであることを理由として、そのような「悪い」意思に対する法的非難として行為者に負わされる責任である、と考えられる。そのような意味で、過失責任は意思責任である、ということになる。

⑶ 過失＝具体的過失

　第3に、過失が行為者の主観の態様を問題とする要件である以上、行為者に過失が認められるか否かは、その行為者自身の能力を基準として判断される（このように、具体的な行為者の能力を基準としてその有無が判断される過失のことを具体的過失という）。すなわち、その判断に際しては、その行為者がつくすことのできる最大の緊張を実際につくしたか否かが問われることとなる。そのため、行為者がその人にとって最大の緊張を実際につくしていたのであれば、行為者には過失はなかった、と判断される。言い換えるならば、伝統的通説のもとでは、過失の有無を判断する際に、行為者の立場に置かれた一般人であれば、どのように意思を緊張させることができたか、またどのように意思を緊張させるべきであったか、ということは問題とならない。

⑷ 責任能力＝過失責任の論理的前提

　第4に、先ほど説明したように、伝統的通説によれば、過失責任は、「悪い」意思に対する法的非難として行為者に負わされる責任＝意思責任である。それゆえ、そのような意思責任としての過失責任を行為者に実際に負わせ、その行為者を法的に非難することが許されるのは、この行為者が、行為をする時点において、その行為をすれば、他人に対する法的な責任が自らに生じうること（とくに、自分の行為が違法なものであること）を認識することが可能であった場合に限られるべきこととなる。なぜなら、ある人が、自己の行為の違法性に気がつきながら──したがって、それを行い、他人に損害を与えたときには、その他人に対して不法行為責任を負わされることを知りながら──、あえてその行為をした場合、または自らの行為の違法性に気がつくことができたのに、それに気がつかずにその行為を行った場合に、はじめて法はその人の意思の態様を「悪い」ものと評価し、その意思を非難することができるからである。そのため、伝統的通説のもとでは、行為者が自らの行為から法的な責任が生じうること（その行為の違法性）を認識する能力（そのような能力のことを一般に、責任能力という）は、行為者に過失責任としての不法行為責任を負わせるために必要な、そして過失責任が意思責任であることから必要とされる論理的前提である、ということになる。また、712条と713条とが行為者に「自己の行為の責任

を弁識するに足りる知能」や「自己の行為の責任を弁識する能力」——これらはどちらも責任能力に当たるものである——が欠ける場合にその行為者の不法行為責任の発生を否定していることも、このような過失責任の特徴からして当然の事柄を定めたものである、と考えられる。

3　批判

　以上のような故意・過失要件に関する伝統的通説（違法性・過失二元説）は、かつては圧倒的な支持を集めていた。だが、1970年代ころから、この説を厳しく批判する声が聞かれるようになった。そこで、次に、伝統的通説に対する批判のうち、重要なものを2つ確認しよう。

(1)　判例との不一致——過失の客観化
　第1の批判は、伝統的通説の立場は、判例の立場と一致しない、というものである。というのも、判例は、「過失」を——伝統的通説が主張するような、行為者の意思（主観）の態様に関する要件としてではなく——行為の態様に関する要件として用いているからである。
　たとえば、大判大正5・12・22民録22巻2474頁（大阪アルカリ事件判決）は、ある企業がその事業を行う際に「損害ヲ予防スルカ為メ右事業ノ性質ニ従ヒ相当ナル設備ヲ施シタル」ときには、その企業には過失は認められない、と判示した。すなわち、この判例は、加害者の行為時における意思（主観）の態様（意思を十分に緊張させていたか否か）によってではなく、加害者が損害の発生を防止するために相当な行為をしたか否かによって過失の存否を判断すべきである、としている。このような判断方法は、その後も、とくに1970年代以降に、交通事故や公害などの事案において加害者の過失について判断する際に広くとられるところとなった（このように、過失の有無を加害者の行為の客観的態様を基に判断する方法がとくに裁判の場で一般化した現象のことを、過失の客観化という）。
　そして、このように伝統的通説の立場が判例の立場とかけ離れたものであるとすれば、そのことは、伝統的通説の見解（違法性・過失二元説）がいわば机

上の空論にすぎず、現実の紛争を解決するためのルールとして機能していない
──より正確にいえば、機能しえない──ことを示すものである、と考えられ
る。

(2) 結論の不当性

第2の批判は、伝統的通説の立場から導かれる結論の不当性に関するもので
ある。

すでに説明したように（→58頁）、伝統的通説によれば、過失の有無は、行
為者自身の能力を基準として判断されるべきものである（過失＝具体的過失）。
そのため、ある人が自らの意思を、その人にとって可能な限り緊張させていた
ときには、たとえ一般人であればさらに良く意思を緊張させることができたと
しても、その人には過失がない──したがって、その人に不法行為責任を負わ
せることはできない──といわざるをえない。

しかし、人々の接触がひんぱんに行われる現代社会（＝人々が他人による加
害の危険に常にさらされている社会）において、このように「過失」の有無を行
為者自身の能力を基準として判断することは、被害者にとって公平なものであ
るか。たとえば、自動車の運転能力の未熟なＡが──まさしくその運転能力が
未熟であるために── 一般人であれば避けることができたはずの交通事故を
ひき起こし、その結果としてＢを死亡させてしまった場合に、Ａが運転の最中
に自らの意思をＡとしては精一杯の努力をして緊張させていたときには、Ａに
は「過失」が存在しないとして、ＡのＢに対する不法行為責任を否定すべきで
あろうか（ここでは、原理的問題に議論の焦点を合わせるため、自動車損害賠償保
障法3条に基づく責任は、脇に置くこととする）。もしこのような結論がとられる
とすれば、人々は、他人の合理的行動、すなわち、一般人であれば通常、その
ようにすることが可能であり、かつそのようにするであろうと期待される行動
が実際に行われること（もし他人がそのような行動をしなかったために、自らに損
害が発生した場合には、不法行為法によって保護されるということ）を信頼しえな
くなってしまう。また、その結果、人々は、そのような損害を受けないよう
に、他人との接触、つまりはさまざまな社会活動をできる限り避けようとする
であろう。これは、社会全体に大きな損失をもたらすものである。そのような

社会的損失が生じることを防ぐためには、「過失」の有無を行為者（先ほどの具体例であればA）自身の能力を基準として判断してはならない。むしろ、その行為者（A）の立場に置かれた一般人の能力を基準として判断すべきである。

Ⅱ　有力説

1　概要

　伝統的通説に対する以上のような批判を基にして、とくに1970年代以後、学説では、「過失」を行為の態様に関する要件ととらえる立場が有力となった。
　この立場によれば、過失とは、加害者の行為が、法によって課される行為義務（行為規範＝ある行為をしてよいかどうかに関するルール）に客観的に違反することである。この行為義務（行為規範）は、──加害者の立場に置かれた一般人の能力を基準としつつ──加害者に対して、①ある結果の発生（他人の法益に対する侵害・損害の発生）を予見すること、そしてその予見に基づき、②この結果の発生を回避するために適切な行動をとることを命ずるものである。具体的には、一般人であれば、加害者が置かれた状況のもとで、ある結果の発生を予見することが可能であり、かつその結果の発生を回避するために適切な行動をとることが可能であったにもかかわらず、そのような行動を加害者がとらなかったとき（そして、そのために上記結果が実際に発生したとき）、その加害者に過失が認められる（過失＝結果回避義務違反）。
　たとえば、Aが自転車をBにぶつけた場合において、一般人が、Aが置かれたのと同じ状況のもとで（同じ自転車を、同じ道の上で、同じ気象条件のもとで）運転したとすれば、Bの存在に気がつくことができ（＝結果の発生を予見することが可能であり）、そして自転車にブレーキをかけてBとの衝突を避けることができた（＝結果の発生を回避するために適切な行動をとることが可能であった）と考えられるときには、Aがまさしくそのような行動をとらなかったことがAの過失に当たることとなる（ブレーキをかけるという適切な行動をとって、自転車の衝突を避けるべき行為義務〔行為規範〕に対する客観的な違反＝ブレーキをかけな

かったこと＝Aの過失)。過失の有無に関する以上の判断過程において、AがBに自転車をぶつけた時点におけるA自身の意思（主観）の内容がどのようなものであったか——その意思をどれほど緊張させていたか——は、まったく問題とされていないことに注意してほしい。この点に、伝統的通説による過失の理解と有力説による理解との決定的な違いがあらわれている。

2　特徴

　以上のような有力説の特徴を、伝統的通説の特徴とくらべながら、まとめてみよう。

(1)　過失＝抽象的過失

　第1に、伝統的通説によれば、過失の有無は、加害者自身の能力を基準として判断される（過失＝具体的過失。→58頁）。

　これに対して、有力説のもとでは、過失の有無は、加害者の立場に置かれた一般人の能力を基準として判断される。このような過失のことを、一般に、抽象的過失という。すなわち、抽象的過失としての過失の有無を判断する際には、加害者自身の能力（それが高いものであるか低いものであるか、など）は原則として問題とされないのである（例外的に加害者自身の能力が基準とされるべき場合については、後に85〜86頁にて説明する）。

(2)　過失＝規範的・評価的要件

　第2に、伝統的通説によれば、過失の有無は、加害者が行為の時にその意思を、その者にとって最大限に緊張させていたか否かによって決まる。すなわち、それは、単なる事実の存否に関する問題にすぎない（過失＝事実的要件。→58頁参照）。

　これに対して、有力説のもとでは、過失は、加害者の立場に置かれた一般人であれば、どのように行動することができ、また行動すべきであったかという可能性や義務に関する評価を通じてその有無を決定すべきものである。具体的には、そのような一般人であれば、ある結果の発生を予見することが可能であ

り、かつその予見に従って、結果の発生を回避するために適切な行動をとることができ、かつとるべきであったと認められるときに、このような模範的（＝規範的）行動とは異なる加害者の行為が過失に当たる、と判断されるのである。そのため、有力説においては、過失は、そのような意味での規範的・評価的要件である、ということになる。

(3) 過失不法行為責任≠意思責任

　第3に、伝統的通説によれば、故意も過失も、加害者の意思（主観）に関する要件である（過失＝主観的要件。→56〜57頁）。また、故意の不法行為に基づく損害賠償責任（以下、これを故意不法行為責任とよぶ）も過失の不法行為に基づく損害賠償責任（以下、これを過失不法行為責任とよぶ）も、「悪い」意思に対する法的非難として負わされる責任（＝意思責任）である点で共通する。そのため、伝統的通説のもとでは、故意と過失とは、また故意不法行為責任と過失不法行為責任とはその本質において同じものである、ということになる。

　これに対して、有力説は、故意と過失とは、本質的に異なるものである、と解する。すなわち、一方で、有力説においても——伝統的通説と同じように——故意とは、他人の法益に対する違法な侵害が発生するかもしれない危険を認識しながら、侵害（結果）の発生を認容して、ある行為をしようとする精神状態のことを指す（→56頁）。そのため、これはあくまで主観的要件である。また、それゆえ、有力説も——やはり伝統的通説と同じく——故意不法行為責任は、意思責任である、とする。他方で、すでに説明したように（→61〜62頁）、有力説によれば、過失は、行為の態様を評価するための要件である。すなわち、それは主観的要件ではない。むしろ、行為の客観的態様に関する要件、つまりは客観的要件である、ということができる。また、したがって、過失不法行為責任は意思責任ではない、とされる。

　信頼責任
　このように、過失不法行為責任が意思責任ではないとすると、一体、この責任は、どのような責任なのであろうか。この点について、有力説を支持する学説の中では、過失不法行為責任を信頼責任ととらえる立場が有力である（有力

説の中の有力説）。この立場は、次のように主張する。すなわち、ある１つの社会において多くの人々が互いに自由に生活するためには、それらの人々の間に「人は、他人に不利益（法益の侵害・損害）を与えないように、社会通念上、一般人であればとることのできる、そしてとることを期待される行動をとるであろう」という信頼が成り立たなければならない。なぜなら、そのような信頼が成り立たない場合には、人は、自らの利益を守るために、他人の突飛な行動を常に予想して自身の行動を決定すべきこととなり、その行動の自由が事実上、大きく制約されてしまうからである。それゆえ、法は、そのような人々の間における互いへの信頼を成り立たせるために、その内容を、その社会に暮らすべての人々が従うべき行為義務（行為規範）として設定するのである。すなわち、法は、人々に対して、「それぞれが今、現に置かれている具体的な状況のもとで、一般人であれば、他人に不利益を与えないようにとることが可能であり、かつとるべきであると期待される行動をとれ」と命じ、この命令、つまりは行為義務（行為規範）に違反する行為をした人に不法行為責任を負わせることとしているのである。したがって、過失不法行為責任の性質は、そのような社会に存在する（べき）信頼にかなった行動をとらなかったことに基づく責任（＝信頼責任）である、と考えられる、と。

このように、有力説のもとでは、709条が「故意又は過失」という形で並べて定めているこれら２つの要件と、それらに基づく２つの責任（故意不法行為責任・過失不法行為責任）とは、それぞれその意義や機能を異にする別個・独立のものとして理解される。言い換えるならば、故意（不法行為責任）と過失（不法行為責任）との間には、本質的な違いが存在する、ということになる。

(4) 責任能力≠過失（責任）の論理的前提

第４に、伝統的通説の主張するように、過失責任（＝故意不法行為責任と過失不法行為責任と）が意思責任であるとすれば、そのような過失責任を加害者に負わせるためには、その前提として、加害者に責任能力が存在しなければならない（→58～59頁）。

これに対して、有力説のように、過失不法行為責任は意思責任ではなく、加

害者の行為が法によって課される行為義務（行為規範）に客観的に違反したことに基づく責任であるとすると、ある者の行為がそのような行為義務（行為規範）に客観的に違反している場合には、たとえ加害者に責任能力が存在しなくても、その行為は過失に当たる、と判断することが可能である。そのため、有力説は一般に、加害者に過失不法行為責任を負わせるために、その者に責任能力が認められることは不要である、と主張する。そして、712条や713条が過失不法行為責任の発生要件の1つとして加害者の責任能力を必要としているのは、過失の意義や過失不法行為責任の性質から論理的に要求される事柄ではなく、——法律行為について制限行為能力者制度が用意されているのと同じような意味で——自らの行為の意味（それが不法行為に当たり、損害賠償責任を発生させるということ）を理解することができない社会的弱者を、損害賠償責任という重い責任から解放し、保護するための法政策として行われたものである、とする（なお、有力説においても、故意不法行為責任は、あくまで意思責任である。そのため、これについては、その発生の前提として加害者の責任能力が必要である、と解すべきこととなる）。

Ⅲ　近時の議論状況

これまで説明してきたように、過失の意義については、伝統的通説と有力説との間に大きな見解のへだたりが存在し、かつてはこの点をめぐって激しい議論がたたかわされた。

しかし、その結果、近時では、故意・過失要件、さらには権利・利益侵害要件および違法性要件の意義について、学説の間に共通認識ができあがりつつある。

そこで、以下、近時の議論状況を整理・分析しよう。

1　過失＝客観的要件

まず、今日の学説の多くは、過失を加害者の行為の態様に関する客観的要件ととらえている。すなわち、過失とは、ある行為の態様が、法によって加害者

に課された行為義務（行為規範）、より具体的にいえば、ある結果の発生を回避するために適切な行動（結果回避措置）をとるべき義務（結果回避義務）の内容に客観的に反することである、と解されている。

　また、それゆえ、有力説が主張するように（→62～63頁）、過失は、加害者の立場に置かれた一般人の能力を基準としてその有無が判断されるべきもの（抽象的過失）であり、規範的・評価的要件として機能すべきものであることについても大きな異論はみられない。

2　違法性要件の不要性

　さらに、709条の「過失」が——以上に述べたように——加害行為の態様を規範的に評価するための客観的要件として機能すべきものであるとすれば、同じように客観的要件として機能すべきものと考えられてきた違法性要件を、「過失」の要件に加えてさらにもうける必要はない。すなわち、違法性説（→23～24頁）の主張をそのまま支持することはできない。この点に関しても、現在、多くの学説の考えは一致している。

3　過失＝法的非難を内容とする帰責事由

　他方、伝統的通説だけではなく、有力説のもとでも、過失を帰責事由（→9頁）としてとらえること、そして、そのような帰責事由としての過失は、加害者に対する法的非難を表わすものである、と解することは可能である。

　すでに説明したとおり（→9頁）、過失は（さらには故意も）、もともと被害者が受けた一定の不利益＝損害を加害者に転嫁すること（＝帰責すること）を正当化するために必要とされるものである。すなわち、①加害者の行為が原因となって被害者に損害が発生したという事実のみではなく、また、②その行為が客観的に「悪い」行為であるということだけではなく、③その行為をした人が「悪い」と認められることによって、はじめてその人（＝加害者）に、被害者の受けた損害を転嫁することが許される。このような考え（＝過失責任主義）に基づき、③この加害者が「悪い」と認められること、またしたがって、その

加害者を法的に非難しうるということを「過失」とよんできたのである。そして、伝統的通説は、加害者が意思の緊張を欠いていた点を、この加害者に対する法的非難の理由（その加害者を「悪い」と認める理由）とした（過失＝意思責任）。これに対して、有力説は、加害者がある行為をする際に、その行為によって他人の法益を侵害しないように、一般人であればとることが可能であり、かつとることが期待される行動をとらなかった点を理由として、その加害者を「悪い」と評価し、この加害者を法的非難に値すると判断しているものと解される（おおよそ人は、1人で生きていくことはできない。そのため、一方で、人は他人とともに1つの社会＝公共空間を形成しなければならない。他方で、まさしくその公共空間の中で、1人1人の人間は、それぞれがかけがえのない存在として、各自の法益〔自由〕が他人によって侵害されないこと〔そして、それぞれの法益を十分に享受しうること〕について平等な保障を与えられるべきである。そのような保障を生み出すために、人々は、公共空間に参加するためのいわば前提として、他人の法益を侵害しないこと、つまりは、そのような侵害を回避するのに適切な行為をとることについて、互いに義務を負いあう。たとえば、人は、道路〔これも、1つの公共空間である〕において自動車を走らせる場合には、他の自動車の運転者や歩行者などの生命・身体・財産などを侵害しないように、一般人が自動車を運転する際にとることのできる、そしてとることを期待される行動をとらなければならない。もしある人がそのような行動をとることができない場合には、その人は道路上での自動車の運転を断念することをも覚悟しなければならないのである〔このような場合には、その人は、公共交通機関を利用したり、自転車を使用したり、あるいは歩いて移動したりするしかない。趣味としてどうしても自動車を運転したいのであれば、他人が入り込むことのない自分の土地＝私的空間の中で運転するしかない。このような帰結は、一見すると厳しく感じられるかもしれない。しかし、その人は、先ほど説明したような行為義務を他人とともに負いあうことによって利益をも受けている。なぜなら、この人は、その結果として、同じように自動車を適切に運転することができない他の人々が自らの法益を侵害するかもしれない危険から守られているからである。そのため、以上のような帰結も、決して不公正なものではない〕。それゆえ、一般人であればとることのできる行動をとらないまま、公共空間に参加し、そして他人の法益を侵害した人を、まさしくその点に関して「悪い」と評価す

ること、つまりは法的に非難することが許されるのである）。このように、伝統的
通説と有力説とのどちらの見解においても、過失は、――非難の具体的中身こ
そ異なれ――加害者に対する法的非難を内容とする帰責事由として機能する
（べき）ものである、と考えられる（有力説では、過失は、これに加えてさらに、
その行為の態様が法によって課される行為義務〔行為態様〕の内容に反するもので
あるかを問題とする要件〔＝行為不法、つまりは違法性にかかわる要件〕としての
側面をも持つこととなる。この点については、後述する。→73〜74頁）。

4　権利・利益侵害要件の復権

さらに、すでに説明したとおり（→23頁）、違法性要件は、もともと旧709条
に定められていた権利侵害要件にとって代わるべきものとして登場した。

しかし、先ほど述べたように、違法性要件を独立の要件としてもうけること
が不要であるとすると、そのことは、あらためて権利侵害要件、さらには現在
の709条に定められている権利・利益侵害要件の意義を再考するきっかけとも
なる。そして、実際に、近時においては、権利・利益侵害要件の独自性を再評
価し、この要件を故意・過失要件とは区別されるべき独立の要件として位置づ
ける立場が有力化していることも、すでに説明したとおりである（→29頁）。

IV　まとめ――本書の立場

最後に、本章、さらには第2章および第3章における分析のまとめとして、
不法行為損害賠償請求権＝不法行為責任の一般的発生要件（その成否の一般的
判断枠組み）に関する本書の立場を示しておきたい。

1　権利・利益侵害要件

(1)　意義

まず、不法行為責任の第1の発生要件は、権利・利益侵害要件である。これ
は、709条では、「権利又は法律上保護される利益」の「侵害」として定められ

ている。

　そして、①この要件に示されている2つの法益のうち、「権利」は絶対権を指す。これに対して、「法律上保護される利益」には、絶対権以外の法益が広く含まれる。このような区別は、絶対権の侵害に関する違法性判断基準とそれ以外の法益に対する侵害の違法性判断基準とが異なることによるものである（→33頁）。

　また、②権利・利益侵害要件の充足の有無を通じてまず検討されることは、ある法益が他人の行為との関係でどれほど強く法的に保護されるべきか（その一般的な要保護性の強弱）である。

　同時に、③権利・利益侵害要件は、ある行為が、それによって侵害される具体的な法益を法の許容する限度を超えて——つまりは違法に——侵害するものであるか否か、を確認するための要件である。具体的には、ⓐある行為が「権利」に当たる法益を形式的・客観的に侵害したときには、その侵害は、原則として違法である。これに対して、ⓑある行為が「法律上保護される利益」に当たる法益を侵害した場合において、その侵害が違法と評価されるか否かは、その法益の内容や性質を基にしつつ、侵害の態様や加害者の主観をも考慮して個別に決定される。

(2) 違法性概念・判断の必要性

　第2章においてすでに説明したとおり（→32〜33頁）、本書は、709条の権利・利益侵害要件を違法性要件には置き換えない。

　しかし、このような違法性要件とは区別をされるべき違法性概念およびこの概念を用いて行われる違法性判断は、ある行為が法の趣旨に照らして客観的に許容されるべきものではないことを確認する作業として重要な役割を果たすものである。そして、そのような違法性判断は、まず、権利・法益侵害要件が満たされるか否かという形でこれを行うべきである。

(3) 結果不法としての権利・利益侵害

　そして、権利・利益侵害要件に関する判断においては、ある法益（「権利」＝絶対権と「法律上保護される利益」＝絶対権以外の法益）について、法によって

その法益の内容として認められている事柄（その法益の受益者に、その人が享受しうる事柄として割り当てられているもの）が受益者によって実現されているか、それとも他人によってその実現を妨げられているか、が検討される。

その結果、法益の内容の実現が他人＝加害者によって妨げられていると判断される場合に、——権利・利益侵害要件が満たされ——加害者の行為は、違法と評価される。このような違法性は、従来、結果不法とよばれてきた。

他方、もし法益の内容の実現が妨げられていないと判断されるときには、権利・利益侵害要件は満たされず、その行為は違法なものではない、ということになる。このときには、したがって、他の要件について検討するまでもなく、加害者の不法行為責任は否定される。

第3章で説明した事柄——所有権に対する侵害が客観的・形式的に生じていれば、その侵害は直ちに「違法」と評価されるべきである、とか、名誉毀損に当たる表現行為について、事実の公共性・目的の公益性・事実の真実性が認められれば、その行為の「違法性」が阻却される、など——は、すべてこのような違法性、つまりは結果不法に関するものである。さらに、加害行為に対する被害者の事前の同意や正当防衛（720条1項）・緊急避難（同条2項）の成立によって否定される違法性（→36頁）もまた、結果不法としての違法性にほかならない。

(4) 過失要件との区別——独立の要件としての位置づけ

以上に説明したとおり、権利・利益侵害要件は、加害者の行為の客観的な態様（違法性の有無）を規範的に評価するための要件である。この点において、権利・利益侵害要件は、同じくそのような行為の態様の規範的評価にかかわる要件である過失要件（この点については後述する。→73〜74頁）と共通する。

しかし、他方で、それらの要件は、違法性の有無を判定する際の視点（その存否を問われるべき違法性の内容）が異なる。すなわち、先ほど説明したように、権利・利益侵害要件は、ある行為の違法性を、その行為によって侵害される法益の内容や性質との関係において判定するものである（結果不法）。これに対して、後で説明するとおり（→73〜74頁）、過失は、その行為の態様が、法によって加害者に課される行為義務（行為規範）の内容に反するか否か、とい

う観点から、その違法性（＝行為不法）の有無を検討するための要件である。

　したがって、このような判断の視点の違いに則して、権利・利益侵害要件は、過失要件とは区別をした上で、これを独立の要件として位置づけることが妥当である、と思われる。

2　故意・過失

　不法行為責任の第2の発生要件は、「故意」または「過失」（故意・過失要件）である。これらのうち、とくに、過失の意義については、次のように解すべきである。

(1)　過失＝結果回避義務違反・抽象的過失

　第1に、過失は、今日の多くの学説が指摘するように、法によって課される行為義務（行為規範）、すなわち結果回避義務への違反であり、抽象的過失（→62頁）である。

(2)　過失＝帰責事由

　第2に、これもすでに確認したとおり（→9頁）、①過失は、ある行為を原因として被害者に生じた損害（不利益）を、その行為を行った人（加害者）に転嫁する（＝帰責する）ための要件として機能する点に、その第1の意義がある（帰責事由としての過失）。すなわち、709条は、ある行為によって損害が生じた場合に、その行為の態様が、法によって課された行為義務（行為規範）の内容に反するものであることを理由として、その行為者に損害賠償責任を負わせる。言い換えるならば、そのような行為義務違反、つまりは過失が認められない限り、被害者の受けた損害がどれほど大きなものであったとしても、709条のもとでは加害者に損害賠償責任を負わせることは許されない（過失責任主義）。

(3) 過失不法行為責任＝加害者の意思に対する法的非難としての責任

(a) 法的非難としての過失不法行為責任

第3に、過失不法行為責任は、加害者が、一般人であればとることが可能であり、かつ、とることを期待される行動（結果回避措置）をとらなかったために被害者の法益を侵害したこと（および被害者に損害を生じさせたこと）を法的に非難する趣旨で加害者に負わされる責任である（→66〜68頁）。

(b) 意思非難としての過失不法行為責任――有責性要素としての過失

では、なぜ、加害者は、結果回避措置をとらなかったこと（その結果として他人の法益を侵害し、損害を発生させたこと）について法的に非難されるべきなのか。

それは、その人が自らの意思で結果回避措置をとることができたのに、（不注意で）そのような結果回避措置をとらなかったからである。そのため、過失不法行為責任は、加害者のこのような意思に対する法的な非難であり、そのような意味で意思責任である、と考えられる。

なお、ある結果の発生がある人の意思に帰せられることを有責性とよぶ。それゆえ、過失は、加害者の有責性を基礎づける要素である、ということになる。

抽象的過失と意思責任との関係

このように、一方で、過失の内容を行為義務違反・抽象的過失ととらえつつ、他方において過失不法行為責任の性質を意思責任と解する立場に対しては、従来、それは論理矛盾である、との批判が向けられてきた。すなわち、たとえばAがその人にとって精一杯の注意をして（＝Aにとって最大限に意思を緊張させて）自動車を運転したにもかかわらず、一般人であれば（適切な結果回避措置をとることによって）起こすはずのなかった交通事故を引き起し、よって他人に損害を与えた場合には、Aとしては、自らのしうることをすべてしたのであるから――自分のしうることをしなかったとはいえず――A（の意思）をもはや法的に非難することはできないこととなるはずである。それゆえ、この場合には、Aの過失を否定しなければならない。したがって、過失不法行為責任の性質を意思責任と解するならば、過失の内容は、加害者自身の能力を基準としてその有無が判定されるべきもの、つまりは具体的過失ととらえられるべ

きこととなる、と。

　だが、このような批判は妥当ではない。確かに、この場合に、Ａは、自動車を一般人であれば運転しうるような形で安全に運転することはできない（そのため、法がＡに対して一般人のように自動車を安全に運転することを要求すること、そのような要求に反したこと＝行為義務に違反したことを理由としてＡを非難することは不合理、あるいは無意味である）。しかし、法は、その場合にも、Ａに対して、「自らの能力を最大限に用いたとき、他人の生命・身体や財産を傷つけずに自動車の運転をすることがＡにとって可能であるか」を適切に判断するよう（そして、もしそのような運転が困難であるとするならば、その運転自体を止めるよう）求めることが許される。そして、Ａがこの点に関する判断を誤った結果、自動車のハンドルを自らの意思でにぎり、交通事故を起こした場合には、法は、まさしくそのようにＡが自らの意思で自動車の運転を始めたことを非難して（なお、これは道徳的な非難ではない）、Ａに損害賠償責任を負わせるのである。

　もちろん、このような自らの能力に関する判断が適切に行われたか否かもまた、あくまで一般人であれば持つことができる判断能力を基準として行われる。したがって、この点に関する判断の誤りとして認められる過失は、抽象的過失である（なお、このような判断能力は、とりたてて高度の、あるいは特殊・専門的なものではない。また、Ａに、そのような判断能力までが欠ける場合とは、通常、Ａの責任能力が否定されるべき場合であろう）。

　以上要するに、過失の内容を結果回避義務違反・抽象的過失ととらえることと、過失不法行為責任の性質を加害者の意思に対する法的な非難としての責任、つまりは意思責任と解することとは両立しうるものである。

(4)　違法性要素としての過失＝行為不法

　第４に、過失は、――帰責事由であり、有責性に関する要件であるとともに――違法性に関する要件でもある。なぜなら、過失とは、ある行為の態様が、まさしく法によって課された行為義務（行為規範）の内容に反することを指すものだからである。

　また、同じく違法性に関する要件である権利・利益侵害要件が、法益の内容の実現がその行為によって客観的に妨げられているか否か（結果不法の有無）

を問題とする（→69〜70頁）のに対して、過失は、加害者が——他人の法益を侵害しないように——行為義務（行為規範）に合致する行為をしたか否かを問うための要件である。すなわち、ある行為の態様が、加害者の立場に置かれた一般人であればとることのできる（またとることを期待される）行為の内容からずれるものであるときには、その行為は——法によって課された行為義務（行為規範）に抵触するもの、すなわち過失に基づくものとして——違法と評価される。従来、このような違法性は、行為不法とよばれてきた。

　そして、過失不法行為責任を基礎づける違法性は、これら2つの違法性、つまりは結果不法と行為不法とを合わせたものである、と考えられる。

直接侵害型と間接侵害型との区別の有益性

　以上のような違法性要素としての過失（行為不法）の有無を判断する際には、事案を大きく次の2つに分けることが有益である。

直接侵害型

　まず、加害者の行為から直接に他人の法益に対する侵害が発生する場合（＝行為と法益侵害との間に第三者や被害者の行為が介在しない場合。このような場合を直接侵害型という）、たとえば、ある人（加害者）が、電車の車両内で、急に腕を振り上げたため、隣に立っている人（被害者）の顔にその腕が当たり、その人にケガを負わせた場合には、そのように急に腕をふり上げれば隣に立っている人の顔に腕をぶつけるということ（法益侵害という結果それ自体）が過失の前提である結果予見可能性（後述する。→83〜84頁）の対象（予見すべき対象）となる。

　さらに、直接侵害型では、法益侵害の結果（腕をぶつけること）と加害行為（腕をふり上げること）とが物理現象としてはほとんど一体である。そのため、そのような結果の発生を予見することが可能である場合には、通常、加害者がとるべき措置（＝結果回避措置）は、実際上、加害行為そのものを止めることしかない。すなわち、加害行為はあくまでこれを続行しつつ、それとは別の行為を結果回避措置として行うことは、まず考えられない。たとえば、ある看護師が患者に誤った薬を与えて死亡させた場合において、もし看護師が薬の誤りに気づくことができたとしたならば、その看護師がすべきこと＝結果回避措置は、そのような薬の投与をしないこと、つまりは加害行為をしないことだけである。このとき、看護師には、誤った薬を投与した上で、それでも患者が死な

ないように何らかの手だてを別に打つ（たとえば、さらに別の薬を投与する）べき行為義務が課される、などと解することは不合理である。それゆえ、直接侵害型においては、加害行為をしたこと自体が結果回避義務に対する違反となる。すなわち、結果予見可能性が認められる場合には（そして、にもかかわらず加害行為が行われ、結果が発生したときには）加害者にはほとんど常に行為義務違反＝過失が認められる（このことを指して、直接侵害型における加害者の行為義務は、実際上、法益侵害の結果が発生する危険を認識する義務につきる、ということもできる。さらに、このことから逆に、直接侵害型では、法益侵害の結果が発生し、結果不法が肯定され、結果予見可能性が認められれば〔通常は、認められるであろう〕、そのことから加害者の過失＝行為不法もまた事実上、推定される、と考えられる）。

間接侵害型

　これに対して、加害者の行為に第三者や被害者の行為が加わって被害者に法益侵害が発生する場合（＝加害者の行為から間接に法益侵害が発生する場合。このような場合を間接侵害型という）には、直接侵害型に関するものとは異なる判断が必要である。たとえば、Ａが公道を自転車で走っていたところ、Ｂが急にその前に飛び出してきたために、Ａが自転車をＢと衝突させ、その結果として、Ｂが転び、頭を強く打って死亡した場合には、ＡがＢの死亡という結果の発生を予見することが可能であった（交通死亡事故が起こる危険は常に存在し、またしたがって、それは自転車の一般的な運転者にとって予見しうるものである）、そして実際に、そのような結果が発生した（＝結果不法の肯定）からといって、Ａの行為、すなわちＢに自転車を衝突させた行為の違法性（行為不法）を直ちに認めることはできない。この場合には、そのようにＡがＢに自転車を衝突させる一因となったＢの行為、つまりは公道への急な飛出しについてＡの立場に置かれた一般人が予見することが可能であり、さらに実際にＢとの衝突を避けることができた（たとえば、誰かが公道に急に飛び出したときには直ちに停止しうるように、自転車の速度をあらかじめ落としておくことが可能であった）し、実際に衝突を避けるべきであった（にもかかわらず、衝突させた）と認められるときに、はじめてＡの行為を違法なものと判断すべきである（もし、このように考えないとすると、Ａは、結局、公道で自転車を走らせていたから、Ｂと衝突してしまったのであり、Ａとしては、Ｂの衝突を避けるためには、公道を自転車で走ること自体を止めなければならない、というおかしな結論になってしまう）。

それゆえ、間接侵害型においては、まず、過失の前提となる予見可能性の対象は、Ｂとの衝突（法益侵害という結果それ自体）ではなく、その前に起こる「Ｂの飛出し」である。すなわち、そのような「Ｂの飛出し」を一般人が予見することができたか否か、を第１に問わなければならない。さらに、結果回避措置については、加害行為（自転車の運転）そのものを止めることではなく、「Ｂの飛出し」があった場合に備えて一般人がとるべきであった行動（たとえば、自転車の速度を減速させたり、走る場所を変更したりすること）がＡによって実際にとられたのか否かを検討すべきである（そのような行動がとられていなかったときに、はじめて、Ａに結果回避義務違反＝行為義務違反＝過失＝行為不法が肯定される。ただし、事案によっては、加害行為自体を止めるべきこともありうる）。

まとめ

以上要するに、直接侵害型と間接侵害型とでは、──いわゆる事実へのあてはめの段階において──とくに、①過失の前提となる予見可能性の対象と、②結果回避措置として加害者のなすべき具体的行為とが（多くの場合に）相互に異なることに注意が必要である。

	予見可能性の対象	結果回避措置
直接侵害型	法益侵害の結果	加害行為そのものを止めること
間接侵害型	（法益侵害の一因となる）被害者や第三者の行為	法益侵害の結果が実際に発生することを防ぐことができる行為（予防策）

3 責任能力

不法行為責任の第３の発生要件は、責任能力である。

すでに説明したように（→58頁）、責任能力とは、一般に、自らの行為から法的な責任が生じること（その行為の違法性）を認識する能力のことをいう。712条は、未成年者のうち、「自己の行為の責任を弁識するに足りる知能」を有しない人について、713条は、「精神上の障害」によって「自己の行為の責任を

弁識する能力」を持たない人について、それぞれに不法行為責任を負わせない、と規定している。これらの「自己の行為の責任を弁識するに足りる知能」や「自己の行為の責任を弁識する能力」が、すなわち責任能力に当たるものである。

　このように責任能力の存在が過失不法行為責任、さらには故意不法行為責任の発生要件とされる理由は、過失責任が法的非難としての意思責任であることに求められる。またしたがって、責任能力は、有責性に関する要素である、ということになる（有責性の意味については、72頁においてすでに説明した）。

　なぜ、法は、過失に当たる行為をした（そして、その結果として他人に損害を与えた）人を非難することが許されるのか。それは、その人に適法な行為を選択する自由が存在したからである。すなわち、違法な行為を避けて、それとは別の適法な行為をとることが可能であった（この点について選択の自由を有していた）にもかかわらず、そのような適法な行為がとられなかったときに、法ははじめて、適法な行為を選択しなかったその人の意思を「悪い」ものと評価しうる。反対に、このような選択の自由がその人に存在しなかったときには、たとえその行為が行為義務（行為規範）に客観的に違反するものであった（＝違法なものであった）としても、その人を法的に非難することはできない、といわなければならない。そして、自らの行為の違法性を認識する能力（＝責任能力）を有しない人には、一般に、そのような違法性の認識を基に適法な行為を選択する自由が存在しない。それゆえ、責任能力が不法行為責任の発生要件とされていること（あるいはその裏返しとして、責任能力の存在しない人には不法行為責任を負わせることはできない、とされていること）は、不法行為責任が法的非難としての意思責任＝過失責任であること、つまりは不法行為責任の帰責原理として過失責任主義が取られていることに内在する論理必然的な制約である、と考えられる（なお、これは、責任能力を行為義務違反としての過失の存在を肯定するための前提としてとらえようとするものではない。責任能力を、過失責任を加害者に負わせるための要件として把握しようとするにすぎない）。また、責任能力を欠いている人に行為義務（行為規範）を課したとしても、その人は、自らの行為の違法性を認識しえない以上、行為義務に従った適法な行動をとることができない。すなわち、この場合には、そのような行為義務の設定を通じ

て、人々を法益の侵害から遠ざける（その結果として、法益をその違法な侵害から一般的に保護する）という不法行為法の目的（一般的保護。→13〜14頁）を達成することが困難である。そうであるとすれば、それらの人々に行為義務を課すこと、そして、この義務に対する違反を認め、過失責任を負わせることは無意味である。以上のような考えに基づき、712条と713条とは、社会経験則に照らして、自らの行為の違法性を認識する能力が一般に欠けていると認められる人々、つまりは未成年（精神の未成熟や社会経験の不足）または「精神上の障害」のために（行為の時点において）そのような能力を有しない人について、不法行為責任を否定することにしたものと解される。

「法政策」としての責任無能力に基づく免責？

すでに説明したように（→64〜65頁）、有力説は、712条・713条に定められた免責は、社会的弱者を保護するという法政策として行われたものである、と主張する。

しかし、これらの免責は、たとえばある税を導入するか否かが「政策的」判断であるのと同じ意味において「政策的」なものである、と解すべきではない。本文において述べたとおり、責任能力が不法行為責任の発生要件とされる理由（また、したがって責任能力が欠けている人に免責が認められる理由）は、ある人について法的非難としての過失責任を追及するためには、その前提として、その人に適法な行為を選択する自由が存在しなければならない、という過失責任主義の基礎に求められるべきである。そのような意味で、712条および713条に基づく免責は、あくまで法的な理由によるものである。

しかし、そのことと、とくに立法者が、どのような場合に責任能力が肯定され、あるいは否定されるべきであるかを決める際に、一定の限度で選択の幅（立法裁量）を有していることとは別論である。たとえば、712条を改正して、「未成年者」を「満16歳に満たない者」と変更することも──この変更が社会経験則に照らして合理的なものである限り──そのような選択の幅（立法裁量）に含まれるものとして許容されよう（このような形で、責任能力について法政策的判断を取り込む余地は存在する）。

なお、不法行為責任の発生要件としては、以上の３つ——①「権利又は法律上保護される利益」の侵害、②故意または過失、③責任能力——のほかに、さらに④事実的因果関係および⑤損害（それぞれについては、102頁と108〜115頁とで後述する）が挙げられる。

4　小括

(1)　各要件の相関図

　最後に、これまでの説明（本書の立場）を図式にまとめるならば、次のとおりである（以下、709条の「権利又は法律上保護される利益」に対する侵害のことを権利・利益侵害という）。

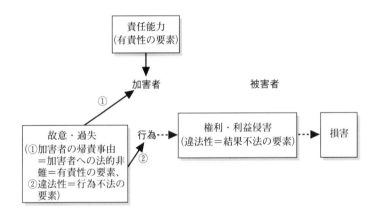

(2)　一般的な判断手順

　また、一般的な判断手順としては、ある行為から被害者に⑤損害が発生していること（＝その行為と損害の発生との間に④事実的因果関係が存在すること）を前提とした上で、はじめに、①権利・利益侵害要件が充足されているかどうかを検討すべきである。この段階で、加害者の行為によって被害者のどのような利益が客観的・形式的に侵害されているかを確定し（その際に、加害行為と権利・利益侵害との間の④事実的因果関係の存否に関する判断が合わせて行われる）、

それがその利益の性質に照らして違法と評価されるべきか否か（結果不法の有無）を判断する。もし、その結果として、そもそも法的保護に値する利益が存在しない、あるいはその侵害は（結果不法の意味において）違法なものではない、との結論に達したときには、それだけで加害者の不法行為責任の成立が否定される。さらに、正当防衛や緊急避難などの違法性阻却事由（→36頁）が存在するか否かを検討する（もし違法性阻却事由が存在するときには、加害者の不法行為責任は発生しない）。

　次に、②故意・過失要件に関する判断を行う。すなわち、違法な権利・利益侵害を発生させた加害行為について、加害者に故意・過失のいずれかが認められるかを検討する（もし、その結果として、故意も過失も認められないときには、加害者の不法行為責任の成立が否定される）。

　最後に、その存在を疑わせる事情がある場合には、加害者の③責任能力の有無について検討する（もし責任能力の存在が否定されるときには、加害者の不法行為責任は発生しない）。

第5章

故意・過失各論

本章では、不法行為責任の発生要件の1つである故意と過失とに関する個別の問題について、順に説明する。

I　故意

1　定義

すでに説明したように（→56頁）、故意とは、ある行為によって他人の法益が違法に侵害されるかもしれないこと（侵害の危険）を認識しながら、そのような侵害（結果）の発生を受け入れる（認容する）、という精神状態のことを指す。

2　種類

また、故意には、①確定的な故意と②未必の故意という2つの種類がある。

まず、①確定的な故意とは、他人の法益に対する侵害の発生を望むこと（他人の法益を侵害しようと考えること）である。たとえば、AがBの所有する本をわざと破る行為は、確定的な故意に基づく不法行為（Bの所有権に対する侵害）である。

これに対して、②未必の故意とは、他人の法益に対する侵害の発生を望みはしないものの、それが発生してもかまわないと考えることである。たとえば、

Aが、「他人にぶつかって、ケガをさせるかもしれないが、それでもかまわない」と考えて、多くの人たちが歩いている歩道を、自転車で走り抜けたところ、その自転車が実際にBにぶつかって、Bが右足を骨折したときには、それは未必の故意に基づく不法行為（Bの身体に対する侵害）である。

　確定的な故意と未必の故意とは、他人の法益に対する侵害が発生することを受け入れている（＝認容している）点で同じものである。なお、ある人が自らの行為によって他人の法益に対する侵害が発生するかもしれないと考えながら、しかし、結局は「そのようなことは起らないであろう」と結果の発生を打ち消したときには、その人の心理状態は故意ではない。このような心理状態に基づく行為は、認識ある過失とよばれる。

Ⅱ　過失

1　定義

　すでに説明したように（→65〜66頁）、過失は、今日では一般に、加害者による行為の態様を客観的に評価するための要件である、と解されている。具体的には、ある行為の態様が、法によって加害者に課された行為義務（行為規範）の内容に反するとき、その行為は過失に当たる、とされる。言い換えるならば、過失とは、一定の行為義務(行為規範)に抵触する行為をすることである。

　では、①このように過失の有無を判断するための出発点となるべき行為義務（行為規範。以下、単に「行為義務」とする）の一般的な内容とは、どのようなものか（行為義務の内容）。また、②ある行為がそのような行為義務に違反するか否かを判断する際に、どのような順序でその判断を進めていくべきか（過失の判断枠組み）。さらに、③その判断においてどのような要素を考慮に入れ、また、どのような基準によるべきか（過失の判断基準・要素）。そして、④どのような場合に、実際に、そのような行為義務が人々に課されるのか（行為義務の判断基準）。

　以下では、まず、これら4つの問題について順に検討していく（→2）。その後、過失の種類について説明する（→3）。そして最後に、過失をめぐる重

要論点として、不作為不法行為に関する問題を分析する（→ 4 ）。

2　過失をめぐる一般的・理論的問題

(1)　行為義務の内容――結果回避義務

　はじめに、過失の前提となる行為義務の一般的な内容について分析する。この問題は、行為義務が法によって人々に課される理由にかかわるものである。

　なぜ、法は人々に行為義務を課すのか。不法行為法の目的としてすでに説明したように（→13〜14頁）、それは、私人の法益――709条の「権利又は法律上保護される利益」――を保護するためである（一般的保護）。すなわち、多くの人々が集まって 1 つの社会を作り、その中で各人が自由な生活を送るためには、互いに他人の法益を侵害しないように注意し合わなければならない。そして、法は、まさしくそのような人と人とが互いに果たすべき注意を具体化したものとして、「他人の法益を侵害しないように、一般人であればとることが可能であり、またとることを期待される行動をとれ」という命令（＝行為規範）を発し、その結果として、人々に行為義務が課されるのである。そのため、このような行為義務は、人々に、他人の法益を侵害しないこと、つまりは、そのような侵害を避けるために必要な行動をとることを要求するものである、と考えられる。すなわち、過失の前提となる行為義務は、人々が、他人の法益に対する侵害という結果の発生を回避すべき義務（結果回避義務）にほかならない。

(2)　過失の判断枠組み

　次に、以上のような結果回避義務を人々に課すための一般的な要件とは、どのようなものであるか、について考えてみよう。この要件は、ある人（具体的な加害者）に結果回避義務を課すことができるかどうか――したがって、この義務に対する違反＝過失が認められるかどうか――を判断する際の判断枠組みとして役立つものである。

(a)　結果予見可能性――一般的要件

　そもそも、法が人々にある行為をするように命令する（＝その行為をすべき義務を課す）ためには、その行為をすることが人々にとって可能なものでなけ

ればならない。なぜなら、不可能な事柄を命令する（＝義務づける）ことは、その命令が守られないことを前提にすることとなり、そのような命令を発する法自身が自己矛盾に陥ってしまうからである。

　また、ある結果を回避することが可能である場合とは、その結果が発生するかもしれないということを人々があらかじめ知ることができる場合である。ある行為をする際に、それにともなってある結果が発生するかもしれないことをあらかじめ知る、つまりは予見することができないときには、その結果を回避することも不可能である、といわなければならない。

　それゆえ、ある結果について結果回避義務を課すためには、その前提として、その結果の発生が予見しうるものであること（結果予見可能性）が必要である。

(b)　結果予見可能性の有無に関する先行判断

　そうであるとすると、以上に述べた事柄のいわば裏返しとして、ある結果について結果予見可能性がそもそも存在しないと認められる場合には、その結果に関する結果回避義務の存在、したがってまた結果回避義務への違反＝過失を否定すべきこととなる。すなわち、ある行為が行われ、その結果として他人の法益が現実に侵害されたとしても、そのような侵害の発生を予見することが不可能であったときには、それだけを理由に、この侵害（結果）に関する加害者の過失を直ちに否定することができる（し、否定しなければならない）。実際に、下級審裁判例にも、結果回避義務への違反（＝過失）の存否を判断する際に、その前提として、結果予見可能性の有無をまず検討するものがみられる（たとえば、東京地判昭和53・8・3判時899号48頁〔東京スモン事件判決〕）。また、ある結果について結果予見可能性が認められるか否かは、加害行為の開始時点を基準として判断される。

　なお、ある結果について結果予見可能性が認められれば、その結果に関する結果回避義務もまた直ちに肯定されるわけではない（この点については、くれぐれも誤解のないように。86〜87頁であらためて詳しく説明する）。結果予見可能性は、加害者に結果回避義務を課すための必要条件であるにすぎず、十分条件ではないのである。

(3) 過失の判断基準・要素

(a) 総論

すでに説明したように（→60〜62頁）、過失を抽象的過失ととらえる近時の有力説の立場（本書もこれに賛成する）によると、結果回避義務への違反が認められるか否かは、加害者の立場に置かれた一般人の能力を基準として判断されることとなる。そのため、このような加害者の立場に置かれた一般人であれば、ある行為から他人の法益に対する侵害が発生することを予見することが可能であり、さらに、そのような予見に基づき侵害の発生を回避することが可能であったにもかかわらず（そして、実際にも結果回避義務が課されているにもかかわらず）、加害者の行為から侵害が発生したときには、その行為は過失に当たるものとされる。

このとき、加害者個人の能力（一般人の能力に比べて劣った能力）を基準として判断すれば結果の予見や回避が不可能であったとしても、一般人の能力を基準とすれば結果の予見と回避とが可能であった場合には、加害者の行為にはあくまで過失が認められることとなる。なぜなら、このように考えないと、人々は、「他人は、自分の法益を侵害しないように、一般人であればとることができる行動をとってくれるはずである」と信頼することができなくなってしまう（その結果として、社会における人々の行動の自由が大きく制約されてしまう）からである（→60〜61頁。このように、人々の間における互いの行為に対する信頼という要素は、——過失不法行為責任の性質を「信頼責任」〔→63頁のコラム〕と解するか否かにかかわらず——過失の判断基準・要素の決定にとって重要な意義を持つ）。

これに対して、加害者個人の能力が、一般人の能力を上回っている場合には、そのような高度な加害者の能力を基準として結果回避義務への違反の有無（結果予見可能性の存否など）が判断される。高度な能力を持った加害者については、人々は、その高度な能力を活かして他人の法益に対する侵害を——一般人にとって可能な限度をこえて——より良く予見し、回避してくれるであろう、と信頼するだろうからである（また、そのような信頼は、正当なものとして法的保護に値するからである）。

(b) 段階化

さらに、たとえば、医師や弁護士などのように、その業務を行うために社会

通念上、もともと高度な能力を備えていることが期待され、そのような高度な能力を発揮してそれぞれの業務を実際に行うであろうと人々から信頼されている人については、まさしくそのような信頼を保護するために、単なる一般人ではなく、そのような高度な能力を備えた一般人（たとえば、一般的な医師や一般的な弁護士など）の立場を基準として、過失＝結果回避義務への違反の有無が検討される。

(4) 結果回避義務の判断基準・要素——ハンドの定式

(a) 結果回避義務の発生する場合を限定すべき必要性

これまで説明してきたように、過失の前提となる行為義務は、他人の法益に対する侵害という結果の発生を回避すべき義務である。

ところで、ある行為から他人の法益に対する侵害という結果が実際に発生するかどうかは、行為者（加害者）がその行為を始める時点においては未だ決まっていない。そのため、加害者の立場に置かれた一般人にできることは、それについて予測を立てることだけである。たとえば、ある行為から他人の法益に対する侵害が確実に（90％の確率で）起きる、あるいは、高度の蓋然性をもって（70％の確率で）起きる、あるいは、あくまで小さな可能性として（たとえば、10％の確率で）起きるかもしれない、あるいは、ほとんど（たとえば、5％未満の確率でしか）起こらない、というように。

このような状況を前提として、法益の保護（一般的保護）という不法行為法の第1の目的（→13〜14頁）を徹底して追求するならば、1つの考えとして、加害者は、その行為によって他人の法益を侵害する危険がほんの少しでも存在する場合には、その侵害を確実に回避しうるような行動（結果回避措置）をとるべきである、とも考えられる。

しかし、このような考えのもとでは、加害者となるかもしれない人々、つまりは一般の人々の社会における行動は、大きな制約を受けることとなる。なぜなら、他人の法益を侵害するかもしれない危険は、人々が社会の中で（＝他人とのかかわり合いの中で）行うすべての行為に必ずつきまとうものだからである。とくに、これまで人々が行ったことのないようなあらたな活動（たとえば、あたらしい薬や治療方法の使用）を始めるときには、そのような危険は、よ

り高くなる。そのため、先ほどの考えをこの場合にそのまま当てはめるとすると、本来であれば望ましい社会の進展（たとえば、あたらしい薬や治療方法の開発）を著しく妨げることにもなりかねない。このような結果は、不法行為法の第2、第3の目的である損害の公正な回復（加害者側の利益の保護）および私人一般の行動の自由の保護（→14～15頁）に反するものである。それゆえ、加害者がその発生を実際に回避すべき結果を一定の合理的な範囲に限定しなければならない。すなわち、他人の法益が侵害されるかもしれないさまざまな場合から、加害者に結果回避義務が現実に課されるべき場合を適切に選び出すべきこととなる。

(b) 結果回避義務の具体的内容を特定する必要性

　では、どのような基準によって、加害者に結果回避義務が実際に課されるべき場合を決定しうるか。この点を明らかにするためには、加害者にどのような内容の結果回避義務を現実に課すべきであるか、という問題を合わせて考えることが必要である。

　たとえば、今、ある行為をすると、35％の確率で（3回に1回以上の割合で）他人の所有する動産を壊すかもしれない、と予測されるとしよう。他方、その行為によって、加害者だけではなく、それ以外の人々（社会一般）にも大きな利益が生まれるとしよう。この場合に、もし簡単な結果回避措置をとることによって、他人の動産に対する所有権の侵害という結果が発生する確率を、0％にとても近い値にまで下げることができるとすれば、加害者にそのような結果回避措置をとるべき義務、つまりはそのような内容の結果回避義務を課すことが合理的であるといえよう。では、もしこの場合に、結果の発生を確実に防ぐためには多くの費用と労力とをかけなければならないとしたら、どうであろうか。あるいは、さらに、そもそもその行為自体を止めなければならないときには、どうであろうか。加害者に、それらの措置をとるべき結果回避義務を課すべきであろうか。それとも、そのような必要はなく、加害者は、35％という確率をより低いもの（たとえば、15％の確率）に減らすことのできる別の措置をとった上で、その行為をすることが許されるのか（そのときには、たとえ行為の結果として動産の損壊という結果が実際に発生したとしても、加害者に結果回避義務に対する違反＝過失は存在しないこととなる）。さらに、先ほどの事案を少し変

えて、ある行為を行うと、0.1％の確率で（1,000回に１回の割合で）他人の生命や身体が害されるおそれがある場合には、どうであろうか。この場合に、加害者は、多くの費用と労力とをかけて、あるいは、そもそもその行為をとり止めることによって、そのような結果の発生を回避すべきか。

このように、ある行為から他人の法益に対する侵害が発生するかもしれないということ（そのような危険）が予見される場合において、加害者にその結果を回避すべき義務を課すか否かを決めるためには、その前提として、どのような内容の結果回避措置を加害者がとるべきであるのか（課されるべき義務の内容）についても同時に決定しなければならないのである。

さらに、以上の説明からもすでに明らかなように、加害者にどのような場合に、どのような内容の結果回避義務を実際に課すべきであるか、という問題に対する答えは、①ある行為から他人の法益に対する侵害が発生する確率の高低だけではなく、②その行為によって侵害されるおそれのある法益の内容や、③結果回避措置として行われるべき行為の内容（とくに、その措置をとることによって加害者などに生ずる不利益の程度）によっても左右される。そのため、結果回避義務の内容・有無に関する判断基準は、以上の３つの要素のすべてをそれぞれ適切に評価し、比較しうるものであることが必要である。

(c)　ハンドの定式

現在、多くの学説は、どのような場合に、どのような内容の結果回避義務が加害者に実際に課されるべきかを判断するための基準として、ハンドの定式とよばれるものを支持している。これは、アメリカの裁判官であったラーニッド・ハンド（Learned Hand）が、ある判決において用いた基準を整理し、一般化したものである。

(i)　内容　　ハンドの定式とは、(a) ある行為によって侵害されるかもしれない利益の重大性、(b) その利益が侵害される危険性、そして (c) 行為者にそのような侵害の発生を避けるための措置（結果回避措置）を行わせることによって生じる不利益の重大性という３つの要素を比較することによって、加害者に結果回避義務を課すべきかどうかを判断する、というものである。

具体的には、ある具体的な法益（他人の「権利又は法律上保護される利益」）と具体的な結果回避措置との間に

$$(a) \times (b) > (c)$$

という関係が成り立つとき、行為者（加害者）は、その結果回避措置をとるべき義務（＝結果回避義務）を課され、結果回避措置が実際にとられていなければ、その加害者に過失がある、と判断される。また、上記の定式において（a）と（b）とがかけ合わされていることは、（a）の項目と（b）の項目とがいわゆる相関関係に立つことを意味している。すなわち、（a）ある行為によって失われるかもしれない利益の重大性が大きなものであるとき（たとえば、その利益が人間の生命や身体・健康であるとき）には、（b）その利益が侵害される危険性が小さなものであっても、──（a）の大きさが（b）の小ささを補う（＝これらの項目が相関関係に立つ）ため──（a）×（b）の全体としての重大性は、なお大きなものと認められる。

　(ii)　具体例　　このようなハンドの定式に基づく判断の具体例として、たとえば、ある大学病院ではたらく医師Aが患者Bの重い心臓病（これを放置すると、近い将来に生命を落とす危険がある）を直すために飲み薬甲を投与したところ、その副作用──この発生率は、科学統計上、約5％であった──によってBが右目を失明してしまったという場合について、この場合におけるAの行為が過失に当たるか否かを、ハンドの定式を用いつつ、検討してみよう。

　まず、視力は、人間の生活にとってとくに大きな意味を持つ。そのため、（a）右目の視力を保つという利益の重大性は、大きい。また、（b）副作用が発生する確率は、5％（＝20人のうち1人に副作用が発生する確率）であるから、決して小さなものではない。他方で、もし甲とともに乙という薬剤を合わせてBに投与すれば、副作用の発生する危険性を0％に近い値にまで低下させることができたとして、乙を入手することがその当時の大学病院において困難ではなかったとすれば、（c）Aに乙の投与という結果回避措置をとらせることによって失われる利益（それにかかるAの労力）は、小さいといえよう。したがって、この場合には、

$$(a) \times (b) > (c)$$

という関係が成り立つため、Aには、甲の副作用を発生させない義務（結果回

避義務。具体的には、甲とともに乙を投与すべき義務）が課されることとなる。それゆえ、この場合に、Aが乙を投与しないまま甲を投与し、そしてAが失明したときには、そのような行為は過失に当たる、ということができる。

　しかし、もしこの事案において、乙のような甲による副作用を確実に止めることのできる薬剤がこの世の中に存在しなかったとしたら、どうであろうか。このとき、副作用の発生を確実に回避するための措置としては、甲の投与自体をあきらめることしかない。だが、その場合には、Bの重い心臓病がそのままに放置され、Bの生命が近い将来に失われる危険がある。そのため、この場合には右目の失明（のおそれ）＝ (a) × (b) よりも、甲の投与をあきらめることによって生ずる（かもしれない）Bの死亡という不利益＝ (c) の方がより重大である、と考えられる。したがって、この場合には、Aには、甲の副作用を発生させない義務（結果回避義務）は課されず、AがBに甲を投与しても（そして、その結果、不幸にしてBが右目を失明したとしても）、そのようなAの行為には過失はない、ということになる。

　(iii)　問題点　　他方で、このようなハンドの定式には、いくつかの問題点が含まれている。それらのうち、とくに重要なものは、(c) の項目で考慮される不利益として、加害者や被害者に生ずる不利益だけではなく、それ以外の人々（社会）の不利益までをも考慮すると（あるいは社会の不利益の重大性を重視しすぎると）、結果回避義務が簡単に否定されてしまう、という問題点である。

　たとえば、ある工場から出されるガスの影響によって、その工場の周辺で生活する人々（Aら）がのどや頭などに慢性的な痛みをかかえている場合に、Aらが、そのようなガスを出すことが不法行為に当たると主張して、工場の操業者（B）に損害賠償を請求した場合を考えてみよう。このとき、ガスの排出を止めるには、工場の操業自体を止める以外に方法がないとして、そのような内容の結果回避義務をBに課すべきであるか。これをハンドの定式によって判断する際に、てんびんの一方の皿である (c) に、工場の操業を止めることによって生ずるBの不利益に加えて、さらにBと取引をしているその他の企業の不利益（工場で作られている製品を入手しえなくなることにともなう不利益）や、その工場ではたらく人々やその家族などが受ける不利益（工場での仕事がなくなり、これに合わせて収入も減ること）をのせるならば、もう一方の皿である (a)

にのせられたＡらの身体（のどや頭の健康）という利益の重大性が大きなものであるとしても、Ｂに工場の操業を止めるという結果回避措置をとるべき義務はない、という結論を導くことも可能である。

　しかし、人間の身体・健康という利益を犠牲にしてまで、工場の操業によって生ずるさまざまな利益という（本質的には）経済的な利益の追求を認めることは、個人（人間）の尊厳を最も重要な価値として組み立てられている日本の法制度のもとでは、不当な結論であるといわざるをえない。このような結論が出てこないようにするためには、ハンドの定式の使い方（この定式に基づく判断の仕方）を工夫する必要がある。具体的には、(a)の項目に人間の生命・身体という法益（「権利」＝絶対権の１つ）がのせられ、かつ加害者のとりうる結果回避措置が行為自体の中止（たとえば、工場の操業の停止）しかないときには、(c)の項目で加害者やそれ以外の人々に生ずる経済的不利益を考慮してはならない、とすべきであろう。このような判断の仕方をとるならば、先ほどの具体例においては、Ｂには工場の操業を止めるべき義務（結果回避義務）が認められ、したがって人々の身体に対する侵害について過失がある、と判断しうることとなる。

　(iv)　意義　　これまでの説明からもすでに明らかなように、ハンドの定式は、たとえば、数学における「公式」や「定理」とは異なり、そこに一定の数字を代入すると、自動的に「正解」がはじき出されるものではない。それはあくまで、１つの思考図式にすぎない。しかも、(a)、(b)、(c)の各項目に代入された事情の重大性をどれほど大きく、あるいは小さく評価するかは、結局のところ、その評価を下す判断者にかかっている。

　だが、そうであるからといって、ハンドの定式が全く無意味であるわけではない。この定式を用いることによって、加害者の行為が過失に当たるか否かに関する判断の過程を明晰にすることができるからである。とくに、判断者が、どのような項目の重大性（価値）を、どの程度に大きなものと評価しており、さらにどのような価値とどのような価値とをどのように比べているのか、が明らかとなる。そのような形で、ハンドの定式は、判断者が自らの判断とその結論とを反省し、さらに他者とその判断をめぐって議論を交わす際の手助けになりうるものである。そして、そのようなものとして使用する限り、この定式

は、なお結果回避義務の有無や内容を判断するための基準として有用なものである、と解される。

3　過失の種類

次に、過失の種類について説明しよう。過失は、その前提となる注意義務の程度に応じて大きく2つに分けられる。

(1)　区別
(a)　重過失

まず、重過失とは、不注意（行為義務違反）の程度が著しく大きい過失のことをいう。すなわち、わずかばかりの注意をはらえば、結果の発生を避けることができたにもかかわらず、その注意をしなかった場合に、その不注意のことを重過失とよぶ。たとえば、タバコに火を付けたまま、眠りこんでしまったために、その火がふとんに燃え移って家が火事になってしまったときには、タバコの火を付けたまま、眠り込んだ行為は重過失に当たる、といえよう。

(b)　軽過失

次に、軽過失とは、過失のうち、重過失に当たらないものをいう。すなわち、通常の過失が軽過失である。注意義務の程度がとくに低い過失のことを指しているわけではない。

(2)　区別の意義──失火責任法の存在

このような重過失と軽過失とを区別しなければならないのは、失火責任法という法律があるからである。

すなわち、この法律によると、失火によって他人の法益を侵害し、損害を与えた人は、その失火について重過失がある場合に限って、その損害を賠償すべき責任を負う。言い換えるならば、失火が通常の過失、つまりは軽過失によって生じたときには、たとえその失火によって他人の生命や財産が失われたとしても、加害者は損害賠償責任を負わないのである（古来、日本では木造の建物が多く、また、それらの建物が密集して建てられていることから、一度、火事が起き

ると、周辺の建物をも巻き込み、多くの被害が生ずる危険が大きかった。そこで、加害者にあまりに重い責任を負わせることを避けるために、1899年に失火責任法が制定され、重過失による失火についてのみ損害賠償責任が認められることとされた）。そのため、失火によって他人の法益が侵害され、損害が生じた場合には、その失火が軽過失と重過失とのいずれによるものであるか、を判断する必要があるのである。

4　不作為不法行為

最後に、過失に関する重要論点として、不作為不法行為について説明する。

(1)　概要

ある人の法益が侵害される場合としては、その侵害が①他人の作為、つまりは他人による一定の積極的動作によって侵害される場合（たとえば、AがBに対して、Aの運転する自動車をぶつける場合）だけではなく、②他人の不作為、つまりは他人が何らの動作もしないことによって生ずる場合が考えられる。たとえば、5歳の子どもCが足をすべらせて川に落ち、おぼれかけているにもかかわらず、それを眺めていたDが何もしなかったがためにCがおぼれて死亡した場合などが②の場合の典型である。

(2)　問題点

不作為、つまりは何もしないということは、社会において、とても良くみられる現象である。たとえば、先ほどの具体例において、CがおぼれているところをDのほかにも、EやFやGやHなどが通りすぎ、Cが死にかかっていることに気がついていたとすると、E〜Hにも同じく不作為が認められる。

では、この場合に、Dだけではなく、E、F、G、HにもCの死亡に関する損害賠償責任を負わせるべきであろうか。もしそのような責任を肯定するとすれば、それは、人々に「他人の法益に対する侵害の危険が生じたときには、常にその他人を救助せよ」という一般的な行為義務（行為規範）を課すことを意味する。しかし、これは、人々にあまりに重い義務を課すことにならないであ

ろうか。反対に、もし複数の不作為のうち、一定の不作為についてのみその行為者に損害賠償責任を負わせるべきであるとすると、一体、どのような不作為が709条の定める不法行為に当たるものと考えるべきか。

(3) 近時の有力説

これらの論点について、近時の有力説は、次のような主張を展開している（本書も、これに従う）。

(a) 概要

ある不作為が709条の不法行為となる場合とは、その不作為を行った人が作為義務、つまりは被害者の法益に対する侵害が発生しないように、そのために必要な作為をすべき義務を課される場合に限られる。そのような作為義務に違反して、不作為に止まっていたときに、はじめてその人（加害者）の行為（不作為）は過失に当たる。この作為義務の存否は、一般人を基準として判断されるものではない。この点で、作為義務は、通常の事案において過失の前提として問題となる行為義務（行為規範）とは異なる（この行為義務の有無は、一般人を基準として判断されるものである）。作為義務は、加害者に固有の特別な事情に基づき、その人に対して個別に課される義務である。具体的には、①被害者の法益に対する侵害の危険が加害者の事実上の支配下にある場合や②侵害の危険にさらされている被害者の法益が加害者の事実上の支配下にある場合、あるいは③被害者の法益に対する侵害の危険が加害者の先行行為を一因として生じた場合に、それぞれ加害者にそのような侵害を回避するための作為義務が課されることとなる。

(b) 具体例

以上に述べた事柄を、先ほどの具体例を用いつつ、再度、説明しよう。

まず、Cの死亡についてD（さらにはE〜H）に損害賠償責任が発生するのは、Cの死亡という結果を回避するために必要な作為（たとえば、自ら川に入ってCを助け出す、あるいは119番に通報して救助を求めるなどの作為）をすべき義務（作為義務）がDに課される場合のみである。そのような義務は、一般人には課されない。すなわち、川でおぼれているCを目の前にしたDが単なる第三者、つまりはCと何らの関係もない一般人であるときには、Dには、Cを救助

すべき義務はない。そのため、Cがおぼれて死亡するところをDがそのまま眺めていても、それは過失ではなく（もちろんDがCを川に突き落としたのでもないから、故意でもなく）、Dには不法行為責任は発生しない。

　しかし、もしDがCの父親（親権者）であるとすると、Dは、Cに対して監護義務を負っている（820条）。すなわち、今まさにその侵害の危険に直面しているCの生命は、まずもってDによる保護にゆだねられており、そのような意味でDの支配下にあるものということができる。それゆえ、この場合には、まさしくそのようなDに固有の特別な事情（前記②）に基づき、Dだけに作為義務が課されることとなる。したがって、にもかかわらず、DがCを助けるために必要な作為をしなかったときには、そのような不作為に関して、Dに、作為義務に対する違反＝過失が認められる。

　また、最判昭和62・1・22民集41巻1号17頁は、ⓐ Yとその友人たちとが鉄道線路への置き石について雑談をしているうちに、この雑談に触発された友人たちが、そばに敷設されていた線路のレールの上に拳大の石を2つ置いた場合において、Yがそれら2つの石のうちの1つが置かれたことを認識していたときには、Yは、自らの「先行行為」（置き石に関する友人たちとの雑談とこれをきっかけとする実際の置き石の現認）に基づき、Y自身はそれが置かれるところを目にしなかったもう1つの石についても、その有無を点検し、それを除去すべき義務を負う、それゆえ、ⓑ Yがもう1つの石の有無を点検せず、そしてこの石が原因となって列車の脱線事故が発生した場合には、たとえ置石についてYと友人たちとの間に共謀が成立していなくても（Yらに719条1項前段所定の共同不法行為の要件〔→208〜212頁〕が備わっていなくても）、Yは、鉄道会社Xに対する損害賠償責任を負わなければならない、とした。この判例は、前記③に関する事例について作為義務を肯定したものである、と考えられる。

第6章

因果関係

　不法行為責任の第4の発生要件は、因果関係である（以下、因果関係要件という）。

　本章では、はじめに、709条におけるこの要件の位置づけを確認する（→Ⅰ）。その後、伝統的通説による因果関係の理解の仕方（相当因果関係説・416条類推適用説）について説明した上で（→Ⅱ）、これに対する批判を基に主張された、近時の学説上の多数説（三分説）を取り上げる（→Ⅲ）。そして最後に、三分説を前提として、事実的因果関係の意義について説明する（→Ⅳ）。

Ⅰ　709条における位置づけ──2つの因果関係

　709条には、因果関係を表わす「よって」という言葉が2回、登場する。1つは、故意または過失に「よって」他人の権利または法律上保護される利益を侵害した者は、という形で、①故意または過失と権利・利益侵害との間における因果関係を指すものとしてあらわれる。2つめは、権利・利益侵害に「よっ

て」生じた損害を、という形で、②権利・利益侵害と損害との間における因果関係を指すものである。伝統的に、①の因果関係は「責任設定の因果関係」、②の因果関係は「責任充足の因果関係」とそれぞれよばれてきた。

II　伝統的通説

1　1つの因果関係

すでに説明したとおり（→23頁）、伝統的通説（違法性・過失二元説）は、旧709条の権利侵害要件（現在の権利・利益侵害要件）を違法性要件に置き換えた。その結果、前記①と②との2つの因果関係を区別しえなくなり、故意または過失による違法な行為と損害との間に因果関係が1つ存在しさえすれば、加害者に不法行為責任が発生する、と解することとなった（→25頁の図式における因果関係要件の位置づけを確認してほしい）。

2　因果関係＝相当因果関係

さらに、伝統的通説は、そのような加害者の違法な行為と被害者の損害との間に認められるべき因果関係は、相当因果関係でなければならない、と主張した。

相当因果関係とは、ある行為からある結果が発生することが、その行為者の立場に置かれた一般人の見地に照らして異常ではない（＝相当である）と判断される場合における、それらの行為と結果との間の関係をいう。

伝統的通説は、①416条がこのような相当因果関係の存在を債務不履行に基づく損害賠償責任の発生要件の1つとしていると考えた上で、②416条を同じ損害賠償責任である不法行為責任の成否についても類推適用すべきである、とする。これが相当因果関係説・416条類推適用説とよばれる見解である（この説の詳細については、後述する。→125～129頁）。この見解は、判例（大民刑連中間判大正15・5・22民集5巻386号〔富喜丸事件判決〕）によっても採用され、今日でもなお、一般論としては維持されている。

Ⅲ　三分説

1　新たな立場の登場

しかし、1970年代を迎えると、学説では、以上のような相当因果関係説・416条類推適用説を批判する声が大きくなった。それは、次のような新しい立場、すなわち三分説を前提とするものであった。

(1)　損害賠償責任の存否に関する判断過程── 3つの段階の区別

一般に、ある行為をした人に、ある結果に関する損害賠償責任──しかも、その具体的内容が確定した損害賠償責任──が認められる、との結論が導き出されるまでの判断の過程は、以下の3つの段階に分けることができる。

(a)　事実的因果関係の存否に関する判断

第1に、事実的因果関係の存否に関する判断の段階である。この段階では、ある行為（A）がある結果（B）の発生に、事実として寄与しているか否かが分析される。具体的には、「Aがなければ、Bは生じなかった」と考えられるか否かが検討され、それが肯定されると、AとBとの間に事実的因果関係が認められる（その場合には、次の第2段階の判断に移行する）。反対に、もしこの点が否定されるのであれば、AとBとの間には事実的因果関係は存在しないこととなる。この場合には、AとBとは互いに何の関係もない事柄であるから、Aをした人（行為者）にBに関する責任を負わせることはできない（そのような結論が得られて、判断は第1段階で終了する）。

(b)　保護範囲の画定

第2に、ある行為とある結果との間に事実的因果関係が存在するとしても、そのことから直ちに、この結果に基づくすべての損害について行為者に損害賠償責任を負わせるべきことにはならない。なぜなら、事実的因果関係は、その性質上、どこまでも限りなく広がりうるものだからである。

たとえば、次のような事案を考えてみよう。Aは、Bの脇見運転による交通事故に巻きこまれた結果、その右足を失った。その事故から約3年がたったある日、Aは、それまで使用していた右足用の義足を新しいものととりかえるた

めに、義肢装具士のもとへと向かった。その途中で、Aは、Cの居眠り運転による別の交通事故に遭って死亡した。この事故は、Cの運転する自動車が前方の歩道の上を歩いていたAに突然追突したものであった（Aが右足を失っていたことは、この事故の発生に何らの影響も及ぼさなかった）。この事案において、Bの過失とAの死亡（＝Aの生命の侵害）との間には事実的因果関係が存在するといわざるをえない（Bの脇見運転がなければ、Aが右足を失うこともなく、Aが右足を失うことがなければ、AがCによる事故に遭うこともなかったであろう、と認められるから）。だが、この事案におけるAの死亡は、Bによる事故とは何らの関係もないCによる事故を直接の原因として発生したものである（歩道上を歩いているときに居眠り運転を原因とする自動車の追突事故に遭遇する危険は日常生活における一般的なものにとどまり、本来、A自身がそれを負担しなければならない。そのことを原則とした上で、Aは、Cに帰責事由が存在する場合に限って、事故に基づく不利益＝損害をCに転嫁することができる。→３頁、９頁）。そのため、Aの死亡に関する損害についてまでBに損害賠償責任を負わせることは適切ではない。

　そこで、このような不当な結論を避けるためには、ある行為との間に事実的因果関係が認められる結果のうち、どの結果について行為者に損害賠償責任を負わせるべきか、を決定しなければならない。すなわち、損害賠償責任の存否に関する第２段階の判断として、被害者に事実として発生したさまざまな損害の中で、損害賠償責任（損害賠償法）によって実際に保護されるべき損害の範囲（＝保護範囲）を画定することが必要である。先ほどの具体例に即していえば、Aに生じた２つの結果（①右足の喪失と②生命の喪失と）のうち、①右足の喪失に基づく損害は、Bとの関係で保護範囲に含まれる。これに対して、②生命の喪失に基づく損害は、──Bの行為との間に事実的因果関係を有するもの（それゆえ、第１段階の判断は通過するものの）──第２段階における判断において、保護範囲から外れることとなる（ある結果が保護範囲に含まれるか否かを判断するための基準については、後に詳しく説明する。→130〜131頁）。そのため、Aの遺族は、Aの死亡に基づく損害に関しては、Bに対して損害賠償を請求することはできない（これについては、先ほど述べたとおり、Cに対して損害賠償を請求しうる可能性がある）。

(c)　損害の金銭的評価（損害額の算定）

　第3に、722条1項および417条によれば、損害賠償は、原則として金銭の支払によってこれを行わなければならない。それゆえ、保護範囲に含まれる損害を確定した後には、その損害がいくらであるかを計算する（その損害を金銭に見積もる）ことが必要である。このような損害の金銭的評価（損害額の算定）という過程が、すなわち第3の判断段階をなす。

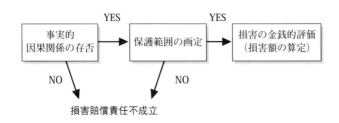

(2)　合理性

　以上の説明からもすでに明らかなように、①事実的因果関係の存否に関する判断、②保護範囲の画定、そして③損害の金銭的評価の3つの判断段階は、それぞれの判断の対象や方法が互いに異なる。①が事実の有無（あるかないか）に関する判断であるのに対して、②は規範的判断（ある損害を保護範囲に含めるべきか否か）を行うものである。さらに、③では、ある損害の額が計算される。すなわち、それは、①や②のように二者択一の判断をしようとするものではない。

　そして、このように以上3つの判断が互いに異なるものであるとすれば、これらを区別することが合理的であるといえよう。また、それらを区別し、各判断の特徴を明確化することは、裁判官が各判断を精確に行うこと、その結果として損害賠償責任の存否に関する判断全体が適切に実施されることへの1つの担保ともなる。

　そこで、学説では、このような3つの判断段階を区別すべきである、と主張する三分説が多くの支持を集めることとなった。

2　伝統的通説の問題点——3つの判断段階の混同

　そして、このような三分説の立場からみれば、判例および伝統的通説の立場である相当因果関係説は、本来、互いに区別されるべき3つの異質の事柄（①事実的因果関係の有無、②保護範囲の画定、③損害の金銭的評価）を、「相当因果関係」の存否という1つの判断過程・判断基準のもとで一緒くたにして取り扱おうとする点に本質的な問題をかかえている（それが個々の判断の明晰性を失わせ、ひいては裁判官による不統一・不安定な判断を助長する）、ということになる（相当因果関係説の問題点のうち、これ以外のものについては、後であらためて説明する。→126～129頁）。

　実際に、まさしく判例が相当因果関係説・416条類推適用説の立場を支持することをはじめて示した判決（前掲大民刑連中間判大正15・5・22）は、そのような判断過程の「混同」を行ったものであった（具体的には、③損害の金銭的評価において検討されるべき問題に、②保護範囲の画定に関する判断基準を適用した）。

3　本書の立場

　本書もまた、以上のような三分説の主張の合理性を理由として、この説を支持する。すなわち、不法行為責任の存否に関する判断は、①事実的因果関係の存否に関する判断、②保護範囲の画定、そして③損害の金銭的評価という3つの段階を区別した上で、それらの段階ごとに順にこれを進めるべきである。これらをまとめて把握するための「相当因果関係」という概念あるいは要件は不要である。

　また、709条の解釈としては、この条文にあらわれる2つの「よって」という文言＝因果関係は、どちらも事実的因果関係のことを指すものと解される。したがって、この文言およびそれによって示される因果関係要件は、保護範囲の画定や損害の金銭的評価とは関係しない（さらに、本書のように、権利・利益侵害要件を違法性要件に置き換えないとすると〔→32～33頁〕、709条が定める2つの因果関係の区別、すなわち責任設定の因果関係と責任充足の因果関係との区別は

維持される。そして、それら2つの因果関係がいずれも不法行為責任の発生要件となる)。

そこで、因果関係に関する分析を行う本章では、以下、事実的因果関係の意義について説明しよう(保護範囲の画定や損害の金銭的評価については、第8章において、不法行為の効果に関連させながら分析する)。

なお、判例は、現在でも「相当因果関係」という概念を用いている。そのため、これ以降の説明において判例に言及する際には、本書もまた相当因果関係という言葉を使用する。

IV 事実的因果関係

1 意義

事実的因果関係とは、ある事柄(甲)が他の事柄(乙)の発生にとって、少なくとも1つの要因として関わっていることをいう。具体的には、「甲がなければ、乙は生じなかった」と判断されるとき、甲と乙との間にはそのような事実的因果関係が存在するものと認められる。

たとえば、Aの運転する自動車に追突され(これはAの脇見運転に基づくものであった)、左足を骨折したBがC病院に入院したところ、その病院で細菌に感染し、それが基になって死亡した場合、Aの行為がなければ、Bの死亡＝Bの生命に対する侵害は生じなかった、と考えられる。そのため、Aの行為とBの死亡に基づく損害との間には事実的因果関係が肯定される(ただし、AがBの損害について実際に賠償責任を負うか否かは、別の問題である。この点については、後続侵害に関する問題として後に詳しく説明する。→130～131頁)。

すでに述べたとおり(→98頁)、ある行為とある結果(法益の侵害および損害)との間に以上のような事実的因果関係が存在しない、と判断されるときには、そのことから直ちに、その行為をした人にその結果に関する不法行為責任を負わせることはできない、との結論が導かれる。反対に、事実的因果関係の存在が認められる場合には、損害賠償責任の存否に関する判断は、第2段階の判断、すなわち保護範囲の画定へと進むこととなる。

2　証明困難の克服方法

　訴訟の場においては、事実的因果関係が存在することは、不法行為責任を追及する被害者＝原告が主張し、さらに加害者＝被告がその存在を争うときには、被害者がその存在を証拠によって証明しなければならない。具体的には、社会経験則に照らして、加害者の行為が被害者の法益に対する侵害や損害を生じさせた蓋然性（可能性）が高い、と認められることの証明が要求される（最判昭和50・10・24民集29巻9号1417頁〔ルンバール事件判決〕）。

　しかし、とくに公害・生活妨害の事案においては、しばしば、被告とされている企業などの事業活動（たとえば、その企業が稼働する工場から煙が排出されていること）と、原告の被害（たとえば、激しいせきやのどの痛み）との間に事実的因果関係が実際に存在するのかが激しく争われる。そして、その場合に、原告＝被害者が事実的因果関係の存在を証明することは容易ではない。なぜなら、この場合における事実的因果関係の証明には、その企業の事業活動に関する詳細かつ正確な情報と、同じく詳細かつ正確な科学知識とが必要とされるところ、被害者には通常、それらの情報や知識が欠けているからである。とりわけ、事業活動に関する証拠（たとえば、上記工場から排出される煙に含まれている化学物質の種類などに関する資料）は、一般に、被告である企業が保有しており、被害者はそれを簡単に入手することはできない。

　そこで、このような事実的因果関係の証明に関する被害者の負担を軽くするために、裁判実務や学説は、さまざまな方法を試みている。たとえば、下級審裁判例の中には、いわゆる間接事実の積み重ねから、因果関係の存在を事実上、推定する手法をとったものも存在する（この点に関する詳しい説明は、民事訴訟法の教科書にゆずる）。

第7章

不法行為の効果①
──損害賠償請求権の発生

　不法行為責任が成立すると、被害者には損害賠償請求権が発生する。これが不法行為の効果である。不法行為法では、法益侵害によって被害者に生じた損害を、加害者等に賠償させることによって、被害者の不利益状態を解消することにより、事後的にではあれ、法益の保護という役割を果たしている。この損害賠償請求権の大半は、最終的に「○○円を支払え」という金銭債権となる。本書では、この損害賠償請求権の内容について、それをどのように確定していくのかを、以下の「不法行為の効果」に関する3つの章で、みていくことにしよう。

　そこで、まず本章では、「損害賠償」とは何か、その具体的な方法について説明した上で（→Ⅰ）、つぎに709条の「損害」という文言がもつ意味や役割（→Ⅱ）、さらには損害賠償請求権を行使できるのは誰か、いわゆる損害賠償請求権の主体（→Ⅲ）に関する問題について順にみていくこととしよう。

Ⅰ　損害賠償の方法

1　不法行為の効果──損害賠償請求権の発生（709条）

　不法行為の効果は、損害賠償請求権という債権の発生である。損害賠償の方法には、①金銭賠償と②原状回復の2つがある。大半は金銭賠償による。被害者の損害が賠償（填補ともいう）されることによって、不法行為により侵害された権利・利益の価値が事後的に回復され、被害者は不法行為がなければある

べき利益状態を取り戻すことになる。不法行為法における原状回復原則とは、このことを意味している。なお、ここでいう原状回復原則とは理念・目標をいうのであって、以下で述べる損害賠償の方法の1つとしての原状回復とは区別される点に注意してほしい。

2 損害賠償の方法

(1) 金銭賠償原則

　日本民法では、損害賠償は金銭賠償によるのが原則である（722条1項。これを金銭賠償原則という）。貨幣経済の社会では、損害についても金銭に換算するのが便利である、と起草者が考えたことによる。もちろん人の生命が侵害された場合など、もはや物理的な原状回復が不可能な場合には、金銭賠償によるほかない。この場合、被害者（あるいは被害者の遺族）は、「損害」を金銭に換算し、「○○円を支払え」という債権を得ることで満足するしかないのである。

(2) 原状回復

　賠償方法としての原状回復とは、物理的に被害者の利益状態を権利・利益侵害のなかった状態（＝以前の状態）へと回復する賠償方法のことをいう。たとえば、加害行為により壊れた物と同等品を被害者に調達したり、汚染された土壌を元の汚染のない状態に復元することをいう。民法では、名誉毀損の場合に、裁判所が、金銭による損害賠償に代え、または金銭による損害賠償とともに、名誉を回復するのに適当な処分を命じることができるとしている（723条）。そこでAがBの名誉を傷つけた場合、BはAに対して、名誉毀損にあたる発言などの取消しや訂正の広告や記事、あるいは謝罪広告の掲載を求めることができる。もっとも謝罪広告をめぐっては、判決に至るまでは名誉毀損行為などなかったとして争ってきた加害者に、裁判所が謝罪・陳謝を判決で命じ、強制するものであることから、良心の自由を保障する憲法19条に違反しないのかが問題となる。最高裁は、単に事実の真相を告白し「ここに陳謝の意を表します」という謝罪広告であれば、良心の自由を侵害せず、強制執行できるとする（最大判昭和31・7・4民集10巻7号785頁。違憲とする少数意見がある）。しか

し謝罪という倫理的な意思の表明を強制することに対しては、疑問もある。学説では、取消しや訂正広告で十分とする見解が有力である。

特別法上の原状回復

　民法の名誉毀損に類するものとして、故意・過失によって著作者等の名誉や声望が侵害された場合（著作権法115条。著作者の死後につき同116条）、あるいは営業上の信用が侵害された場合にも（不正競争防止法14条）、723条と同様、被害者は損害賠償に代えて、または損害賠償とともに原状回復措置を求めることができる。その他、鉱害（＝土地の陥没や鉱滓による汚染）被害について「賠償金額に比して著しく多額の費用を要しないで原状の回復をすることができるとき」「賠償義務者の申立があった場合」に原状回復措置を認める特別法がある（鉱業法111条2項ただし書・同条3項）。賠償義務者である鉱業権者の利益、負担軽減をも考慮する点に特徴がある。

3　金銭賠償の方法

(1)　一時金方式

　金銭賠償による賠償金の支払いは、通常、一度にまとめて、いわゆる一時金の形で支払われる。これにより紛争は一回的に解決される。将来にわたって継続的に発生しうる財産的損失（たとえば介護費用や事故がなければ得られたはずの勤労収入など）についても同様である。したがって、将来に現実化する損失であっても、あらかじめその成り行きを予測して、現時点で一括して支払うことになる。厄介なのは、被害者がこれらの賠償金をまとめて先取りする結果、受け取った賠償金を金融機関に預入れて運用するなどすれば、賠償金による利殖が可能となることである。不法行為の原状回復原則に照らせば、被害者が不法行為を通じて儲けることもまた許されない（これを利得禁止の原則という）。そこで一時金方式の場合、被害者のもとで生じうる利息については、損害額を算定する際に、これをあらかじめ控除することによって、損害額を現在の価額に換算する作業が行われる。この作業を中間利息の控除という（722条

1項は417条の2を準用している。→139頁）。

(2) 定期金方式

以上の一時金方式とは異なり、将来にわたって発生する損害については、一定期間ごとに一定の金額（いわゆる定期金）を支払う方法も考えられる。定期金方式という（すでに発生した損害の分割払いではない点に注意しよう）。賠償金が将来にわたって定期的に支払われることとなれば、中間利息の控除といった複雑な問題を回避できるだけでない。判決後に起こりうる被害者側の事情（後遺症の悪化や死亡）あるいは経済状況の変化（物価の高騰や社会保障制度の変更）にも柔軟に対応できる。これにより被害者の権利・利益の回復に本当に必要な金額を、必要な期間に応じて、給付することが可能となる（ただし、後遺障害逸失利益については、最判平成8・4・25〔→145頁〕とのバランスから、原則として就労可能期間の終期より前の被害者の死亡時を終期とする必要はない〔最判令和2・7・9民集74巻4号1204頁〕）。これは被害者のメリットとなりうるのと同時に、加害者のメリットにもなりうる。しかし、定期金方式はほとんど活用されていない。その大きな理由の1つが、将来にわたって賠償金を継続的に支払ってもらえる保証、すなわち債務の履行を確保する手段がない点にある。たとえばドイツ法では、定期金賠償の場合、その履行を確保するために事情に応じて担保の提供を債務者に命じる規定があるが、日本法にはない。そのため、とくに債務者が国や保険会社などではなく、一個人である場合、債務者の財産状態の悪化、転居、行方不明、死亡などによって、賠償金が支払われなくなるリスクを将来にわたって被害者が抱えることとなる。そこで、裁判所も、原告の申立てがないかぎり裁判所が職権で定期金賠償を認めることはできないとしている（最判昭和62・2・6判時1232号100頁）。

事前的救済としての差止め

709条によると、不法行為による被害者の救済手段は、損害賠償に限られている。損害賠償は、不法行為によって権利・利益が侵害されてはじめて、加害者に請求できる事後的な救済である。しかし、隣に日照を遮るビルの建設が予定されている、あるいは隣家からの連日の騒音で夜も眠れない、といった場面

では、むしろ加害者の行為を事前に差し止めることが、被害者の法益を保護するうえでは重要となる。そこで、判例はこれら生活妨害（騒音、大気汚染、日照妨害等）の場面において、物権的請求権の行使が可能な場合には、物権的妨害排除請求・予防請求として侵害行為の差止請求を、またそれができない場合にも、人格権（生命・身体・健康等）侵害を理由として差止請求（妨害の排除・予防の請求）を認めている。もちろん、この場合、行為者は行動の自由について重大な制限を受けることから、差止めを認めるか否かは、差止めを認めることによって保護される権利・利益との間での衡量によって決められる。また名誉毀損が問題となる場合も「人格権としての名誉権」に基づき、現に行われている侵害行為を排除し、または将来生ずべき損害を予防するために、やはり侵害行為の差止めを求めることができる。もっとも出版物の事前差止めについては、他方で、憲法上保障される行為者の表現の自由に対する重大な侵害となるため、慎重な判断が必要となる（詳しくは、最大判昭和61・6・11民集40巻4号872頁〔北方ジャーナル事件判決〕を参照してほしい）。

II　損害の意義──差額説の意義とその限界

　被害者が不法行為を理由とする損害賠償請求権を行使するためには、「損害が発生したこと」を主張し、証明しなければならない。そこで709条の損害概念には、賠償請求権の発生の前提（＝要件）となる損害とは何かを明らかにするという役割がある。これに加えて、損害概念には、賠償対象となる損害の内容（＝効果）に方向性を与えるという役割もある。とくに損害賠償の大半は賠償金の形をとることから、損害を適切に金銭に換算するための指針を示すことが重要である。

1　責任成立要件としての損害＝損害事実説

　伝統的な見解や判例によれば、金銭賠償原則のもと、損害は金銭に換算されるべきである、との理由から、賠償対象となる損害とは、金銭によって表示された額であるとされてきた。そこで損害とは、①「不法行為がなかったら被害

者のもとにあるべき利益状態と、不法行為があったために被害者がおかれている現在の利益状態との差」（＝不法行為前後で被害者に生じた利益状態の差）であって、これを②「金銭で表示したもの」と説明する（その結果、「財産状態の差」を損害とみる）。差額説とよばれる。もっとも差額説の理解にはさまざまあり、伝統的な見解や判例の意図する差額説は、上記の①と②を併せ、損害を事実（たとえば物が壊されたことによって不利益を被ること）ではなく、金額（その修理費として発生する○○円）として把握する点に特徴がある。そのため、これをとくに金額差額説ともいう。

　金額差額説によれば、たとえばＡの自転車がＢの過失によって壊されたため、Ｃに修理を依頼したところ5,000円の費用がかかった場合、この5,000円という金額を損害とみる。この金額差額説の考え方を厳格につらぬくと、同じくＡの自転車がＢの過失によって壊された場合でも、Ａが特別の出費を伴うことなく、手元にあった材料と自らの技術と労力で自転車を元どおり修理したような場合には、損害がなく、損害賠償請求権は発生しない、という結論になる。しかし、Ａはその修理費用の出費を免れたとはいえ、自転車の修理のために、（事故以前に購入していた）手持ちの材料を持ち出し、自らの労力を投入し、その間の自転車の自由な使用が妨げられたことに違いはない。それらの事実を無視して「出費なければ損害なし」として、Ｂの賠償責任を否定することは不合理であろう。いずれの場合にも、被害者の法益（Ａの自転車に対する所有権）が侵害されていること、その結果、Ａに具体的な不利益が生じていることに変わりはないからである。そうであるならば、法益を保護する、という不法行為法の目的に鑑みて、いずれの場合においても、損害賠償を通して——たとえそれが事後的かつ金銭による保護しか受けられないとしても——法益侵害のなかった状態に回復させることが望ましい。このような法的な評価を前提に、現在、多くの学説は、709条の賠償責任の成立に必要な「損害」とは、「法益侵害によって被害者に生じた不利益な事実」で足りる、と考えている。つまり、法益侵害の結果、被害者に何らかの、法的な救済の対象とするべき不利益（事実）が発生している場合には、損害がある（すなわち、損害発生要件をみたす）、と理解している。そして、このような考え方を、差額説（金額差額説）に対し、損害事実説とよんでいる。

損害事実説のもとでは、①「法益侵害によって被害者に生じた不利益な事実」を確定する作業と、②それを金銭に換算する作業（金銭的評価あるいは損害算定という）とは区別される（金額差額説にはこの区別はないことを確認してほしい）。近時の判例は、「被害者に生じた現実の損害を金銭的に評価し」、これを加害者に賠償させることにより、被害者が被った不利益を補てんし、不法行為がなかったときの状態に回復させることが不法行為法の目的であることを繰り返し述べており（最大判平成5・3・24民集47巻4号3039頁）、①損害事実の確定と②その金銭評価は一応、切り分けているようにもみえる。実際、Xが購入したY発行の株式の有価証券報告書に虚偽記載があることが発覚したため、Y株価が急落し、Xら投資家が損失を被ったという比較的新しいタイプの不法行為訴訟においては、まず「虚偽記載のある株式を取得させられたこと自体」を投資家の損害ととらえた上で、虚偽記載と相当因果関係のある損害の額を、差額計算によって算定している（たとえば最判平成23・9・13民集65巻6号2511頁〔西武鉄道事件判決〕では、株式の取得価格から処分価格を差し引いた額を基礎に、虚偽記載に起因しない下落分を控除した金額を損害額として算定した）。

賠償責任要件としての損害

　損害事実とは、法益侵害そのものと理解する考え方もある。たとえば両者を区別しない学説の1つに、人身被害の場合に死傷そのものを損害と把握する死傷損害説がある。しかし、損害事実は法益侵害そのものではない。もし両者を同一に考えるのであれば、損害要件を権利・利益侵害要件と別に用意する必要はない。たしかに法益侵害があれば被害者に何らかの不利益が生じるのが通常であるし（被害者自身に不利益が生じるからこそ訴訟になるので当然である）、とくに生命・身体（健康）、人格権への侵害がある場合には、日本では精神的損害（いわゆる慰謝料）を広く認めるため、責任の成立にあたって損害要件はさして問題とならない。また絶対権が侵害された場合には、何らかの客観的価値の侵害があったとして「最小限の損害」を認めうることがほとんどである。しかし、たとえば、社会一般的（客観的）にも権利者自身（主観的）にとっても、およそ交換価値も利用価値も愛着もない物であって（法的にそのように評価でき）、その処分費用を倹約するためだけに敷地内にため込まれていた、いわば不要品（と法的に評価しうる物）が誤って廃棄された場合はどうだろうか。この

場合、所有権の侵害はあるが、損害はない（法的に賠償すべき不利益なし）として——たとえ所有者が権利濫用的に損害賠償を請求してきたとしても——不法行為の成立を否定することが考えられよう。また、不当勧誘により投資契約を締結したが損失がない場合にも、意思決定の自由（自己決定権）への侵害はあっても、やはり損害がないため、損害賠償請求権を認めるのは困難であろう。以上のように、法益侵害があっても、権利者に何らの（法的な）不利益が発生しない場合がある以上、2つの要件を別に設定しておくことに意味はあろう。

2　損害事実＝あるべき利益状態と現在の利益状態との差

　以上のように、損害事実説の立場からは、①損害事実の確定と、②その金銭的な評価という2つの作業は、必然的に切り離される。

　損害事実とは、「法益侵害によって、当該被害者に生じた不利益な事実」をいう。そのため、損害事実の確定には、まず侵害された法益が個人に保障する利益は何か（それをどのように考えるべきか）、という法的な評価（規範的な判断）が不可欠となる（法益侵害によって失われた法益の価値や、それを回復するために必要な費用という視点が重要となる）。その際、この被害者に生じた不利益な事実の総体（＝賠償の対象）は、被害者の現在の利益状態を不法行為がなかったならば本来あるべき利益状態に回復させるという目標（原状回復原則）に照らし、「不法行為の前後で被害者のもとで生じた利益状態の差」として包括的に理解する必要がある（包括的な損害把握の重要性）。このように包括的に理解された「利益状態の差」を過不足なく埋め、あるべき利益状態へと回復する（つまり、損害を填補する）ことによって、被害者の適正な救済（＝利益状態の回復による法益の事後的保護）が図られることになる。

原状回復の2つの方向

　以上のように、不法行為による損害賠償の内容（損害填補の対象）は、原状回復原則によれば、不法行為がなければ、被害者のもとに「あるべき利益状態

への回復」を金銭賠償によって実現する内容となる。もっとも、これとは異なり、被害者は、単純に、不法行為がなかったときの「以前の状態」への復元を金銭賠償により求めることも考えられる。このような請求は、たとえば、詐欺的な投資取引により、500万円を支払った被害者が、これを取り戻すために、詐欺による取消し等により、法律行為の無効を主張するのに代えて（または併せて）、不法行為による損害賠償を加害者に請求する場合にみられる（詐欺の場合、二段の故意の証明が必要であるのに対して〔96条1項〕、不法行為では過失の証明で足りる、という利点がある）。後者をとくに原状回復的損害賠償という（物理的に原状回復を行う場面を思い出してほしい→105頁）。この場合、被害者は、不法行為の損害賠償によって、法律行為の取消・無効と同様の効果（契約締結以前の状態への復元）を得ることになる（ただし、損害賠償の場合、被害者の落ち度が、過失相殺として考慮され、減額されることがある点に注意が必要である）。

3　金額差額説や「現実の損害」の限界

以上のことをもう少し、具体的に説明しよう。実務では、不法行為前後の利益状態の差、つまり被害者に生じた不利益の全体像を把握するにあたって、法益侵害によって発生した不利益を、治療費や入院費、あるいは休業損害などの所得損害など、個別の不利益事実（これを損害項目という）に分けて——ときにそれを発見・創造して——確定し、項目ごとに金銭的に評価している。これらの金銭的に評価した各損害項目を積算した結果が、被害者の損害額となる（→132頁）。

金額差額説のもとでは、現実に発生した個別損害項目における具体的な損失額（これを実損ともいう）が——各損害項目の金銭的評価という作業を必要とすることなく、いわば自動的に——損害額となる。近時の判例が、①損害事実の確定と②金銭的評価とを区別しているとしても、①の損害事実を判例のいう「現実の損害」に置き換え、これを金額差額説における実損の意味でしか理解しないのであれば、損害事実説の意図するところとは異なり、結局は金額差額説と同じ結果となる。

たとえば、交通事故により、治療後も被害者の身体に不自由が残る場合をみ

てみよう（いわゆる後遺障害の事例）。金額差額説の立場によると、損害は金銭で表示したものであり、かつ現実の損失額となる。そのため、たとえば事故による所得損害についてみてみると、被害者の片手に麻痺（まひ）などの後遺障害が残り、本来もっていた労働能力を将来にわたって100％活用できない状況が生じたとしても、ここで「損害」となるのは、事故後に被害者に発生した現実の損失額のみである。すなわち、（現在および将来の）具体的な収入の減少額である（不法行為前後での財産上の差額であり、最高裁のいう「現実の損害」である）。そのため、具体的な収入の減少（減収）が生じていない場合には、損害はなく、被害者は逸失利益（＝事故がなければ得られた利益）の賠償を請求することはできない、と考える（最判昭和42・11・10民集21巻9号2352頁）。

　これに対して、損害事実説の立場によれば、ここでの損害とは、いくら収入が減ったのか（減収額）ではなく、後遺障害があること、あるいはそれによって労働能力が失われたり、減退したという事実それ自体である。その上で、この事実をどのように金銭的に評価すべきか、という問題へと進む。たとえば実務では、治療を尽くしても、後遺障害が残った場合、後遺障害の重さに応じて定められた労働能力喪失率表を利用して、被害者の逸失利益を計算している。これにより、「差額なければ損害なし」という金額差額説（この場面では、とくに収入喪失説ともよばれる）がもたらす不合理を回避している。判例も、「現実の損害」を原則としつつ、「特段の事情」のもと、損害事実説（この場面では、収入喪失説に対して、とくに労働能力喪失説ともよばれる）による修正の余地を認めている（最判昭和56・12・22民集35巻9号1350頁。詳細は→144頁）。

　このように、損害事実説においては、「利益状態の差」を明らかにするプロセスで、①どのように不利益事実を理解し、どのような損害項目を設定するのか、そして②それをいかに金銭的に評価するのか、という2つの段階で法的評価を介在させることが可能である（その意味で、規範的な損害論といえる）。なお、判例理論上は、①②の課題は、いずれも賠償を制限するという観点から「相当因果関係説」における「相当性」判断の中で扱われている（→133頁）。

4　効果論における損害概念・損害論の任務

　以上のことが示すのは、損害概念・損害論には、冒頭で示した不法行為の成立要件として何を損害とみるのか（事実か差額か）という課題に加えて、損害賠償の内容を確定するにあたって、①賠償対象である損害事実（損害項目）をどのように確定するのかという課題と、②それをどのように金銭的に評価（算定）するのかという課題があること、そして、伝統的な金額差額説は、これら2つの課題を「差額」という算定式によって同時に解決しようとするものであるということである。しかし、金額差額説のように、現実の損失額（加害前後の財産状態の差額）をそのまま「損害額」におきかえ、賠償対象とするのでは、収入の減少を伴わない後遺障害のケース等が示すように、被害者の救済、つまり被害者が法益侵害を受けていなければ、その法益（完全な身体権）のもとで享受していた利益状態の回復を十分に図れない場合がある。

　不法行為法は、法益侵害によって被害者に生じた不利益（＝不法行為前後の利益状態の差）を金銭に評価し、それを填補（穴埋め）することによって、利益状態の回復を図り、これによって法益の保護（事後的な回復）を実現するものである。そのため、適切に被害者の救済を図るには、「損害事実の確定」作業において、法益の保護という不法行為法の目的に照らし、侵害された法益（権利・利益）が個人に保障する法的な価値や利益状態を正当に理解することが必要である。その上で、その侵害により発生した損害事実を法的に観察・評価し、続く金銭的評価の直接の対象となる事実——人身損害や物的損害等においては（具体的な支出に加え、それ以外の）損害項目——を確定（あるいは発見）しなければならない。このことは新しいタイプの不法行為（法益侵害）においてはとくに重要な課題となる（たとえば福島第一原発事故による被害では、包括的生活利益としての平穏生活権の侵害が主張され、地域コミュニティ等を含む生活基盤の喪失あるいは故郷喪失といった新たな法益論・損害論が問題となっている）。

　なお、金銭的評価にあたっては、被害者のもとに生じた不利益が賠償の対象となることから（具体的損害計算の原則→133頁）、法益が一般に保障する（最小限の）価値にとどまらず、個別具体的な被害者のもとで具体化した不利益も——法的に正当と評価される範囲内で——賠償されなければならない（たとえ

ば自転車が壊された場合には、その自転車の市場価値だけではなく、それを1,000円で貸す予定が実現できなくなった場合の逸失利益、あるいは、それがおよそ市場価値のまったくない自転車でも被害者が日々愛用している場合の利用利益等である）。

Ⅲ 損害賠償請求権の主体──誰が損害賠償請求権を行使できるのか？

　被害者は不法行為の効果として損害賠償請求権を取得する。この請求権を取得する者を、損害賠償請求権の主体という。ここではまず、誰が損害賠償請求権の主体となるのかを説明する。その上で、不法行為によって連鎖的に損害を受ける「間接被害者」をめぐる問題、さらには被害者が死亡した場合の主体の問題について、順にみていこう。

1 権利主体

(1) 自然人・胎児

　不法行為による損害賠償請求権の主体は、不法行為により損害を被った被害者本人である。すべての自然人は、出生によって権利能力を取得する（3条1項）。不法行為による損害賠償請求権についても同様である。

　出生前の胎児には、原則として権利能力はない。しかし、損害賠償請求権（721条）、相続（886条1項）および遺贈（965条）については、例外的に胎児はすでに生まれたものとして扱われる。したがって、たとえば母親が、Aを妊娠中にその父親が不法行為で死亡した場合、Aは721条により、母親とともに遺族として固有の損害賠償請求権を取得する（709条・711条）。また胎児であるA自身が、事故により障害をもって出生するなど、胎内で不法行為による侵害を受けた場合には、直接の被害者として損害賠償請求権を取得する（709条・710条）。さらに、Aは死亡した父が取得する損害賠償請求権について、886条1項により、出生を条件として相続することが認められている（実務上一般的な、いわゆる相続説の立場による場合→119頁）。したがって、胎児が出生に至らなかった場合には（死産等）、Aが固有の損害賠償請求権を取得することも、相続

によって父の損害賠償請求権を取得することもない。これはAが胎内で受けた不法行為が原因で死亡した場合も同様である。ただし、後者の場合には、胎児の両親等が胎児を失ったことについて固有の損害賠償請求権を行使することが考えられる。

(2) 法人

会社や大学等の法人も、権利能力があることから、賠償請求権の主体となる。問題は、法人の名誉や信用が侵害された場合に、法人が慰謝料を請求することができるのか、という点である。判例は、710条の「財産以外の損害」には精神的損害に限らない「すべての無形の損害」が含まれるとし、精神的苦痛が問題とならない法人にあっても、数理的に算定しえない非財産的損害の賠償を「無形損害」の名のもとに認めている（最判昭和39・1・28民集18巻1号136頁。新聞の誹謗記事により財団法人の名誉・信用が侵害された事例〔代々木診療所事件判決〕）。

(3) 間接被害者

不法行為により生命・身体・財産権等を直接侵害された被害者（自然人・法人）が損害賠償請求権をもつのは当然である。問題は、不法行為によって直接に被害を受けた者Aと一定の社会的関係のある者Bにも、損害が発生する場合である。この場合に、Bにも損害賠償請求権が発生するだろうか。このBのように、他人Aへの不法行為により間接的に損害を被った者を、間接被害者という。ここでは、直接被害者であるAが死傷した場合の近親者B、あるいは直接被害者Aの就労先の企業Bに生じる損害についてみておこう。

(a) 肩代わり損害（反射損害）

たとえば、交通事故で負傷したAの入院費をその親Bが支払う場合、あるいは事故によりAが休職している間も勤務先の企業BがAに給与を支払う場合がある。この場合のBらの不利益は、負傷したAの損害を肩代わりするものである（一般に反射損害という）。そのため、同様の損害が直接被害者であるAのもとに発生した場合、その賠償を加害者に求めることができるかぎり（判例によれば、不法行為と損害との間に相当因果関係があればよい）、間接被害者であるB

からの賠償請求であっても、それが認められることに異論はない。

　ただし、その理論構成にはいくつかの考え方がある。たとえば企業Bが労働基準法等に基づいてAの給与損害を填補する義務を負っているなど、間接被害者Bが直接被害者Aの損害填補を目的とした支出について、法的な義務を負っている場合には、Bは賠償者代位の規定（422条）を類推適用し、直接被害者Aの損害賠償請求権に代位して、加害者に請求できると考える（最判昭和36・1・24民集15巻1号35頁）。他方、Bにそのような義務がない場合には、第三者弁済による弁済者代位（499条・500条）によって処理することが考えられる。

(b) 近親者の損害

　交通事故で被害にあった直接被害者Aの近親者Bについては、たとえば事故で重傷を負った母親Aの看護のため急きょ海外から帰国した子Bの往復旅費、あるいはBが予定していた旅行のキャンセル料など、B自身に直接発生する損害も問題となりうる。判例は、看護のための旅費について、「傷害の程度、当該近親者が看護に当たることの必要性等の事情からみて社会通念上相当であり、被害者が近親者に対し右旅費を償還すべきものと認められるとき」にはその賠償を認めている（最判昭和49・4・25民集28巻3号447頁）。キャンセル料についても同様に考えられよう。

　被害者死亡の場合の葬儀費用については、被害者本人が負担すべきものと考えれば肩代わり損害の1つともいえるし、それを負担した近親者自身の損害として構成することもできる（→138頁も参照）。

　近親者に生じた精神的損害については、711条は被害者が死亡した場合にのみ近親者の慰謝料請求権を認めている。このことから、かつての判例や学説は、被害者が負傷したにとどまる場合には、近親者に慰謝料請求権を認めることには否定的であった（711条の反対解釈）。しかし、その後判例は、10歳の女児の容貌が著しく傷つけられ、神経麻痺の後遺症が残った事例において、その母親は「子の死亡したときにも比肩しうべき精神的苦痛を受けた」として母親からの慰謝料請求を709条・710条に基づき認めるに至った（最判昭和33・8・5民集12巻12号1901頁）。現在では、711条に規定されている親族（父母、配偶者、子）には、原則として、固有の慰謝料請求権が認められている（特別な事情のもとで、兄弟姉妹など、それ以外の親族に認められた例もある）。

（c）　企業損害

　会社の取締役や従業員が不法行為により就労不能となり、その結果、被害者が勤める会社の売上げが減少するなどして、会社に損害が発生することがある。その場合、会社自身が賠償請求権の主体として、その営業損害の賠償を加害者に求めることができるだろうか。いわゆる企業損害の問題である。

　判例では、個人会社の代表取締役Ａ（薬剤師）が受傷して業務に従事することができなくなり、Ａの会社Ｘ（薬局）の収益が減少した事例で、「ＡにはＸ会社の機関としての代替性がなく、経済的に同人とＸ会社とは一体をなす関係にある」として、Ａ個人に生じた逸失利益に代わり、形式上、間接被害者となる会社Ｘに賠償請求権を認めた事例がある（最判昭和43・11・15民集22巻12号2614頁）。もっとも、この事件では、負傷したＡが代表を務める会社ＸはＡの個人会社であって、Ａの逸失利益とＸの営業損害（逸失利益）とは基本的に同視することができた。いってみればＡの逸失利益を請求するのに代わって、Ｘの逸失利益の請求を認めたにすぎない。それゆえ、この判例は本来の意味でいう企業損害（これをとくに真正企業損害ともいう）の請求を認めた判例とはいえない、と理解されている。

　それでは、会社が小規模の個人会社とはいえないような場合はどう考えるべきだろうか。この場合、取締役や従業員等の死傷により、その企業に営業損害が生じたとしても、不法行為の加害者がその企業を害する目的で従業員に危害を加えたなど、例外的な場合を除けば、その賠償は原則として認められないであろう。なぜなら、従業員の死傷によって営業利益を失うことは事業活動に伴う一般的なリスクといえ、企業としては、企業活動を行う上で、そのようなリスクについてはあらかじめ計算に入れて一定の対応（リスク分散）を講じておくべきだ、と考えられるからである。そのため、企業の営業利益の侵害を理由とする損害賠償が認められるのは、企業に、そのリスクを事前に予見し、その回避措置（たとえば保険加入等によるリスク分散）を講じることを合理的に期待することができないような、特殊なリスクが現実化したような場合に限られよう。たとえば、福島第一原発事故では、事業の性格上、直接被害者（避難指示等により操業不能となった事業者等の一次被害者）との取引に代替性がない（＝ほかに取引先がない）事業者の営業損害等については、事故と相当因果関係のあ

る損害として賠償が認められている。

以上のように問題を整理していくと、結局、企業損害の賠償が認められるのは、直接被害者（一次被害者）である従業員・事業者等への不法行為を媒介として、企業自身も、その固有の法益（＝営業利益）に対して直接の侵害を受けている場合といえる。そのかぎりで、ここでの企業損害は、もはや間接被害者の問題とはいえない。

2　被害者が死亡した場合の賠償請求権の主体

(1)　2つの考え方

不法行為により被害者が死亡した場合、被害者本人は権利能力を失うことから、被害者自身の名義で損害賠償請求権を行使することはできない。しかし、そのために加害者が免責されるならば不当であるし、何より生命という法益の保護に欠ける。そこで、死亡した被害者に代わって、被害者の遺族にどのような形で損害賠償の請求権を認めるかが問題となる。これには2つの考え方がある。

第1は、被害者本人に「生命侵害を理由とする損害賠償請求権」の発生を認め、それを相続人である近親者が相続し、行使することを認める考え方である。相続説とよばれ、実務では定着した考え方である。しかし、被害者は生命を侵害されている以上、死亡と同時に権利能力を喪失し、権利主体ではなくなっている。それにもかかわらず、亡くなった被害者に、死亡を理由とする損害賠償請求権をいったん帰属させ、これを相続人が承継するという論理をとる相続説は、理論的には明らかに矛盾している。

第2の立場は、被害者の死亡によって、その遺族自身に、直接にその財産的利益の侵害を認め（親が死亡した場合に、子に生じる扶養利益の侵害など）、また身近な被害者の死によって精神的損害を被る遺族自身に、固有の損害賠償請求権を認める考え方である。相続否定説あるいは固有損害説ともいう。起草者の立場でもある。ここで遺族が行使する賠償請求権は、死者のそれを承継（＝相続）したものではない。あくまで遺族自身（固有）の賠償請求権である。

以上の2つの立場のうち、民法典施行後しばらくの間は、判例・学説とも後

者の相続否定説が多数であった。しかし、判例はその後、起草者の立場を離れ、相続説を確立してきた。もっとも、財産的損害の賠償請求権と慰謝料請求権とでは異なる展開がみられる。そこで、以下ではこの2つを区別してみていくこととしよう。

(2) 財産的損害

　大審院は、まず交通事故の被害者が事故から10日後に死亡した事件で、被害者本人が取得した傷害による損害賠償請求権は、死亡時に遺族に相続されるとの判決を出した（大判大正9・4・20民録26輯553頁）。それからまもなくして、被害者が即死した場合にも、受傷と死亡との間に時間的間隔があるとして相続構成をとることを認めた（大判大正15・2・16民集5巻150頁）。この判決の直後には、「死前に死あり」として反対の立場を採る大審院判決もあったものの、以後、判例は、相続説を支持している。受傷から時間をおいて死亡した場合には損害賠償請求権の相続を認めるのに、即死の場合には認めないのは、均衡を欠く、というのが主な理由である。

　しかし、学説の多くは、相続説に対して批判的である。その理由は、①相続説は起草者の考え方と異なる上、外国法と比較してみても特異であること、②「生命侵害（死亡）による損害賠償請求権」を死亡により権利能力を喪失した死者が取得するという論理矛盾があること、また実質的にみても、③子の死亡により親が相続人となる場合、親の平均寿命を超える子の生涯分の就労利益をすべて親が取得するのは合理性を欠くこと（これを逆相続という）、④被害者の死亡によって経済的・精神的に影響を受ける者と相続人の範囲が必ずしも一致しない、という不合理もある。たとえば内縁のパートナーや義父母等、同居していても相続権のない遺族がいる一方、他方で被害者と疎遠であっても相続権をもち、相続人というだけで多額の損害賠償請求権を手にする者（これを笑う相続人という）もいるからである。

　そこで、これらの学説では、被害者の生命が侵害された場合には、近親者の生命侵害（死亡）によって損害を受けるその遺族に、固有の損害賠償請求権を認めることが主張されている。この遺族の固有の損害をどのように理解するのかについては、たとえば、①死亡被害者の収入に現に依存して生活している

者、あるいは将来そのことを期待していた近親者の、扶養を受ける利益の侵害を固有の損害とみる考え方（扶養利益侵害説）、あるいは②扶養利益に限定せず、直接被害者が家族の中で果たしていた（果たすであろう）多様な経済的寄与に照らして、遺族の生活利益の侵害を固有の損害とみる考え方（生活利益侵害説）などがある。いずれの考え方によっても、内縁の配偶者など、死亡被害者の法定相続人以外の者も損害賠償請求権を得ることができる点に変わりはない。

　しかし、学説からの多くの批判にもかかわらず、判例の相続説の立場は、これまで変わることなく堅持されている。その最大の理由は、扶養構成によるより、相続説による方が、遺族の請求しうる賠償額が高くなること、あるいは請求権者の範囲の画定および額の算定が簡明で容易である、といった点にあるとされる。そのため、相続説が支持されるのは、もっぱら、「司法政策的な配慮ないしは便宜」という観点による、と指摘されている。今後、相続説からの転換を図るためには、この点の克服が課題となる。

　なお、以上のように実務では相続説が定着しているものの、固有損害説が主張する扶養利益侵害を理由とする損害賠償も認められる点は注意してほしい。判例では、相続権をもたない内縁の妻に扶養利益の侵害に対する損害賠償請求権を認めた事例があるほか（最判平成5・4・6民集47巻6号4505頁）、多額の債務を抱え死亡した被害者の配偶者と子が相続を放棄した事例で、遺族らに扶養利益侵害による賠償を認めた例がある（最判平成12・9・7判時1728号29頁）。

(3)　非財産的損害

　それでは次に、不法行為により被害者が死亡した場合の非財産的損害の賠償の取扱いについて、みていこう。これについて、すでに説明したとおり、民法は、死亡被害者の近親者、すなわち「父母、配偶者及び子」に対して、明文で固有の慰謝料請求権を与えている（711条）。また判例は、「同条所定の者と実質的に同視しうべき身分関係が存し、被害者の死亡により甚大な精神的苦痛を受けた者」（たとえば内縁の配偶者や事実上の親子、親代わりの祖父母や兄弟姉妹など）にも711条を類推適用することを認めている（最判昭和49・12・17民集28巻10号2040頁。被害者と長年同居し世話を受けていた重度の身体障害者である義妹に

慰謝料請求権を認めた事案）。そのため慰謝料については、無理に被害者本人の慰謝料請求権を遺族に相続させる必要はなく、学説でも遺族が711条の固有の慰謝料請求権を行使すれば足りる、とする立場が支配的である。

　ところが判例は、慰謝料についても、近親者固有の慰謝料請求権（711条）と並んで、709条・710条に基づき直接被害者の「死亡による慰謝料請求権」の発生を認め、その相続を肯定している。したがって、たとえば死亡した被害者の配偶者は、配偶者として固有の慰謝料請求権を取得すると同時に、被害者本人の慰謝料請求権についても相続により取得する。なぜ、このような解釈が採用されるに至ったのか。これには、次のような流れがあった。

　初期の判例は、慰謝料請求権は、権利者本人だけが行使できる権利という意味での一身専属権であるとして（896条ただし書）、被害者が生前に慰謝料請求権行使の意思を表示した場合にかぎって、金銭債権に転化し相続されるとの立場をとっていた（大判明治43・10・3民録16輯621頁等）。そのために、被害者の生前の意思表示の内容が重視され、たとえば「残念残念」「口惜しい」「向うが悪い」と口にしていれば慰謝料請求の意思表示ありとして相続を認めるが、「助けてくれ」ではこれを認めないといった判決が出された。しかし、これでは被害者が死の直前に発した言葉によって慰謝料請求の可否が決まることとなり不合理である。そもそも即死した場合や意識不明のまま死亡した場合には、被害者に意思表明の機会すらない。加えて、一方で財産的損害賠償請求権には相続が認められることとのアンバランスも、相続説から批判されることとなった。そこで、交通事故の被害者が意識不明のまま死亡した事案において、旧来の判例が変更され、「慰謝料請求権を放棄したものと解しうる特段の事情のないかぎり」慰謝料請求権についても財産的損害と同様に、被害者の意思表示の有無を問うことなく、当然に相続するとの立場が採用されるに至った（最大判昭和42・11・1民集21巻9号2249頁）。

　なお、本人分と遺族固有分という2本立ての慰謝料が認められたとしても、実務上、それによって慰謝料の総額が変わることはないとされる。つまり、慰謝料については、相続説をとる実務上のメリットすらないといえる。

第8章

不法行為の効果②
──損害賠償請求権の内容

　本章では、不法行為の効果として発生する、損害賠償請求権の内容をどのように確定するのか、という問題をみていこう。具体的には、まず、不法行為に関連して発生したすべての損害に、その加害者等の賠償責任が及ぶのか、といういわゆる保護範囲の画定の問題（→Ⅰ）、次に、この保護範囲に含まれる損害を、具体的にどのように金額に置き換えるのか、という損害の金銭的評価・損害額の算定の問題（→Ⅱ）、さらには、算定した損害額が、最終的に賠償額として確定する段階で減額される場合について（→Ⅲ）、順に説明していこう。これらの流れを追うことで、ここでは、被害者が最終的に得る損害賠償請求権の具体的な内容がどのように決まるのかを理解しよう。

Ⅰ　保護範囲（賠償範囲）の画定

　Aの前方不注意による自動車事故によりBが負傷した場合、Aは、Bの治療費や休業損害などを賠償する不法行為責任を負う。それでは、この事故により負傷したBが、その後、①搬送先のC病院で医療事故にあって死亡した場合、あるいは、②交通事故による負傷を苦に自殺した場合、Aは、Bの死亡という結果についてまで責任を負うのだろうか。①の医療事故の場合には、医師による新たな権利侵害（不法行為責任）の成立も問題となるが、それと同時に、最初の交通事故の加害者であるAが、医療事故の結果についても賠償責任を負うのかも問題となる。

　たしかに、加害者Aの不法行為がなければ、被害者Bが死亡することはなか

った。その意味では、Aによる交通事故とBの死亡との間に事実的因果関係があるといえる。しかし、このような因果の連鎖は無限である（「風が吹けば桶屋が儲かる」ということわざもある）。そこでとくに特殊な事情（第2の事故の発生や自殺等）から被害が思わぬ形で波及した場合に、加害者が負うべき損害賠償の範囲（限界）を画定する作業が必要となる。前述の三分説によれば「保護範囲」にあたる問題である（→98頁参照）。

　この問題を考えるにあたって、近時の学説は、最初の権利侵害（前述の例では交通事故による身体侵害）を「第一次侵害」、それに続く権利侵害（医療事故等による生命侵害）を「後続侵害」とよんで区別をし、Aの責任が後続侵害にまで及ぶのかを検討している。このとき、第一次侵害についてAが不法行為責任を負うこと（過失責任原則による場合は、故意・過失があること）は、後続侵害の責任を問う上での前提となる。第一次侵害に対する故意・過失による責任を越えて、後続侵害についてもAが責任を負うのか、負うとすればそれはどのような基準によるのかが、ここでの問題である（なお、このような問いは、次に述べる完全賠償主義を前提とする。制限賠償主義のもとでは問題にならないことに注意しよう）。そこで、以下ではまず判例の立場を理解した上で、その意義と限界を考えていくことにしよう。

1　起草者の立場（完全賠償主義＋裁判官の裁量による制限）

　民法典のなかで損害賠償の範囲に関する規定は、債権編の第1章総則におかれている（416条）。もっとも416条は、前条の415条（債務不履行による損害賠償）の規定を受けた規定である。つまり、415条で問題となるのは、契約違反の場面での損害賠償の範囲である。そして、不法行為の損害賠償の範囲については、第5章の不法行為にもとくに規定がない。そこで不法行為の損害賠償の範囲（保護範囲）は、いったいどのような基準で決まるのかが問題となる。

　起草者は、不法行為の加害者は因果関係がある以上、「結果の全部」について損害賠償を負うべきであるとの立場に立ちつつ（これを完全賠償主義という）、しかし、（416条ではなく）裁判官の裁量によって、賠償範囲を確定する方針であった。このことから民法典施行後しばらくの間は、判例や学説の多数も起草

者の考え方にしたがい、不法行為には416条の適用はないと考えていた。

2　現在の判例および伝統的通説の立場（416条類推適用説）

(1)　416条類推適用説の確立

しかし、その後ドイツ民法学の強い影響を受け、不法行為であれ、債務不履行であれ、①損害賠償の範囲は権利侵害と相当因果関係のある損害に限るべきこと（このように理解する学説を相当因果関係説という）、②416条はこの相当因果関係説を定めたものであること、したがって、③416条は不法行為にも適用すべきである、との学説が登場し、この立場が有力となった。416条類推適用説という。

この流れを受けて大審院も「富喜丸事件判決」（→97頁）によって同様の立場をとるに至り、戦後、最高裁もこの立場を踏襲している。学説においても、富喜丸事件判決を契機として、1930年代半ばには、不法行為であれ、債務不履行であれ、①損害賠償の範囲は相当因果関係の有無によって決められるべきものであることを前提に、②416条はこの相当因果関係説の考え方を定めたものである、との理解が通説化し、③不法行為による損害賠償範囲（＝保護範囲）の画定についても416条が類推適用されるようになった。

(2)　416条類推適用説の考え方

上で述べた相当因果関係説と416条とを同一視する学説の考え方は、次のように説明される。①「通常生ずべき損害」（通常損害）が賠償範囲であると定めている416条1項は、相当因果関係説の考え方を定めたものであり、「相当な因果関係にある損害」とは「通常損害」をいう。その結果、一般的にみて通常とはいえない異常な（＝特別の事情によって生じた）損害は、賠償の対象から除外される。ただし、そのような②「特別の事情によって生じた損害」であっても、加害者が、この特別の事情を予見し、または予見できたときには、416条2項により、これも通常損害として相当因果関係が認められ、賠償範囲に含まれる。つまり──事故の結果として反復可能性の低い──異常な損害であっても、加害者に予見可能性があれば、通常損害として賠償対象となる。この場

合、被害者は「加害者は行為時に特別な事情を予見できた」ことを主張し、それを証明することによって、「（通常損害を超える）特別の事情による損害」についても、賠償範囲に含めて請求することができる。

(3) 後続侵害について相当因果関係を認めた判例

　以上の理論的枠組みのもとで、これまで判例は、次のような事例で広く相当因果関係を認めている。①交通事故で負傷した被害者が搬送先の病院での誤診により死亡し、交通事故加害者と病院の共同不法行為を認めた事案で、いずれの加害行為も被害者の死亡について相当因果関係を有すると判断した事例（最判平成13・3・13民集55巻2号328頁→210頁）、②交通事故による受傷後、被害者が災害神経症からうつ病に罹患し自殺した事例（最判平成5・9・9判時1477号42頁。ただし次の③判決と異なり、本件では722条2項により賠償額の8割が減額されている）、③長時間の残業を恒常的に伴う業務の遂行とうつ病のり患とにより被害者が自殺した事例（最判平成12・3・24民集54巻3号1155頁→157頁）等である。

3　学説の展開
──416条類推適用説および相当因果関係説への批判

　しかし、以上の判例の考え方は、その結論はともかく、その理論構成には強い批判が向けられている。第1に、416条を不法行為に類推適用することに向けられた批判である。第2に、416条と相当因果関係説とを同一視することへの批判である。第3に、相当因果関係説によって保護範囲を画定すること、それ自体についての批判である。以下、順にみていこう。

(1) 不法行為に416条を類推適用することの批判

　まず1つめの批判は、416条を不法行為に類推適用することへの批判である。これは、416条に基づき「損害の予見可能性」を決め手として賠償範囲を画定する点への批判である。416条は、起草過程からも明らかなように、債務不履行（契約違反）の場面での損害賠償の範囲について定めた条文である。契約の

当事者間においては、それぞれの契約目的に応じて、あらかじめ互いのさまざまな事情や損害が発生するリスクを合理的に計算した上で、債務の内容を決定し、契約を締結することが可能である。またそうであるからこそ、契約違反による損害賠償の場合には、当事者の予見可能性を基準に賠償範囲を画定することに合理性があるといえる。これに対して不法行為は、交通事故のように不法行為が発生する以前はまったく関係のない者の間で突発的に生じ、事故を契機として、当事者の関係に陥ることが多い。このような場合にまで、当事者の予見可能性を基準に保護範囲（賠償すべき範囲）を画定しようとすると、多くの場合に、予見可能性はないとして保護範囲が極めて狭いものとなってしまい被害者に酷な結果となるか、あるいは逆に、被害者を救済するべく、こういった不合理を回避しようと、裁判官は、上記2(2)の各判断において「この結果は通常である」とか、あるいは「この結果は予見可能であった」などとして、通常性や予見可能性を擬制せざるをえなくなる。さらには以上の批判とも相まって、結局、現実の裁判においては相当因果関係の名のもとに「ある結果を加害者に賠償させるべきかどうか」という裁判官の価値判断が問われるだけで、予見可能性は保護範囲の画定基準としては機能していない、との指摘もある。以上が1つめの批判である。

(2) 416条と相当因果関係説とを同一視することへの批判

　2つめの批判は、416条と相当因果関係説とを同一視することに向けられている。416条はイギリスの判例法に由来する規定であり、債務不履行（契約違反）の結果、発生した損害について「当事者の予見可能性」を基準に賠償範囲を限定する趣旨である（このような賠償方針を制限賠償主義という）。その意味で債務不履行の結果生じる損害の完全な賠償を契約違反者に命じる規定ではない。他方で、ドイツ法に由来する相当因果関係説は、いったん加害者の賠償責任が成立すれば（すなわち過失や権利・利益侵害等の要件を充たせば）、加害者には「賠償義務を基礎づける事実がなかったとすればあったであろう状態の回復」（＝原状回復）が命じられることを前提としている。もっとも起草者も危惧したように、不法行為を起点とした自然的な因果関係だけで賠償責任が及ぶ範囲を決めると、加害者の賠償範囲が広がりすぎるおそれがある。そこで完全賠

償主義に立ちつつ、因果関係のレベルで「相当な」範囲に責任が及ぶ範囲を制限しようとする考え方が相当因果関係説であるとされる。以上のような規定の沿革の違いから「制限賠償主義による416条」と「完全賠償主義を前提とする相当因果関係説」とでは、両者は本質的に異質なものであって、これを同一視することはできない、という批判がある。

　以上の2点から、現在の学説では、416条を不法行為の場合に類推適用するのは実質的にも沿革的にも難しいという見方が支配的である。また裁判実務も、必ずしも416条の枠組みによっていないことも指摘されている。

(3)　相当因果関係説そのものへの批判

　416条を不法行為に類推適用することに問題があるとしても、不法行為責任の保護範囲を「相当因果関係説」によって画定することに合理性があるのであれば、416条を不法行為に類推適用しなければよいだけのことであって、それで足りる。しかし、批判は相当因果関係説を画定基準とすることそのものにも向けられている。これが3つめの批判である。同様の批判は、相当因果関係説の母法であるドイツでもみられる。なぜなら、相当因果関係説では極めて発生確率の低い、いってみれば「異常な損害」だけが保護範囲から排除されるにすぎないため（＝偶然の排除のための理論）、相当因果関係説による制限が機能した裁判例がほとんどなかったからである。それゆえ相当因果関係説では、加害者の責任の範囲が広がりすぎるとして、ドイツでは責任の範囲を限定する趣旨から「規範の保護目的論」といった学説が展開され、判例でも相当因果関係説と併せて採用されている。規範の保護目的論とは、およそ「あらゆる義務と規範は一定の利益領域を保護対象としているのであって、行為者はこの保護された範囲内の利益侵害についてのみ責任を負えば足りる」との立場から、違反された行為規範によって保護された範囲内に、具体的な侵害結果が含まれる場合にのみ、加害者に損害賠償責任を課す考え方である。ただし、規範の保護目的論は、あらかじめ射程の広い（その意味で、行為者にとってはより厳格な）規範を設定することにより、相当因果関係説を超える保護範囲を設定することも可能であることは理解しておかねばならない。

　日本法においても、1970年頃から、責任を制限する趣旨で（制限賠償主義の

立場から）三分説の提唱と併せて、保護範囲の画定基準として「義務射程説」が展開され、学界の注目を集めたが、多くの支持を得るには至っていない。

　本書もまた、三分説を前提に保護範囲の画定によって賠償範囲を決定する立場をとることは、すでに述べた（→101頁）。しかし、完全賠償主義の立場から、後続侵害について、次のように保護範囲を画定する点で、義務射程説とは異なる。

相当因果関係説における予見可能性と規範の保護目的論

　相当因果関係説における「原因Aから結果Bは発生するか」という予測は、結果が発生してから事後的に検討するものである。これに対して、（第一次侵害の）保護範囲の画定基準となる行為義務は、「結果Bが発生する予見可能性があるから、その結果Bを回避すべく××すべきである」と事前に決定されるものであって、両者の判断プロセスは、質的に異なるものである。

　たとえば、十分な救命用浮輪を装備していなかったA会社の遊覧船に搭乗した乗客Bが、Aの装備義務違反に気がつき、不安にかられ、苦情を言うために船長のもとへと向かう途中、船上でつまずき足をひねって骨折した、という場合を考えてみよう。Aの義務違反とBの骨折との間には、自然科学的な意味での因果関係は存在する。相当因果関係説では、Bの骨折が、海難事故を防止するために課された装備義務の違反によって生じる結果として、およそ予期しえない異常な結果でないかぎり相当性を肯定することとなろう。

　これに対して、ドイツで展開された規範の保護目的論では、救命具装備義務は海難事故から乗客の生命や身体を保護するためにAに課されたものであって、それ以外の船上における事故による法益侵害を回避するためではないとして（規範の保護目的をこのように狭く限定的に理解するならば）Bの骨折についてはAの責任は問えない、との帰結も考えられそうである。

　もっとも、以上の問いとは別に、仮に揺れる船上では転倒などにより重大事故が発生するおそれが常にあり、乗客の身体の安全に配慮する趣旨から、船に不慣れな乗客らに対して一般的な警告を与えるなどの義務がAには課されている（あるいは課されていたと考えうる）ならば、Aがその義務に（も）違反した結果、Bの骨折という事態が発生したとして、この結果はやはりAが責任を負うべき保護範囲に（第一次侵害として）含まれるといえる（この場合、結果的には、いずれの説によっても賠償範囲に含まれることになる）。

義務射程説とその問題点

　義務射程説とは、責任原因（＝過失の有無の判断基準となる行為義務）が及ぶ範囲が、保護範囲＝賠償範囲となるとする考え方である。この説によれば、従来の判例実務は、①不法行為にも416条を類推適用していること、②ゆえに不法行為も債務不履行と同様に制限賠償主義に立つ、という理解を前提に、保護範囲は「当事者の予見可能性」を基準に制限されるべきであるとの立場から、この予見可能性を過失判断（行為義務設定上の予見可能性）の中に取り込む考え方である。

　その上で、義務射程説は、後続侵害（交通事故後の医療事故や被害者の自殺など）が発生した場合にも、第一次侵害の加害者が後続侵害の結果にまで責任を負う（＝後続侵害が第一次侵害の加害者の賠償責任の範囲に含まれる）余地を認める。後続侵害についても、「侵害された利益の重大さ」と「加害行為から発生する危険性の大きさ」を考慮して、加害者の違反した損害回避義務の射程がそれに及ぶのか（及ぼすべきか）を規範的に判断する（これにより義務の保護範囲＝行為義務の及ぶ範囲が柔軟に拡張されることを認める。と同時に、義務射程説は、後続侵害についても、第一次侵害ととくに区別せず、同じ基準で考える）ところにこの説の特徴がある。そして、故意による不法行為の場合には、異常な事態が介入しないかぎり、事実的因果関係のある結果すべてについて加害者は賠償責任を負うとする。

　以上の義務射程説が学界に与えたインパクトは極めて大きかった。しかし、とくに次の点から、結果的には少数の支持を得るにとどまっている。①起草者と異なり制限賠償主義を前提とする点、②後続侵害に対する責任についても第一次侵害の義務の射程＝過失の有無によって判断しようする点（はたしてそのようなことが可能かという疑問）、その結果、③発生した結果（損害）を起点に、事後的に過失（＝行為義務違反）の有無を判断することへの批判である（行動の自由の保障への予期せぬ制約となる→14頁参照）。

(4)　相当因果関係説に代わる保護範囲画定基準──危険範囲説

　それでは、後続侵害について、どのように考えるべきか。現在の多数説は、起草者と同様、完全賠償主義の立場から、加害者の責任が、直接の故意・過失

という責任原因を超えて拡大する（＝賠償範囲が後続侵害に及ぶ）余地を認めている。しかし、最初の事故の加害者の賠償責任が、後続侵害（医療過誤の結果等）にまで及ぶのかを判断するにあたって、相当因果関係説や義務射程説のように、第1次侵害（交通事故）と同じ基準（＝因果関係レベルの相当性や第1の事故の義務の射程）で考えることには限界があると考え、後続侵害については、別の基準を用いて考えている。危険範囲説とよばれている。

　危険範囲説によれば、まず加害者の故意・過失が及ぶ権利・利益侵害を第1次侵害とすると（たとえば前方不注意による交通事故により被害者を負傷させたこと）、そこから波及した後続侵害（その後の医療事故による死亡等）を保護範囲に含めるかは、後続侵害が第1次侵害（交通事故による負傷）によって高められた危険の実現であるか否かを基準とする。

　たとえば、後続侵害として医療事故が発生した場合、それが発生するリスクが交通事故によって高められた結果であるといえるならば、それは第1次侵害の保護範囲に含まれる、と考える。その場合、交通事故の加害者は、（医療事故の加害者とともに）死亡という結果についても責任を負わねばならない。これとは逆に、交通事故の被害者が治療のため病院に通院する機会を利用して予防接種を受け、それによる副反応によって重篤な障害を被ったような場合には、被害者のもとで実現したリスクは、万人が有する日常生活にひそむ一般的な危険が実現したにすぎないのであって、第1次侵害と関係なく発生したと考える。そのため、このような結果については交通事故の加害者の責任が及ぶことはない。危険範囲説によれば、日常生活における一般危険による結果は保護範囲からはずれるため、この点について最初の交通事故の加害者に責任を問うことはないのである。もっとも予防接種によって生じた損害についても、別途、製品の欠陥（→204頁）や病院等の過失を証明して、その責任を問いうる可能性はあろう。

Ⅱ　損害の金銭的評価

　次に、以上によって確定された保護範囲にある損害を、どのように算定していくのかみていこう。不法行為に基づく損害賠償請求権の大半は「○○円を支

払え」という内容の金銭債権である。したがって、損害（法益侵害によって被害者に発生した不利益な事実）は、最終的にはすべて金銭に換算しなければならない。この作業を損害の金銭的評価あるいは損害額の算定という。たとえば交通事故訴訟では、一般的に損害は個別の損害項目に分けた上で、各損害項目の損害額を具体的に算定した上で合算する。以下では、この実務で用いられている算定方法の概要について説明した上で、人身損害と物的損害について、その主な損害項目と、その算定をめぐるいくつかの問題をみていこう。

1　損害額の算定方法

(1)　差額算定における個別損害項目積み上げ方式

すでに説明したように（→111頁）損害とは、「法益侵害がなければあるべき利益状態と現在の利益状態との差」をいう。損害額の算定にあたっては、権利・利益侵害の結果として、被害者に生じた、この不利益全体（あるべき利益状態と現在の状態との差）を、適切に（過不足なく）、包括的に賠償対象（＝損害）として、明らかにしなければならない。その際、まずは損害を、法益侵害の結果、被害者に生じた不利益の総体（さまざまな不利益の集合体）として、包括的にイメージすることが重要である。実際の損害算定作業は、個別の損害項目に分割して、計算していくことになるところ、そのような個別具体的な損害項目（賠償費目）に着目すると同時に、その集合体によってとらえるべき全体像を見据えることは、個別損害項目の脱落や重複を防ぐ意味がある。

実務で、被害者に生じた損害（事実）を具体的な損害額へと転換する、損害算定プロセスにおいて採用されている一般的な手法は、被害者のもとで生じた個別的な損害項目（修理費用、治療費など）を過不足なく列挙し、それらを積算した総額を被害者の損害額とするものである。このような算定手法を個別損害項目積み上げ方式という。交通事故訴訟等で典型的にみられる。

損害項目は、①財産的損害と②それ以外の非財産的損害に大別される。財産的損害は、実際の支出額や、市場価格等の指標を参考に算定（＝金銭評価）する項目をいう。非財産的損害とは、それ以外の財産的指標のない損害項目をいい、典型的には精神的損害をいう。いわゆる慰謝料は、これを塡補する損害項

目といえる。

　以上のうち、財産的損害は、さらに積極的損害と消極的損害とに分けられる。(a) 積極的損害とは、財産の喪失をいう。たとえば、修理費用や治療費等、不法行為によって発生した支出をいう。(b) 消極的損害とは、不法行為がなければ被害者が将来得ることができたであろう利益をいう。逸失利益、あるいは得べかりし利益ともいう。たとえば、Aが所有する自転車が、Bの過失によって故障した場合、Aが貸自転車業者であり、修理期間中に自転車を貸し出すことができなくなったならば、Aには賃料収入の喪失という逸失利益があるといえる。あるいは、Bとの事故によりAが負傷し、働けなくなったことによって生じる収入の喪失も、逸失利益にあたる。

　　損害項目・金額の確定と相当因果関係説
　　どのような損害項目が賠償対象となるのか。判例はこの問題についても賠償範囲の問題ととらえ、相当因果関係説の中で処理をしている（各損害項目の賠償相当性の検討）。具体的には、治療費などの支出については、その項目が権利・利益が侵害される以前の状態への回復にとって必要であること（＝必要性・不可避性）、また将来にわたる介護費用等、順次、損害が現実化する費目については、併せて将来における損失発生の蓋然性があること（＝確実性）が、「相当性」のもとで検討されている。なお、判例は、「相当性」のもとで、賠償金額の妥当性についても判断している。

---

(2)　具体的損害計算の原則とその修正

　判例のいう金額差額説のもとでは、以上の損害項目が、当該事案の被害者に現実に生じた具体的な金銭の出入りに着目して把握される。つまり治療費○○円、修理費○○円といった財産的損失である。逸失利益については、将来にわたって得られなくなった財産的利益について、現時点で予測し、計算しなければならない。判例によれば、その算定は「損害の填補、すなわち、あるべき状態への回復という損害賠償の目的」に照らして「被害者個々人の具体的事情を考慮して行う」とされる（最判平成9・1・28民集51巻1号78頁。不法滞在者の逸

失利益の算定が問題となった事例)。つまり、被害者の個別事情に照らして具体的に計算することを原則としている。これを具体的損害計算の原則という。この考え方それ自体は、個別具体的な被害者に生じた不利益の完全な回復を志向する、という意味では、被害者にメリットがある。その反面、これが金額差額説と結びつくとき、同じ権利・利益が侵害されても、個別被害者のもとで生じた不利益が具体的な財産的損失に結びつかなければ（それを証明できなければ）、損害は発生していない、という結論をもたらす。これにより、ときに被害者の不利益が法的な意味での損害として吸い上げられないまま、つまり賠償されないままに被害者のもとに残ることとなる。

　そこで、以上のような判例の立場は、とくに生命の価値の平等という理念との抵触が懸念される人身損害の場面において強く批判され、一定の修正が図られてきた。たとえば被害者が、年少者・学生・失業者であるなど、事故当時、具体的な収入がない者について、その算定資料がないために、得べかりし所得の具体的な金額の証明が困難であるとして、「損害なし」とするのではなく、国の賃金統計調査（これを賃金センサスという）による一定の集団（たとえば「大卒・男子」等）の平均賃金額を用いて、被害者の逸失利益を擬制的に算出している。その際、判例は、その金額を「控えめに算定」することで、いってみれば、事故がなければ最低でもこれくらいの収入は得たであろう金額にとどめることで、個別具体的な事情は捨象（しゃしょう）して、抽象的に損害額を算定することを認めている。このように、個別被害者に生じた具体的な損失額ではなく、被害者が属する一定の集団の平均人の損失額を基準に算定する方法を抽象的損害計算という。

　抽象的損害算定は、積極的損害でもみられる。たとえば入院雑費は、1日につき1,500円といった形で、領収書等の提示による具体的な支払額の証明がなくても、これまでの裁判実務の経験を踏まえ、定型的な基準で（その意味で抽象的に）計算されている。付添看護費、葬祭費等についても同様である。その上で、被害者にこのような、いわば平均値を超える支出があることが（将来の損害であれば、それが特別な事情により平均値を超えうることが）主張・立証された場合には、定額部分を超える具体的な損害額が社会的に相当な範囲で認められている。このことは損害算定における原状回復原則に照らせば当然のことで

ある。ここでは抽象的に算定された定額賠償部分は、被害者にとっての最小限の損害として機能することとなる（→損害項目の詳細については人身損害の算定〔→137頁〕も併せて参照のこと）。

損害の主張・立証責任と民訴法248条

　損害賠償を求める被害者は「損害の発生」についても主張・立証しなければならない。金額差額説のもとでは、財産的損害における損害とは「財産状態の差額」という金額であることから、被害者は金額も含めて主張・立証責任を負うこととなる。しかし、その証明が容易でない場合も少なくない。民事訴訟法248条では「損害が生じたこと」の主張・立証はなされたが、「損害の性質上その額を立証することが極めて困難であるとき」、すなわち、損害事実の発生は認定できるがその金額の証明が困難である場合には、裁判所は「口頭弁論の全趣旨及び証拠調べの結果に基づき、相当な損害額を認定することができる」と定める。採石権侵害に関する事案で、損害事実の発生を認めつつ損害額の算定ができないとして請求を棄却した原審判断について、法令違背があるとして破棄差戻しとした判決がある（最判平成20・6・10判時2042号5頁）。

　なお、以上の規定は、1996年の民事訴訟法改正により導入されたものである。人身損害の算定については、すでにそれ以前から、算定が困難な場合にも、「控えめな算定」を前提に、裁判所は積極的に「相当な損害」として逸失利益を認定してきた。その上で、次に説明する慰謝料の補完的機能を活用し、賠償総額を是正、調整してきた点も重要である。

---

(3)　慰謝料の算定・機能

(a)　慰謝料算定の特殊性

　不法行為責任を負う者は、権利・利益の侵害から生じた「財産以外の損害」（非財産的損害）についても賠償しなければならない（710条）。典型的には、精神的・肉体的苦痛である。この慰謝を目的とする賠償金を一般に慰謝料という。これらの苦痛は本来的に金銭で図りうるものではない。そのため、裁判官が諸般の事情を斟酌して公平の観念から金額を定めればよい。判例によれば、裁判官は、その額を認定するに至った根拠を示す必要はなく、考慮した事実を

明らかにする必要もない。斟酌すべき事情にも制限はない。たとえば、被害の規模や程度といった被害者側の事情だけではなく、加害者側の事情も対象となる。したがって当事者双方の社会的地位・職業・資産のほか、加害者の動機や事故後の態度なども考慮の対象となりうる。

　なお、大量に発生する交通事故訴訟の場面では、1960年代半ばより、慰謝料を一定の基準に基づいて定型的に算定する手法が採用されている。たしかに、慰謝料の定額化には、訴訟の迅速な処理というメリットがある。しかし、慰謝料に関する裁判官の裁量的・創造的役割を損なわないよう、その運用が硬直化することがあってはならない。

(b) 慰謝料の補完的機能

　以上のように、慰謝料の認定は裁判官の裁量に委ねられている。そのため、財産的損害が発生していることは否定できないが、その金額の証明が難しい場合に、慰謝料額を増額することによって、財産的損害の賠償額を補完することが裁判官に認められている。これを慰謝料の補完的機能という。たとえば事故により、被害者の顔に大きな傷跡が残るなど、何らかの後遺障害は認められるものの、労働能力の喪失は認められず、逸失利益が否定される場合などである。あるいは被害児童の逸失利益の算定につき、男女別の平均賃金を用いて逸失利益を算定する結果、本来、生命の価値はだれしも平等であるにもかかわらず、不合理な賠償格差が生じる。このような賠償格差を是正するために、慰謝料の補完的機能が活用されることもある。なお、裁判所には、原告の全請求額を超えない範囲であれば、原告が提示した慰謝料額を超えて慰謝料を認定することが認められている（最判昭和48・4・5民集27巻3号419頁）。

　一括算定方式と包括算定方式

　以上の個別損害項目積み上げ方式は、主に交通事故訴訟を通して確立された裁判実務である。これに対して、公害・薬害訴訟のように多数の原告からなる集団訴訟では、同じ人身損害の算定でも、個別の損害項目に分けず、人身損害全体に対する賠償額を一括して算定する方法が採られることがある。これを一括算定方式ないし包括算定方式とよぶ。実務では、これを1つの慰謝料請求ととらえ、被害に応じてランク付けする等して、慰謝料額を認定している。

なお、慰謝料額の認定は、事実審の裁量に属する事実認定の問題であるため、その認定は、著しく不相当であって経験則または条理に反するような事情でもないかぎり、上告理由とはならない（最判昭和38・3・26集民65号241頁）。しかし、原告らが、包括算定方式により、財産的損害をも含めた包括的慰謝料を請求した事案で、純粋慰謝料に即して認定された原審の慰謝料額は「低きに失し、著しく不相当」であり、「原審の裁量判断は、社会通念により相当として容認され得る範囲を超える」とした判例がある（最判平成6・2・22民集48巻2号441頁）。財産的損害を含む包括算定方式による請求については、これを1つの慰謝料請求と理解するにせよ、裁判官の裁量にも限界があることを示した判決といえる。

2　人身損害における損害項目とその算定

　人身損害とは、人の生命・身体に対する侵害によって生じた損害をいう。ここでは、相続説によることを前提に（→118頁）人身損害における①積極的損害、②消極的損害、③慰謝料のうち、財産的損害である①および②について、みておこう。

(1)　積極的損害

　治療費、入院費、付添看護費、通院交通費などは、原則として実費が認められる（領収書等によって損害額が証明される）。ただし、現実に支出したとしても、原状回復原則に照らして、その費目の必要性や金額の相当性が争われる場合もある。たとえば、必要以上にタクシーで通院を繰り返した場合などである。他方で、付添看護を親族が無償で行うなど、現実の金銭支出がない場合であっても、それが親族の好意により被害者が支払いを免れているにすぎない場合には、実務でも損害の発生を規範的に認め、標準的な金額による定額賠償を認めている（抽象的損害計算を行う）。ここでは付添看護は被害者の利益状態を回復するために、本質的に必要な費用であることが考慮されている。同様のことは、後遺障害のため将来生じうる付添看護費用についてもいえる。また入院

中にこのように細かな雑費など、個別の支出を証明させ、その相当性を逐一判断することは著しく煩雑であるうえ、その実益に乏しい費用についても、入院一日あたりの金額を定額で認定している（→134頁）。なお、被害者が死亡した場合には、葬儀費用のほか、仏壇・墓碑建設費用も賠償対象となる（最判昭和44・2・28民集23巻2号525頁）。

(2) 消極的損害（逸失利益）

(a) 死亡の場合

(i) 算定式　判例によれば、死者の損害賠償請求権は遺族に相続される（相続説→119頁）。被害者の死亡による逸失利益とは、不法行為がなければ被害者が将来得られたであろう利益をいう。これは一般に次のように算出される。

> 逸失利益＝（①基礎収入－②生活費）×③就労可能年数－④中間利息
> ＊下線部は就労可能年数に応じて係数化されている。

　逸失利益を算定する上で基礎とする収入（①）は、死亡した被害者自身が不法行為がなければ得たであろう年間収入である。被害者が有職者の場合には、不法行為時の現実の収入額を参照して認定するのが原則である（具体的損害計算の原則）。ここから割合的に生活費を控除し（②）、これに就労可能年数分を乗じ（③）、逸失利益とする。通常、これを被害者は一時金払い方式で受け取る。そのため、将来に発生する利益を現時点で一括払いすることによって被害者のもとに生じる運用益を考慮して、中間利息を控除する（④）（→106頁）。実務では③と④の部分は就労可能年数に応じた係数を用いている。算定にあたって、もっとも金額を左右するのは①基礎収入である。そのため、この部分をどのように確定するのかをめぐっては、さまざまな議論がある。そこで、この点の詳細については、次の（ⅱ）で、改めて説明することとしたい。

　②の生活費とは、死亡により支出が不要となった本人の生活費である。被害者の家庭内の役割等に応じて、基礎収入から一定の割合で減額される。50％を標準として、被害者が一家の経済的支柱や女性の場合には30〜40％に抑えられている（結果、賠償額は増える）。女性の控除割合が低く設定されていることに

は、基礎収入の格差が賠償額に与える男女格差を是正する意味あいがある。も
っとも、近年、被害者が年少女子の場合には、男女合わせた全労働者の平均賃
金を用いて算定することが一般化しており、その場合、生活費控除率を45％と
する例が目立つ。この場合に30％とすると、男子平均賃金を生活費控除率50％
で算定する年少男子の賠償額を上回ることを意識したものと思われるが、合理
的な理由はない。

　③の就労可能年数は、原則として死亡時（あるいは就労開始予定年齢）から67
歳までの年数とする。被害者が年少者の場合は通常18歳を就労開始年齢とみる
（したがって67歳までの49年間が就労可能期間となる）。年長者については67歳ま
での年数と各年齢の平均余命年数の2分の1のいずれか長期の期間をもって就
労可能年数とみる。

　④の中間利息の控除については、民法に規定を欠いていたことから、実務で
は、一般に民事法定利率（404条）を用いてきた。2017年改正により、その損
害賠償請求権が生じた時点での法定利息に基づく中間利息の控除が明文化され
（417条の2）、これが不法行為法にも準用される（722条1項）。また改正法が法
定利息について年3％を起点とする変動制を導入したことから（404条）、改正
法成立後の実務は大きく変わることとなる（中間利息控除率が5％から3％に下
がることにより数百万円の単位で逸失利益が増額となる）。

(ii)　基礎収入をめぐる議論

　(ア)　現実の収入がある場合　　被害者が給与所得者の場合、死亡時の給与
額が算定基準となる。事業所得者であれば、通常、事故前年の確定申告所得額
による。事業収益の中に占める被害者個人の寄与部分が算定の基準となる。い
ずれの場合も、被害者個人の事情に鑑みて、具体的に損害を計算する。

　しかし、次にみるように現実の収入を得ていない被害者についても、一定の
条件のもと、平均賃金を用いて逸失利益を認める実務が確立している。そのた
め、現実の収入額が平均賃金を下回ることが多い若年労働者については、死亡
時の現実の収入額を離れて、将来平均賃金程度の収入を得られると認められれ
ば、平均賃金額を基礎とする抽象的損害計算が行われている（一般には30歳未
満の者であり、自賠責保険では35歳未満が1つの基準とされている）。

逸失利益の算定をめぐる諸問題

「一時的に日本に滞在し将来出国が予定される外国人」の逸失利益について、判例は、来日目的・本人の意思・在留資格・在留期間・就労の態様等の「事実的及び規範的」な要素を考慮して予測される日本での就労ないし滞在期間は日本での収入等を、その後は想定される出国先（主に母国）での収入等を基礎として逸失利益を算定するのが合理的であるとする（最判平成9・1・28民集51巻1号78頁）。そこで被害者が不法滞在者である場合や在留資格の更新が確実でない外国人の場合には、事故後一定期間（2〜3年とするものが多い）は日本での収入、それ以後は母国での収入を基礎に逸失利益を算定する例が多い。近年では、とくに低賃金が強いられる外国人技能実習生の労働事故において日本人との賠償格差が際立っている。交通事故の自賠責保険では、被害者に将来にわたり日本で働く蓋然性がなくとも、「働く意思と能力を有する」かぎり、日本人の無職者と同様に、少なくとも「18歳の年齢別平均給与」を基礎収入として、生涯にわたる逸失利益を抽象的に算定するという実務慣行があるようである。被害者の基礎収入がこの水準を下回る場合には、これを参考にした抽象的な損害計算が行われてもよいのではないか。

また、障害を理由に、平均収入による逸失利益算定が否定されることがある。しかし、とくに年少者については、人間および科学技術の発達・発展可能性（潜在能力）や社会制度の改善・充実が積極的に考慮されるべきであるし、年少者以外でも、人間の本質的価値の平等に照らした規範的評価が求められる。

加えて、被害者が各種退職年金、老齢年金、障害年金等の年金を得ていた場合、平均余命までの得べかりし年金額を基礎収入として逸失利益を算定することが認められている。ただし遺族年金については、①給付の性格（専ら受給権者自身の生計の維持を目的とすること）、②受給権者自身が保険料を拠出していないこと、また③存続が不確実であること（受給権者の婚姻等により受給権が消滅する）に照らして、その逸失利益性が否定されている（最判平成12・11・14民集54巻9号2683頁）。もっとも、その他の年金についても、年金の制度設計からすれば、全額被害者本人の生活費に費消され、扶養家族分は被害者の死後、遺族年金に転化するため、逸失利益性を認めることには疑問もある（逸失利益を否定しつつ、慰謝料を増額する裁判例もある）。

（イ）現実の収入がない場合　　被害者が失業者であれば収入はない。しかし、たとえ不法行為時点で失業者であり、収入がまったくなかったとしても、将来の就労可能年数全体にわたって収入を得る見込み（逸失利益）を認めないのは不合理である。そこで失業前の収入実績あるいは平均賃金額を参照して基礎収入額を認めている。この場合にも、失業前の収入が同年代の労働者の平均賃金程度に達していないときには、平均賃金額を基礎として算定するなど、平均賃金が最低限の損害（最小損害）として機能している。

　被害者が現実の収入のない幼児などの年少者や学生の場合にも、全年齢平均賃金額を基礎収入として逸失利益が認められている。かつての判例は、年少者死亡の場合、被害者の具体的な収入等の算定資料がないことから逸失利益の賠償を否定していた。金額差額説によれば、被害者は損害賠償を請求するにあたって、その金額を主張・立証することができなければ、そもそも損害が発生したことを主張・立証したことにはならないからである。しかし、金額は明確にできなくても、被害者が生きていれば、将来において現実の収入を得る見込みがあったことは否定できない。そこで判例は、その後、幼児（男児）の場合に、算定困難を理由に逸失利益の賠償を否定すべきでないとした。あわせて「被害者側が提出するあらゆる証拠資料に基づき……できるかぎり蓋然性のある額を算出するように努め、ことに右蓋然性に疑いがもたれるときは被害者側にとって控えめな算定方法」を採用すべき等と述べ、男児の逸失利益の賠償を認めるに至った（最判昭和39・6・24民集18巻5号874頁）。その後の裁判実務において、年少男子については、男子平均年収を用いた抽象的損害計算による賠償が定着している。

　それでは女児の場合はどうか。7歳の女児が死亡した事案で、ある高裁が女児は25歳で結婚し専業主婦になると推定し、家事労働によっては将来的にも現実に金銭収入を得る見込みはないとして、その逸失利益を否定したことから、最高裁の判断が問われることとなった。最高裁は、家事労働の多くは労働社会において金銭的に評価しうるものであり、他人に依頼すれば相当の対価を支払わねばならないことを指摘し、妻の家事労働の財産上の利益を認めた上で、その算定は、当時の社会情勢に鑑み、女子労働者の平均賃金を基礎収入として逸失利益を認めることとした（最判昭和49・7・19民集28巻5号872頁）。本判決の

意義は、被害者の収入について個別具体的な損害の計算が困難であるから平均賃金による抽象的な損害計算を行った、というにとどまらない。対価を得ること自体が想定しにくい家事労働についても、規範的に——法的評価を介して——その財産的価値を認めた点にこそ意義がある。このような判断は人身損害による逸失利益という損害項目を、事故により失った収入（金額）という観点から理解するのではなく、被害者が労働し、収入を得る能力を失ったという事実を損害ととらえる考え方（損害事実説）になじむものである（→108頁以下）。

逸失利益の男女格差

　上記の最高裁判決以後、下級裁判決では、男児の逸失利益は男子労働者の平均賃金によって、女児の逸失利益は女子労働者のそれによって算定されることとなった。その結果、現実社会における男女の賃金格差がそのまま年少者の逸失利益の額に反映することとなった。しかし、学説ではこの格差を不合理とする見解が多数である。下級裁でも、このような不合理な結果を是正・緩和するため、①男女の区別のない全労働者の平均賃金を用いる、②女子労働者の平均賃金に家事労働分を加算する、③女子の生活費の控除割合を低くする、④慰謝料で調整する等の方法がとられてきた。このうち②の方法は「利益の二重評価」であるとして最高裁によって明確に否定されている（最判昭和62・1・19民集41巻1号1頁）。現在、下級裁では、年少者の多様な就労可能性や女子の労働環境をめぐる近時の動向を勘案し、将来の就労可能性の幅に男女格差は存在しないに等しいとして、少なくとも女子年少者（義務教育終了前）の逸失利益については、全労働者の平均賃金に基づいて算定するのが実務上の基本方針である（上記①の方法）。年少男子が男性の平均賃金による以上、なお格差は残るが、下級裁では③の方法を組み合わせることで（男子50％に対し女子45％）男子年少者に準じる賠償水準を確保している。もっとも学説では、女児についても、（男女関係なく）個人の本来の労働能力がより正当に評価されたものとして理解できる男子労働者の平均賃金をもって、逸失利益賠償額を算定することにより、男女間格差を解消すべきとの考え方も有力であり、検討に値する。

(b) 身体侵害の場合

身体侵害の場合、逸失利益は2種類ある。1つは治療のために休業した期間の逸失利益であり、休業損害という（→ⅰ）。もう1つは、治療後も後遺障害が残る場合に認められる逸失利益である（→ⅱ）。

（ⅰ）休業損害　休業損害とは、ケガをしたため（あるいはその治療のため）、ケガが治るまでの間に被害者に発生する就労不能による損害をいう。治療によっても治癒しない場合には、後遺障害の症状が固定するまでの期間の就業損害をいう。休業損害は、現実に失った収入額が基準となる。ただし主婦等の家事従事者については、現金収入はなくてもケガのため家事に従事することができなかった期間について、女性の平均賃金を基礎に抽象的に休業損害を算定することが認められている（最判昭和50・7・8集民115号257頁）。

（ⅱ）後遺障害による逸失利益　金額差額説によれば、後遺障害によって将来具体的に予想される収入の減少額が損害額となる。とはいえ、実際に将来の減収額を現在の時点で明らかにすることは難しい。そこで交通事故訴訟の実務では、被害者の後遺障害の内容（等級）に応じて労働能力喪失率を定め、その割合に応じた減収が将来発生するものと仮定して、症状固定後の逸失利益を算定している。一般的には、次の算定式による。

> 後遺障害による逸失利益
> ＝①基礎収入×②労働能力喪失率×③労働能力喪失期間－④中間利息
> ＊下線部は喪失期間に対応して係数化されている。

基礎収入の考え方は死亡の場合と同様である。事故前の現実収入額によることを原則とする。ただし、①平均収入を下回ることの多い若年労働者の場合、②事故時は無職ではあったが将来的に収入を得る見込みのある場合（失業者、未就労の学生や幼児）、さらには③現実には収入を得ることのない専業主婦の場合にも、金銭的価値ある労働能力を喪失したことに違いはないとして、平均賃金額をもって後遺障害による逸失利益を算定し、その賠償請求を認めている。

労働能力喪失率は、自動車損害賠償責任保険の後遺障害別等級表に対応する労働能力喪失率（これは労災補償手続きの障害認定基準に準拠している）を参考

に、職種、年齢、性別、障害の部位・程度、減収の有無・程度や生活上の障害の程度等、具体的な就労および生活状況に照らして判断される。その結果、障害の内容によっては、後遺障害はあっても財産的損害は発生しないとされる例もある（生殖機能の喪失等。慰謝料の算定において、その事実が考慮される可能性はある。→136頁）。

　最高裁は、被害者が事故による後遺症のため「身体的機能の一部を喪失したこと」自体を損害と観念することができるとしても、その後遺症の程度が比較的軽微であって、しかも被害者が従事する職業の性質からみて現在または将来における収入の減少も認められない場合には、特段の事情のない限り「労働能力の一部喪失」を理由とする財産上の損害（逸失利益）は認められないとする（最判昭和56・12・22民集35巻9号1350頁）。特段の事情とは、①減収が生じていないのは本人の特別の努力によることや、②現在は減収が生じていなくとも将来において経済的に不利益な取扱いを受けるおそれがあることをいう。そこで実務では、事故後に減収が生じていなくても、それが被害者の人一倍の努力や勤務先の特別の配慮等による場合、また後遺障害の継続期間が現勤務先の定年後等に及ぶなど、定年後の再就職困難その他の経済的不利益が将来的に予想される場合には、特段の事情があるとみて規範的に損害の発生を認める例が多い。したがって、事故後の比較的短期間において減収がないことだけをもって損害がないと判断してはいない。実際、下級裁では労働能力の喪失という事実をもって損害と理解されているとみてよい。もっとも、最高裁の立場（軽微な後遺症に対して賠償を制限する立場）を前提としても、死亡（＝全労働能力の喪失）および重度の後遺障害（＝重大な労働能力の喪失）の場合には、現実の収入喪失がなくとも（未就業者、失業者、家事従事者等）、事故以前の被害者に労働の意思と能力が認められる場合には、労働能力の喪失の程度に応じて（平均年収等に基づく）逸失利益は認められよう。

　(iii)　後遺障害のある被害者が事故と無関係の原因で死亡した場合

　（ア）将来の後遺障害逸失利益　　交通事故によって後遺障害を負った被害者が、事故から1年後にリハビリを兼ねた貝採り中に死亡した事案で、判例は、後遺障害による逸失利益の算定にあたり、被害者の就労可能期間について、たとえ被害者が事実審の口頭弁論終結前に死亡したとしても、原則として

死亡の事実は考慮せず、死亡時以降の逸失利益についても賠償されるとした（最判平成 8・4・25民集50巻 5 号1221頁）。その根拠として判例が示したのは、①労働能力を一部喪失するという損害は、交通事故の時点で一定の内容のものと発生していること、②事故後の被害者の死亡という偶然の事情によって、加害者が賠償義務を免れる一方、他方で被害者やその遺族が損害の填補を受けられなくなるのでは、衡平の理念に反する、という 2 点である。なお、後遺障害による逸失利益の算定にあたっては、被害者が死亡した以上、その後の生活費分は控除するべきとも考えられるが、判例はこれを認めていない（最判平成 8・5・31民集50巻 6 号1323頁）。

　（イ）将来の介護費用　　同様の問題は将来の介護費用をめぐっても生じる。最高裁は、事故により寝たきりとなった被害者が訴訟継続中に胃がんで死亡した事例において、将来の介護費用については、逸失利益とは逆に、被害者死亡の事実を考慮し、死亡時点までの介護費用しか請求できないとした（最判平成11・12・20民集53巻 9 号2038頁）。なぜなら「介護費用の賠償は将来において現実に支出すべき費用を補てんするものであり、判決において将来の介護費用の支払いを命ずるのは、引き続き被害者の介護を必要とする蓋然性が認められるからにほかならない」のであって、被害者が死亡したにもかかわらず、介護費用（本件では約5,200万円）の賠償を認めることは、「被害者ないしその遺族に根拠のない利得を与える結果となり、かえって衡平の理念に反することになる」からである。この結果、被害者が死亡するのが、口頭弁論終結時より前か後かで、その賠償額が大きく変わることとなる。もちろん定期金賠償方式によれば、これらの問題は生じない（ただし後遺障害逸失利益につき→107頁）。

3　物損の場合

　物が毀損・滅失した場合の賠償額の算定にあたっても、法益保護という不法行為法の目的に照らして、物の価値の回復が（価値回復に必要な費用の賠償と併せて）図られなければならない。

(1) 損害項目

(a) 物本体の価値

　物が壊された場合、修理により元の利益状態が回復できる場合には、修理費用が賠償対象となる。修理しても完全に修復されず物の価値が下がった場合には、その低下分も損害となる（評価損という）。壊された物が物理的に修理できない場合、また経済的にみて修理することに合理性がない場合には（これを経済的全損という）、物が滅失したと考えて、その物の価値が賠償対象となる。判例によれば、この場合の賠償額は、物の「交換価格」に基づいて算定する。これは店先の商品や工場の製品が滅失した場合であれば、市場での売却価格と考えればよい。しかし、たとえば事故により日常的に使用していた自動車が滅失したような場合、しかも所有者は長年愛用しており、所有者にとってその利用価値は高いが市場価値はほぼないというような場合には、売却価格の賠償では原状回復は達成できない。この場合に被害者の利益状態を回復するには、むしろ、それと同種・同価値の物を市場で調達するのに必要な金額、つまり再調達価格によって賠償されなければならない（最判昭和49・4・15民集28巻3号385頁）。加えて、再取得に必要な諸費用や再調達までの代車費用等も、侵害以前の利益状態の回復という視点から、その必要性に応じて賠償対象となりうる。

(b) 使用利益

　物の毀損・滅失により、その物が使用できない場合、その使用利益が賠償の対象となる。たとえば自動車が事故により傷つけられ、修理期間中に同等の代車を調達した場合には、その代車使用料が損害となる。タクシーなどの営業用車両が事故にあい、修理期間中に代車も調達できず、営業損害（逸失利益）が生じる場合には、不法行為がなければ、その利益が確実に得られた範囲で賠償対象となる。

　物が毀損・滅失されなくとも、物を不法に占拠され、所有者が物の使用・収益を妨げられた場合には（建物賃貸借契約終了後に賃借人が建物の使用を継続する等）、その物の使用料相当額（従前の賃料額）が損害となる。

(c) 慰謝料

　長年住み慣れた家屋の損壊により相当の生活上の不便や不自由を被った場合やペットが死傷した場合などでは、物損の場合でも慰謝料が認められている。

経済的全損とペット

　物が修理可能であっても、一般に修理費用が物の交換価値（時価）を超える
場合には経済的全損とされ、物の交換価値が上限となる。法律上はペットも物
ではあるが、ペットの治療費については「当該動物の時価相当額に限られると
するべきではなく、当面の治療や、その生命の確保、維持に不可欠なものにつ
いては、時価相当額を念頭に置いた上で、社会通念上、相当と認められる限度
において」その損害の賠償を認めるべきでる、とした事例がある（名古屋高判
平成20・9・30交民41巻5号1186頁）。

(2) 算定の基準時

　物が滅失した場合、物の市場価格は変動するため、いつの時点での価格を基
準に算定するのかが問題となる。原則は、滅失時の価格であり、これに遅延利
息をつける（この遅延利息が物の使用利益を失ったことに対する最小限の補償とな
る）。しかし、物の滅失後、その市場価額が高騰した場合、滅失時の価格を基
準とした賠償金では、被害者は同価値の物を調達することはできない。この場
合、法益保護という目的や原状回復原則から、市場価格の高騰を考慮した算定
が求められる。裁判では事実審の口頭弁論終結時において、同等の物を再調達
するのに必要な価格が参考となろう。

　また物品の価格が上下に変動する場合に、その間の最高価格（中間最高価格
という）によって損害額を算定できるかが問題となる。判例は、この問題を損
害の金銭的評価の問題ではなく、保護範囲（損害賠償の範囲）の問題としてと
らえ、416条を類推適用している。つまり、不法行為時の価格（同条1項の「通
常損害」）を原則としつつ、2項の特別の事情（転売などにより騰貴価格に相当す
る利益を確実に取得できたという事情）の予見可能性があれば、これは賠償範囲
に含まれると考える（富喜丸事件判決→101頁）。他方、学説では、この問題は
損害の金銭的評価の問題ととらえ、被害者の利益状態の回復を目的に、損害額
の算定を行う。もっとも、損害額算定の場面でも、被害者に中間最高価格に相
当する利益を取得する確実性があったかが問われるため、結論に大きな違いは

生じないであろう。

4　弁護士費用

　日本では、訴訟手続きにおいて弁護士強制主義をとっていない。訴訟追行を本人が行なうか（これを本人訴訟という）、弁護士を選任して行なうかは当事者の自由である。訴訟費用（裁判手続に必要な手数料等）は敗訴者負担を原則とするが（民訴法61条）、弁護士費用は訴訟費用にも含まれない。そこで、不法行為訴訟の遂行を弁護士に依頼した場合、この費用を損害として相手方に請求できるかが問題となる。かつての判例はこれに消極的であった。しかし、その後、判例は、専門化の進んだ今日の訴訟を一般人が単独で十分に遂行することは不可能に近くなっていることを理由に、被害者が損害賠償請求権を行使するために提訴を余儀なくされた場合には、「その弁護士費用は、事案の難易、請求額、認容額その他の諸般の事情を斟酌して相当と認められる範囲内のものに限り」賠償されるべきことを認めるに至った（最判昭和44・2・27民集23巻2号441頁）。

　現在では、不法行為訴訟においては、弁護士費用の賠償は、被害者が不当提訴したなどの事情がないかぎり、一般に認められている。もっとも、損害として賠償請求できる弁護士費用は、通常、実費ではない。多くは請求額（判決では認容された賠償額）の1割である。なお、労働契約上の安全配慮義務違反による損害賠償は、形式上、債務不履行を理由とするものではあるものの、そこで主張・立証すべき事実は不法行為訴訟とほとんど異ならず、被害者は同種の困難を抱えることから、同様に弁護士費用も損害として認められている（最判平成24・2・24判時2144号89頁）。

5　遅延損害金

　被害者の損害賠償債権は、加害者からすれば損害賠償債務である。これは原則として金銭債務である以上、履行遅滞があれば法定利率による遅延利息を支払わなければならない（419条・404条）。問題は、その履行期がいつか、であ

る。判例によれば、不法行為による損害賠償債務は「なんらの催告を要することなく、損害の発生と同時に遅滞に陥る」とされ（最判昭和37・9・4民集16巻9号1834頁）、抽象的に損害が発生する不法行為時に遅滞に陥ると理解されている。もっとも、医療事故や労働災害での注意義務違反が、債務不履行構成で問われた場合には、履行期は請求時（訴状送達時）となることから（412条3項）、故意不法行為の場合はともかく、過失不法行為の場合にも一律に不法行為時と理解する判例の立場には疑問も示されている。

Ⅲ　賠償額の減額事由──過失相殺と損益相殺

　被害者が主張し、証明に成功した「損害額」すべてが、ただちに請求可能な「賠償額」となるわけではない。被害者にも過失がある場合、あるいは被害者が不法行為をきっかけとして損失をカバーする利益を得ている場合には、これを加害者側が主張し、証明することにより、最終的に被害者が得る賠償金は減額される。このような「損害額」に対する減額的調整制度に、過失相殺と損益相殺がある。加害者側に主張・証明責任があるため、加害者の抗弁事由の1つといえる。

　もっとも損益相殺の作業は、最終的に請求可能な「賠償額」を確定する場面だけでなく、すでにみてきた「損害額」を確定する段階でも問題となる。たとえば人身損害における逸失利益の算定でみた生活費の控除（→138頁）などがそれにあたる。現在、訴訟などで損益相殺の名のもとに処理される問題の大半は、被害者が不法行為を契機として第三者から得る給付、とくに保険給付と賠償給付との調整に関するものである（これを併行給付あるいは重複給付と賠償給付との調整問題という）。このような問題まで損益相殺に含めてよいかについては異論もあるが、本書ではこれらの問題についても実務上の位置づけにしたがい、過失相殺と同様、賠償額調整の問題として本節で取り上げる。

1　過失相殺（722条2項）

(1)　制度の概要──過失相殺とは何か

722条2項によれば、「被害者に過失があったときは、裁判所は、これを考慮して、損害賠償の額を定めることができる」。これを過失相殺という。過失相殺とは、被害者にも過失があるときに、裁判所がその事実を考慮して、賠償額を減額する──すなわち損害の一部を被害者の自己負担とする──ことによって、加害者と被害者とで損害を公平に分配する制度とされる。

たとえばAが散歩中にBのペットである中型犬 a にかまれて怪我をし、治療費として10万円を支出した場合、Aはこの費用を損害として a の飼い主であるBに請求することができる（718条）。けれども、(a) 実は事故の発端が、AがBの警告を無視し自ら無防備に a に接触した結果である場合、あるいは (b) 事故後、Aが特別な理由もなく、医師の指示に従わなかったことから、傷口が悪化した結果である、といった場合もありうる。いずれの場合にもBは自らの犬の管理に何の落ち度もないとはいえない以上、Aの治療費の全部について責任を負わなければならないのだろうか。

本条は、被害者の損害の発生および拡大について、被害者にも「過失」が認められる場合に、それを考慮し、公平の見地から被害者が受け取る賠償額を減額することを裁判官に認めている。そこで上記の場合に、裁判官が、被害者Aの各行為が本条の過失にあたり、それが損害の発生・拡大に50％寄与したと評価するならば、被害者の損害賠償額を$100,000 \times (1 \times 0.5) = 50,000$円に減額することができる。いったんは加害者の帰責原因（＝709条の過失等）を通して、そのすべてが加害者に転嫁された被害者の損害の一部が、本条を通して、被害者の過失が寄与した範囲（割合）で、再び被害者のもとに引き戻され、再配分されることになる。

減額の割合は裁判官の裁量によって決まる。もっとも、大量に発生し、なおかつ定型的に処理することが望ましい交通事故では、当事者の過失割合は、事故の状況に応じて基準化されている。また、加害者は不法行為責任の成立要件を充たしていることから、被害者の過失がきわめて重大であったとしても、100％の相殺、つまり加害者を完全に免責することは認められていない。逆に、

加害者の有責性（＝故意・過失）が重大な場合には、裁判所は被害者の過失を必ずしも斟酌しなくともよい。たとえば健康に良いと偽られ、ただの水道水を購入させられた被害者が、販売業者に賠償を求める場合、騙された被害者にも落ち度があったとしても、このような消費者取引においては、そのような軽率ともいえる被害者の取引行動を誘発することにこそ加害者の思惑があったことを考慮すれば、安易な過失相殺によって損害を被害者のもとに引き戻すことは、加害者のやり得となり、公正な損害分配とはいえないであろう。

　ところで、医療事故や雇用契約におけるトラブルについては、契約（債務不履行）責任の問題として、加害者（債務者）に賠償責任を追及することも可能である。契約責任についての過失相殺の規定は418条にある。その文言は722条2項とはやや異なり、裁判所は「責任及びその額を定める」とある。両条の趣旨や解釈は基本的に同様に考えてよいとされているが、必ずそうすべきというものではない（詳細は NBS『債権総論』103頁）。

　なお、過失相殺は、加害者と被害者双方の過失を相殺する制度であるが、土地工作物責任の所有者の責任（717条1項ただし書）や製造物責任（製造3条）など、加害者が過失によらずに責任を負う、いわゆる無過失責任の場合にも本条は適用される。

交叉的不法行為と相殺の禁止

　たとえば交差点でA車とB車が衝突したケースのように、交通事故では当事者双方の過失により双方に損害が発生する場合が少なくない。この場合、事故全体の過失を双方の行為態様に応じて割合的に分配する（たとえばAの過失が20％、Bの過失が80％などとする）。その後の計算は、先ほど述べたように損害額から自己の過失割合に応じて減額する。したがって、仮に軽自動車であるA車の損害額が50万円、高級車であるB車の損害額が300万円といった場合であれば、AとBとの賠償額は、──Aの過失割合の方が小さいものの──、それぞれ40万円（50万円×〔1−0.2〕）と60万円（300万円×〔1−0.8〕）となる。

　以上のような物損事故に限れば、それぞれの損害賠償請求権の金額を対等額（40万円分）で相殺し、AがBに差額（20万円）を支払う形で処理することは、Bの不法行為が悪意に基づくものでないかぎり可能である（509条）。

(2) 722条2項の過失の意義と被害者の能力

　過失相殺は、被害者にも過失がある場合に、加害者側が負担するべき損害賠償額を公平の見地から減額するための規定である。たとえば、交通事故の被害者にも、前方不注意が認められる場合、あるいはシートベルト等を装着していなかったがために損害が拡大したような場合に、被害者の過失が考慮される。

　本条は、いったん加害者が負担することとなった全損害の一部を、被害者に再配分することで、賠償額の調整を図っている。このことから、本条の過失は、「加害者に対し積極的に賠償責任を負わせるかどうか」という不法行為責任の成立場面での過失（709条の過失）とは異なると理解されている（本条は責任成立後の問題である）。そこで、本条の過失は、被害者に709条の意味での過失がある場合（前方不注意や他人の犬を傷つける等）はもちろん、同じ立場にある一般通常人であれば、自己の損害の発生・拡大を回避するために、社会において通常期待される行動に反したといえる（自己危険〔＝損害リスク〕回避義務違反がある）場合にも認められている。たとえば、交通事故ではシートベルトの装着の有無であり、前出の犬の例では、犬に噛まれないように、あるいは噛まれた傷がひどくならないように社会的に期待される行動をいう。たしかに、一般に人は、他人への損害回避義務を負うが、自分自身への損害回避義務を負って生活しているわけではない。しかし、被害者が「同じ立場にある一般通常人に期待される危険回避行動を怠った」ことも相まって損害が発生・拡大し、その賠償を他人に求める場合にあっては、被害者自身も、自らが関与した程度に応じて、その損害の負担を引き受けるのが公平であろう（もっとも、具体的な状況のもとで、被害者に自己危険回避行動・措置をとることが、現実に期待可能であったのかという点には、慎重な判断が必要である）。

　判例は、上記のような722条2項の過失と709条の過失との違いを理由として、過失相殺するにあたっては、被害者には709条の過失責任を問う前提となる責任能力までは必要なく、「事理を弁識するに足る知能」（これを事理弁識能力という）があればよいとしている（最大判昭和39・6・24民集18巻5号854頁。自転車を2人乗りしていた8歳の児童らが事故により死亡した事案で、責任能力のない児童らの過失相殺をした原審を正当とした）。すなわち、判例は、加害者が過失相殺制度のもとで、被害者に自己の過失を理由に損害（加害者の責任）の一

部負担を求めることから、少なくとも被害者に自分の損害の発生を避けるのに必要な程度の理解力が必要と考えている。この事理弁識能力の獲得は、6歳前後（小学校入学）が一応の目安とされている。

　以上の判例の理解とは異なり、たとえば、交通事故の被害者に飛び出し行為があった場合には、被害者がたとえ事理弁識能力のない幼児であったとしても過失相殺を行い、賠償額の減額を認めるべきである、という学説もある。なぜなら、幼児の飛び出しであっても、被害者の行為が不法行為の発生・拡大の原因の1つとなる以上、加害者の行為の非難可能性の程度を減じる一事情となることに変わりはない、と考えられるからである。

　しかし、722条2項は、「被害者の過失」に焦点をあてた減額制度である。過失相殺による賠償額の減額により、被害者に損害の一部負担を強いることになることから、ここでは加害者の非難可能性の程度が減じられるかどうかではなく、加害者との関係で、被害者に何らかの（損害負担を正当化する）非難性があるかどうか、を問うべきではないか。

複数の加害者がいる場合の過失相殺の方法

　複数の加害者がいる場合の過失相殺の方法には、各加害者と被害者との相対的な過失割合を基準とする方法（相対的過失相殺という）とすべての当事者の過失割合を基準とする方法（絶対的過失相殺という）とがある。

　判例は、交通事故と医療過誤とが競合した事案で、被害者Ａの死亡に責任を負う交通事故加害者Ｂと医療機関Ｃとの共同不法行為を認める一方、「加害者および被害者の過失の内容」が「別異の性質」をもつ場合には、被害者の過失相殺は各行為者との間で相対的に行い（各過失割合はＡ：Ｂ＝3:7、Ａ：Ｃ＝1:9）、ＢＣは賠償額が異なる一部連帯の賠償責任（Ｂは損害額のうち7割、Ｃは9割）を負うとした（最判平成13・3・13民集55巻2号328頁→210頁）。交通事故でのＡの過失は、Ｃとの関係では過失と評価されるべきではなく、妥当な解決といえる。しかし、複数の加害者の過失と被害者の過失とが競合して1つの交通事故が発生し、「その交通事故の原因となったすべての過失割合（絶対的過失割合）を認定することができる場合」には、絶対的過失相殺の方法を採用している（最判平成15・7・11民集57巻7号815頁）。この場合に相対的過失相殺によることは「被害者が共同不法行為者のいずれからも全額の損害賠償を受けられるとす

ることによって被害者保護を図ろうとする民法719条の趣旨に反する」ことによる。

(3) 被害者本人以外の過失（被害者側の過失）

　722条2項によれば、「被害者」の過失が問題となる。しかし、被害者本人ではなくとも、広く被害者と密接な関係にある「被害者側の過失」についても、本条の減額事由になるとされている。判例は、早くから、①被用者の過失により、使用者の損害が発生・拡大した場合には、被害者である使用者の賠償額の算定にあたり、被用者の過失を考慮し減額している（大判大正9・6・15民録26輯884頁）。「事業の執行について」行われた被用者の過失行為については使用者が責任を負うことから（715条による連帯責任）、両者の過失は同視でき、当然のことと考えられている。また、②被害者が死亡し、その遺族が固有の損害について賠償請求する場合にも（709・711条）、その賠償額の算定にあたって直接被害者である死者の過失を考慮することが認められている。そこで現在、被害者本人以外の過失（被害者側の過失）の考慮の是非について、とくに議論があるのは次の3つの類型である。

(a) 被害者の監督義務者の過失

　上述のように、交通事故の被害者が死亡し、その遺族が固有の損害賠償請求権を行使する場合、その賠償額の決定にあたって被害者の過失を考慮することができる。しかし、たとえば幼児が道路に飛び出し、事故で死亡した場合、判例を前提とすれば、たとえ被害者に飛び出し行為があったとしても、過失相殺することはできない。幼児に交通の危険にかかる事理弁識能力があるとはいえないからである（→152頁）。しかし、その飛び出し行為が、親の不注意（監督上の過失）に起因する場合には、判例は、これを被害者側の過失として、直接の被害者や間接被害者たる親が固有の損害賠償請求権を行使する場面において考慮（減額）している（最判昭和34・11・26民集13巻12号1573頁。父母双方からの請求に対し母の過失を考慮できるとした事案）。

　これに対して、同様の事故が、被害児を引率していた保育園の保母が幼児の手をはなした隙に生じたために、遺族であるその幼児の親が加害車両の運転手

等に損害賠償請求権を行使する場合には、この保母の過失を被害者側の過失として考慮することは否定されている。判例によれば、被害者側の過失として考慮できるのは、「被害者本人と身分上ないしは生活関係上一体をなすとみられるような関係にある者」の過失だけであり、これは、たとえば被害児に対する「監督者である父母ないしはその被用者である家事使用人」に限定される（最判昭和42・6・27民集21巻6号1507頁）。

　上記の判旨には、それが公平である、ということ以上の理由はない。おそらく、被害者本人と経済的な一体性ある者（父母やその被用者等）については、事故の責任の一端を負うとしても、現実に被害者本人がその者の責任を追及することは困難であると考え、被害者側の過失法理を通してこれを内部負担の問題として処理することが公平と考えているのであろう。保育園の保母の過失については、加害車両の運転手とともに責任を追及することも考えられるからである（保育園側が訴えられなかった場合でも、後に加害運転手等から求償を求められることも考えられよう）。

　もっとも、過失相殺につき被害者の事理弁識能力を不要と考えるならば（→152頁）、監督者の過失を被害者側の過失とみる本類型は無用なものとなろう。

(b)　無償同乗における運転者の過失

　Ａの運転する車と第三者Ｙの運転する車とが衝突し、Ａ運転の車両に無償で同乗していたＸが負傷した場合にも、Ｘの賠償額の算定にあたり、同乗車両の運転者Ａが、「被害者本人と身分上ないしは生活関係上一体をなすとみられるような関係にある」場合には、その過失は被害者側の過失として考慮されている（最判昭和51・3・25民集30巻2号160頁）。ただし、判例は、ＡとＸの「夫婦の婚姻関係が既に破綻にひんしている」等の事情がないことを条件とする。このように判例は、被害者と同乗車両の運転者が夫婦関係や内縁関係にあるなど、両者に経済的一体性（＝共通の財布）がある場合にかぎって被害者側の過失を肯定することから、両者が単なる職場の同僚や恋愛関係にあるにすぎない場合には、これを否定する。

　以上の結論を、判例は「紛争の一回的処理」という点からも、合理性があると考える。というのも、上の設例は、ＡとＹとの競合的不法行為または共同不法行為の事案であり、本来Ｘは、ＡにもＹにも全額の賠償を求めることができ

る（Aにも過失がある以上、Xの損害を負担する義務がある）。もっとも、仮にX
からYに対する全額の賠償請求権の行使を認めたところで、その後、YがAに
対して、Aの過失割合に相当する金額について求償請求することが予想され
る。そこで裁判所は、AとXに経済的一体性が認められる場合には、Xの賠償
額の算定にあたって同一生計にあるAの過失を被害者側の過失としてあらかじ
め考慮することは、Yからの求償請求の手間を省き、紛争を一回的に処理でき
て合理的である、と考えるわけである。しかし、夫婦だからといってXとAの
財布を1つとみるような判断は、民法の建前（夫婦別産制度・762条）にも反す
る。また本来YとAはXの損害につき全額連帯責任を負うにもかかわらず、両
者の分割責任を認める結果となる。Aに賠償資力がない場合、その不利益は被
害者であるXが甘受しなければならない。そこで、このような解決には批判も
向けられている点には、注意が必要である。

(c) 共同暴走行為者の過失

　AとBが共同でバイクによる暴走行為を行い、これを停止させる目的で警官
Yが道路上にパトカーを停車させたところ、これに衝突しBが死亡した事案
で、判例は、県に対するBの賠償額算定にあたり、公平の見地から、事故当時
運転行為をしていたA（＝Bの先輩）の過失も「Bの過失として考慮すること
ができる」とした（最判平成20・7・4判時2018号16頁）。本件も、無償同乗の
事案ともいえるところ、本件AとBには経済的一体性を欠くことから、従来の
判例理論に照らせば、Aの過失は考慮できないはずである。しかし、本件のA
とBは共同暴走行為を行っており、自己の損害発生リスクを共に高めていた関
係にある（仮に他者Cに損害が発生すれば、BはCに対してAとともに共同不法行
為により連帯責任を負う立場である）。本件は、このような被害者の運転行為へ
の積極的な関与をとらえて、Aの過失についてもBの過失として考慮し、減額
を認めたものである。

(4) 被害者の素因による減額

　被害者および被害者側に過失がある場合にとどまらず、被害者の有する精神
的・身体的性質や病的疾患によって損害が発生・拡大することがある。この損
害の発生・拡大の原因となった被害者の素質のことをまとめて素因という。判

例は、このような場合にも、加害者に損害の全部を負担させるのは公平に反するとして、過失相殺の規定を類推適用し賠償額を減額することを認めている。

　たとえば①交通事故の被害者が軽度のむち打ち症について10年間もの長期にわたり治療を受けた場合（最判昭和63・4・21民集42巻4号243頁。心因的要因による快復の長期化）、②事故以前の一酸化炭素中毒による脳内の「疾患」が交通事故による頭部打撲を引き金に発現し、死亡した場合（最判平成4・6・25民集46巻4号400頁。体質的素因としての疾患の寄与）である。これに対して、疾患とはいえない単なる「平均的な体格ないし通常の体質と異なる身体的特徴」については「個々人の個体差の範囲」内の事柄であるとして、これによる減額を否定している（最判平成8・10・29民集50巻9号2474頁。平均よりも首が長く多少の頸椎不安定症があることが問題となった事案）。また長時間にわたる残業を恒常的に伴う業務に従事していた労働者がうつ病になり自殺した事例で、最高裁は「特定の労働者の性格が同種の業務に従事する労働者の個性の多様さとして通常想定される範囲」内である場合には、その性格およびこれに基づく業務遂行の態様等を、心因的要因として考慮することを否定している（→前掲126頁）。

　学説では、素因減額に肯定的な立場と否定的な立場がある。肯定的な立場には、被害者の素因が競合する場合も自然力等が競合する場合と同様であるから、原因競合によって加害者には割合的に限定された分割責任のみを認めるべきという見解や、自然力等の競合とは異なるものの、素因は被害者の権利領域内にある特別の（通常人よりも高い）損害危険であるから、被害者が自己負担すべきという「領域原理」に基づく見解がある。これに対して、学説では素因減額を否定する立場が有力である。被害者に素因があるというだけでは、被害者は過失に相応する法的非難に値しないからである。もっとも、素因減額を否定する学説にあっても、被害者の立場におかれた一般人に素因を発見しそれを統制することが期待可能であり、自己危険回避義務違反（→152頁）があったと考えられる場合には、本来の過失相殺規定の適用による減額の余地を認めている。

2 損益相殺

(1) 損益相殺──利得禁止原則

被害者が不法行為によって不利益（損失）を受けると同時に「利益」を受けたとき、その利益は損失額から差し引かれる。たとえば、Aが友人らとドライブに出かけたところ、Bの不注意でAの自動車に傷をつけてしまった。修理に3万円を要した場合、Aはこの費用を「損害」としてBに請求することができる。しかし、事故直後に現場にいたBの知人が、Aにお詫びとして1万円を渡していた場合はどうだろうか。ここでは、不法行為を契機として被害者Aが取得した1万円という利益をAの損失3万円から差し引き、Aの損害は2万円とみるべきかが問題となる。そして、このように不法行為を契機として被害者に発生した損失と利益とを相殺することを損益相殺という。条文はない。

損害賠償によって実現されるべきは不法行為がなければあるべき利益状態への回復であるから、被害者が不法行為によって、回復すべき利益状態よりもプラスの状態になることがあってはならない（これを利得禁止原則という）。とはいっても、不法行為と因果関係あるすべての利益が自動的に控除の対象となるわけではない。たとえば上の例では、Bの知人が渡した1万円は、被害者の損失（修理費用）を填補する目的で給付されたものといえるのか、これを給付の目的や機能に照らして規範的に判断する。ここでは、問題となる利益が、賠償給付と同様に、被害者の損失を填補する性質をもつのかが問われる（これを同質性原則という）。ここでの利益は、具体的な金銭給付に限られない。この利益には、出費の節約も含まれる。死亡時の人身損害の逸失利益の算定に際して、死亡により不要となった生活費が控除されるのは、その一例である（→138頁）。

以上の説明を前提とすれば、損益相殺の問題は、これまでにみてきた「損害」の算定プロセスにすべて吸収されるはずである。損害を、不法行為がなければあったであろう仮定的利益状態と現在の利益状態との差として把握するならば、これを金銭的に評価・算定するなかで（→132頁）、被害者が被った「損失」を填補する「利益」も考慮されるはずだからである。被害者が死亡した場合に、もし被害者が生きていれば得られたであろう賃金から、本人の生活費に充当されるべき金額等を割合的に差し引く作業は、まさに損益相殺といえる。

子どもが死亡した場合に支出が不要となる養育費、あるいは、勤労者が死亡した場合に支払いを免れる所得税について、これらを逸失利益から控除すべきかといった問題も、損害額を確定する段階で問われるべき問題である（判例は、このいずれについても控除することを否定している）。

すでに述べたように（→149頁）、現在、訴訟などで損益相殺として扱われている問題のほとんどは、被害者が事故を契機として第三者から得る給付を賠償額から控除するべきか、という問題であり、その大半は保険給付との調整の問題である。保険給付以外の給付としては、典型的には、知人から見舞金や香典を受け取ったような場合が考えられる。たとえ加害者自身が支払った見舞金等であっても、事故の程度から、その金額が社会的な常識や礼節の範囲内にとどまるものであれば、被害者の損害を填補するもの（＝利益）として考慮されないことが多い。知人からもらった見舞金の類いについても同様である。加害者の賠償責任を軽減する目的で給付される金銭ではないからである（実務上も、香典は死者への贈与として控除が否定されている）。以上のことから、給付の同質性（＝損害填補性）を検討するにあたっては、損益相殺は、被害者の二重利得を防止する反面（利得禁止原則の実現）、控除した範囲で、加害者を免責する機能をもつことにも留意すべきであろう。

(2) 併行給付（各種保険給付）との調整

①自動車損害賠償責任保険等（自賠責保険→203頁）や任意の自動車保険、加害者が加入していた責任保険から被害者に保険金が支払われることがある。保険金額の範囲で損益相殺（控除）され、加害者は支払いを免れる。被害者が賠償金を二重取りすることはない。

②他方、被害者が加入していた生命保険金については控除されない（最判昭和39・9・25民集18巻7号1528頁）。保険金は被害者が支払った保険料の対価であり、事故による損害を填補するものではないからである。結果、被害者は加害者からの賠償給付と重ねて受給できる。加えて、生命は本質的に金銭に見積もることができないことから、被害者に利得が生じているともいえない。

③不法行為によって物が滅失した場合、火災保険等の損害保険から保険金を得ることがある。この保険金も、保険料支払いの対価として、保険事故発生時

に被害者に支払われる給付であることから、損益相殺として控除されるべき利益にはあたらない。しかし、損害保険は金銭的評価が可能な損害の填補を目的としたものであり、控除しなければ、被害者は同一の損害について、保険金と加害者の賠償金の双方から二重に填補を受けることになる。そこで損害保険の場合、請求権代位による調整が予定されている（保険25条）。請求権代位とは、保険給付が現実になされた限度で、被害者が加害者に対してもつ賠償請求権を保険者に移転させる制度である。その結果、代位が生じる範囲で被害者の損害賠償請求権の額は減額（控除）される（最判昭和50・1・31民集29巻1号68頁）。この場合、損益相殺とは異なり、被害者は保険給付からも損害填補を受ける範囲で賠償額が減額される一方（被害者の利得禁止）、その範囲で保険者は加害者に求償する結果、加害者が免責されることはない（加害者の免責防止）。

④各種社会保険法においても、損害保険（保険法）と同様、請求権代位の規定が用意されている（労災保険法12条の4第1項、厚生年金法40条1項等）。したがって一般的には損害保険と同様、保険者である国が損害賠償請求権を代位により取得するため、被害者はその分の損害賠償請求権を失うと考えられる（代位による控除）。しかし、社会保険給付については、「代位」が生じない場合にも、給付間の調整が行われている。たとえば、年金生活者である被害者が事故で死亡した場合、被害者遺族は被害者が加害者に対して有する損害賠償請求権を相続する一方、他方で被害者が加入していた公的年金（厚生年金や共済年金等の各種社会保険）から遺族年金の支給を受けることがある。この場合、老齢年金等から遺族年金へと減額的に給付の切替えが生じるため、保険者には損害は発生せず代位が生じない。しかし、この場合にも、賠償給付における損害項目（葬儀費用や逸失利益）と被害者遺族が取得した保険利益（埋葬給付や扶養給付）との間に「同質性」がある以上、損益相殺的な調整が行われている（最大判平成5・3・24民集47巻4号3039頁）。近時、最高裁は、損害賠償給付と社会保険給付の調整については、保険者の代位の可否にかかわらず、すべて「損益相殺的な調整」という枠組みのもとで処理しており、独自の判例理論を形成しつつある。

⑤生活保護給付等の社会保障給付については、生活保障的意味合いが強く、損害を填補するものではないとして、控除は否定されている。

社会保険給付における過失相殺と損益相殺の先後関係

　人身事故に際して被害者が上記④の社会保険給付を得ることは今日めずらしくない。そこで過失相殺と損益相殺（併行給付の控除）が共に問題となる事案が増えている。社会保険給付は、上記①の責任保険給付と異なり、加害者の賠償責任額ではなく、被害者に生じた損害額を直接に填補する性質をもつことから、本来であれば社会保険給付の控除は損害額確定の段階に位置づけられるべきものであろう。ところが、最高裁は、社会保険給付についても、まず過失相殺によって加害者の賠償責任額を確定した上で（たとえば損害100×加害者の過失80％＝責任額80）、これに社会保険給付を充当（責任額80－給付額60＝賠償額20）する（最判平成1・4・11民集43巻4号209頁）。その結果、被害者に発生した損害（100）のうち被害者の過失割合に相当する部分（20）は、被害者の損害填補を目的とした保険によってもカバーできなくなる上、加害者が被害者の保険のもとで賠償責任を免れるという二重の不合理を引き起こしている。しかも現在の判例法理によれば、過失相殺の類推適用のもと素因減額も認めることから（→156頁）、素因による損害についても被害者は保険の恩恵を受けることなく、自己負担を強いられる。そこで下級裁の裁判実務では、被害者救済の観点から一部の社会保険給付について逆の処理——まず実損害に保険給付を充当（100－給付額60＝未填補損害40）した後で過失相殺により減額すること（40×80％＝賠償額32）——が行われている。その結果、加害者の責任額（80）から控除する給付額は、給付額全額ではなく、給付額のうち加害者の過失相当分（60×80％＝48）に限定されることとなる（責任額80－48＝賠償額32）。

(3) 損益相殺と不法原因給付（708条）

　著しい高利の貸付けや投資詐欺にあった被害者が、これらを不法行為として損害賠償を請求することがある。この場合に、被害者の損害額から、被害者が加害者から受けた利益（たとえばヤミ金融業者からの貸付金や投資詐欺での仮装配当金等）を控除するべきかが問題となる。最高裁は、このような反倫理的行為に係る給付による利益については、加害者からの不当利得返還請求が許されないだけでなく、被害者からの不法行為に基づく損害賠償請求において、被害者

の損害額から控除すること（＝損益相殺の対象とすること）も、708条の趣旨に反して許されないと判断している（①最判平成20・6・10民集62巻6号1488頁〔ヤミ金からの著しい高利の貸付けにおける元本給付〕、②最判平成20・6・24集民228号385頁〔投資取引詐欺において配当金名義で交付された金銭〕。反対意見がある）。これらの場合に加害者側からの損益相殺の主張を認めれば、本来、不当利得法・不法原因給付制度のもとでは返還が認められない利益の取り戻しを、不法行為法・損益相殺制度のもとで実質的に許すこととなるからである。そこで、最高裁は、損益相殺の可否につき——損益相殺の一般的な判断基準である利益と損失の同質性は問題とすることなく——もっぱら708条の趣旨に照らして、不当利得法・不法原因給付制度とのバランスから、例外的に被害者が利益を得ることを認めたものである。したがって、「反倫理的行為にかかる給付」は、損益相殺の対象から外れることとなる。

第9章

不法行為の効果③
──損害賠償請求権の期間制限

　不法行為の効果の最後として、損害賠償債権の期間制限、いわゆる時効制度について取り上げることとしよう。民法は、不法行為に基づく損害賠償債権の期間制限について、特別の規定を用意している（724条、724条の2）。短期で3年（生命・身体侵害の場合は5年→165頁）、長期で20年の期間を設け、いずれか一方の期間の到来をもって、損害賠償債権は消滅する。3年または5年の期間は、被害者が「損害および加害者を知った時」から、20年の期間は、「不法行為の時」から起算する。判例は、前者を消滅時効、後者を除斥期間として区別してきたが、2017年改正により、20年の期間についても消滅時効であることが条文上明確になった。

I　短期の消滅時効（724条1号）

1　趣旨

　724条1号によれば、不法行為による損害賠償請求権は、被害者が損害と加害者を知った時から3年で時効により消滅する。これは、一般債権の時効期間である5年（166条1項1号）と比べると短い。なぜか。一般には、①偶発的に発生する不法行為に基づく損害賠償債権については、契約によって発生する債権と比べて、時間の経過とともに証拠も消滅して証明が困難になること（＝証拠の散逸・立証の困難）、また、②時間の経過とともに被害者感情が落ち着いてくること（＝被害者感情の沈静化）といった理由による。しかし、3年の期間

はときに短すぎ、被害者にとって酷となることも少なくない。本条では、時効の起算点についても特則を設けていることから、この解釈を通じて、被害者にとって酷な結果を回避することが求められる。

2　時効の起算点

　短期消滅時効の起算点は、被害者またはその法定代理人（たとえば、未成年者の親権者）が「損害及び加害者を知った時」である（724条1号）。被害者（またはその法定代理人）が、①損害が発生したこと、また②誰に対して賠償請求ができるのかを知らない間は、事実上、賠償請求権を行使することはできない。その間に消滅時効が進行するのは、被害者にとって酷である。そこで、3年の消滅時効がいつから始まるのか、その起算点の判断が重要となる。

(1)　加害者を知った時

　判例は、724条に時効の起算点に特則が設けられた趣旨を考慮し、「加害者を知った時」とは、被害者において「加害者に対する賠償請求が事実上可能な状況のもとに、その可能な程度にこれを知った時」であるとする（最判昭和48・11・16民集27巻10号1374頁）。「事実上可能な状況」を前提とすることから、たとえ被害者が加害者の住所や名前を知り、被害者が賠償請求が可能な程度に加害者を認識したとしても、被害者の置かれた具体的な事情を考慮すれば、被害者に損害賠償請求権の行使を合理的に期待することが、なお「事実上可能」といえない場合には、「加害者を知った」とはいえない。

(2)　損害を知った時

　「損害を知った時」とは、「被害者が損害の発生を現実に認識した時」である。認識しうる時ではない（最判昭和46・7・23民集25巻5号805頁〔相手方の有責行為による離婚を理由とする慰謝料請求権について〕、最判平成14・1・29民集56巻1号218頁〔新聞報道による名誉毀損を理由とする損害賠償請求権について〕）。もっとも損害賠償請求権の行使が事実上可能な程度に損害の発生を認識すれば足りる。したがって、損害の程度や金額まで知る必要はない（大判大正9・3・

10民録26輯280頁）。また、損害を知るということは、単に自己に損害が生じたことを知る、ということにとどまらない。その損害が「他人の不法行為により生じたこと」を知ることを意味する。このような認識がなければ、被害者は損害賠償請求権を行使しようとは考えないからである。なお、「損害を知った時」の解釈をめぐっては、次の場合についてとくに議論がある。

(a) 後遺障害が発生した場合

たとえば、交通事故の後、一定の時間を経てから、後遺障害の存在が明らかになることがある。それがおよそ事故当時に医学的にみても予測できないものであれば、その後遺症が明らかになるまで、時効は進行しない（最判昭和42・7・18民集21巻6号1559頁）。また受傷の時から明らかな症状が、治療後も回復せず、後遺障害として残る場合、その時効の起算点は、後遺障害としての症状が固定した時である（最判平成16・12・24判時1887号52頁）。

(b) 継続的不法行為の場合

土地の不法占拠や日照妨害などのように、加害行為が継続する場合もある。この場合、侵害が継続する限り、その損害は日々新たに発生し、その消滅時効も日々新たに進行するものと考える（大連判昭和15・12・14民集19巻2325頁）。ただし、このような継続的不法行為の中でも、工場等からの大気汚染や水質汚染のように、被害が集積することにより被害が増大する場合には、被害全体を一体として把握しなければ、被害の甚大さを損害賠償に反映することができない。そこで、被害者との関係で継続的な加害行為が終わった時を起算点とする考え方が有力である（全部進行説という）。なお、鉱業法115条3項は、進行中の損害については、その進行のやんだ時から時効が進行するとしている。その他の累積的不法行為の処理の参考となろう。

3　人身損害の場合の特則（724条の2）

2017年改正により、不法行為による生命・身体の侵害による損害賠償請求権については、生命・身体という法益の重大性を考慮して、724条1号が定める主観的起算点からの時効期間を3年から5年に延長している（724条の2）。併せて、一般債権の消滅時効の規定が改正されたことにより（166条・167条）、生

命・身体侵害については、債務不履行（安全配慮義務や保護義務の違反）と不法行為とで実質的な差がなくなった（いずれの場合にも、短期5年と長期20年の組み合わせによる）。特別法の規定についても併せて改正されている（製造物責任法5条、鉱業法115条等）。

Ⅱ　長期の消滅時効（724条2号）

1　法的性質

不法行為に基づく損害賠償債権は、「不法行為の時」から20年を経過したときにも時効により消滅する（724条2号）。これまでの判例は、20年の期間は「被害者の認識のいかんを問わず一定の時の経過によって法律関係を確定させるため請求権の存続期間を画一的に定めたもの」、つまり、除斥期間と理解してきた（最判平成1・12・21民集43巻12号2209頁）。除斥期間と理解された結果、時効のような更新・完成猶予（2017年改正以前の中断・停止に相当する）はなく、援用も不要であった。それゆえ、除斥期間経過後の訴えについては、裁判所が、職権により請求権消滅との結論を出すことができた。しかも、判例は、除斥期間とは、権利行使を一定時間の経過により画一的・絶対的に遮断するものと解したため、加害者の時効援用について権利濫用や信義則違反を考慮する余地もなかった。しかし、この論理では、原告の側に権利行使をする上で、どのような困難な事情があったとしても、あるいは被告の側に原告の権利行使の妨げとなる、どのような不当な事情があったとしても、不法行為時から20年の経過により、損害賠償請求権は自動的に消滅することになってしまう。そのため、この判例の理解には学説の批判が大きかった。

実際、最高裁においても、20年の期間を除斥期間と解しつつも、例外的に、不法行為を原因として心神喪失の常況にある被害者が、不法行為の時から20年を経過する前6か月において後見人を有しなかった場合につき、時効の完成猶予を定めた158条の法意に照らして、除斥期間の適用がなされないことを認めていた（最判平成10・6・12民集52巻4号1087頁〔予防接種ワクチン禍事件判決〕）。また、殺人事件の加害者が死体を自宅の床下に隠したため事件の発覚が遅れた

事案で、相続財産については相続人が確定した時から6か月を経過するまでは時効が完成しないという160条の法意に照らし、「被害者を殺害した加害者が、被害者の相続人において被害者の死亡の事実を知り得ない状況を殊更に作出し、そのために相続人はその事実を知ることができず、相続人が確定しないまま除斥期間が経過した場合にも、相続人は一切の権利行使をすることが許されず、相続人が確定しないことの原因を作った加害者は損害賠償義務を免れるということは、著しく正義・公平の理念に反する」として除斥期間の効果を制限していた（最判平成21・4・28民集63巻4号853頁。消滅時効説による反対意見がある）。

以上の批判や判例の動向を踏まえ、2017年改正では、条文の内容はそのままに、20年の期間は消滅時効であることが明記されるに至った。

2 起算点＝「不法行為の時」

724条2号の起算点は、不法行為時である。しかし、じん肺訴訟など、身体に蓄積した場合に人の健康を害することになる物質による損害（蓄積型）や、一定の潜伏期間が経過した後に症状が現れる損害（潜伏型）が問題となるケースでは、加害行為から相当の期間を経過してはじめて損害が明らかになることが少なくない。この場合に、加害行為時を起算点とすることは、被害者にとって著しく酷である。

そこで判例は、「不法行為により発生する損害の性質上、加害行為が終了してから相当の期間が経過した後に損害が発生する場合」には、その「損害の全部又は一部が発生した時」を起算点とすることで、被害者の救済を図ってきた（最判平成16・4・27民集58巻4号1032頁〔筑豊じん肺事件判決〕）。乳幼児期の集団予防接種等によってB型肝炎に罹患した被害者の請求についても、加害行為時（予防接種時）ではなく、損害発生時（発症時）を起算点としている（最判平成18・6・16民集60巻5号1997頁）。

第10章

他人の行為による責任

　人は故意または過失ある行為についてのみ責めを負うという過失責任主義は、人は故意または過失ある自己の行為についてのみ責めを負うという原則を含む。これを自己責任の原則という。しかし、過失責任主義を基本とする不法行為法も、他人の行為による責任に関する規定をいくつか置いている（714〜716条）。本章では、責任無能力者の監督義務者の責任（→Ⅰ）と使用者責任（→Ⅱ）について説明する。

Ⅰ　責任無能力者の監督義務者の責任

1　意義および帰責事由

⑴　意義

　6歳の子供Bの投げた石がCの目に命中し、Cが失明したとする。Bが加害行為時に責任能力を有していなかったとき、被害者Cは、Bに対して709条に基づく損害賠償請求をすることはできない（712条）。このようなBを、精神上の障害から責任能力を欠く者（713条）とあわせて、責任無能力者という。

　上の例で、Cは、責任無能力者であるBに対して損害賠償を請求することはできないが、その親Aに対しては請求することができる。なぜなら、Aは、Bの親権者（818条1項）として、「子の監護及び教育をする権利を有し、義務を負う」（820条）。そして、714条本文は、712条または713条の「規定により責任無能力者がその責任を負わない場合において、その責任無能力者を監督する法

定の義務を負う者は、その責任無能力者が第三者に加えた損害を賠償する責任を負う。」とするからである。このAのように、「責任無能力者を監督する法定の義務を負う者」を、法定監督義務者という。ただし、法定監督義務者Aは、「その義務を怠らなかったとき、又はその義務を怠らなくても損害が生ずべきであったとき」には、責任を負わない（714条1項ただし書）。

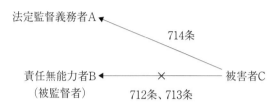

　714条に基づく責任は、従来、主に未成年の責任無能力者による加害行為（712条）について問題とされてきた。しかし、最近では、たとえば認知症の高齢者による事故に関しても、714条の適用が論じられている。

(2)　責任能力の有無の判断
　責任無能力者が不法行為責任を負わないことの根拠をどのように考えるにしろ（→58、64、76頁参照）、責任能力の有無は、個々の加害者について具体的に判断される。たとえば未成年者について、12歳未満の者はすべて責任無能力者とするというように、一定の年齢で境界線を引き、その下の年齢の子供を一律に責任無能力者とするようなことは、少なくとも解釈論としてはできない。ただし、裁判例は、加害行為の種類（いたずら、けんか、自転車での事故など）を問わず、加害者が12歳から13歳程度であれば責任能力を認める傾向にある。

(3)　714条の帰責事由
(a)　過失責任としての監督義務者の責任
（ⅰ）　監督義務者の責任の特徴　　帰責事由とは、帰責のための根拠、すなわちある者が受けた損害を他者のもとに転嫁することを正当化しうる理由をいう（→9頁）。714条の帰責事由に関する従来の学説には、これを監督義務の怠た

りに基づく責任としつつ、次の点で709条に基づく責任と異なるものとするものがみられる。すなわち、①監督義務者の過失は責任無能力者の監督を怠ることを意味し、当該違法行為がなされることについての過失ではない点、②監督義務違反がなかったことは監督義務者が証明すべきである点である。

(ⅱ) 過失責任としての監督義務者の責任　　しかし、714条の帰責事由については次のように考えることができる。過失責任において、行為義務は、当該状況に置かれた一般人であれば、加害行為当時その者からみて、損害（結果）を回避するために取るべき行動は何であったかという事前の視点から設定される（→129頁参照）。このとき、その結果回避措置の内容を、当該加害行為を直接阻止する措置に限定する必要はない。監督義務についていえば、たとえば冒頭の6歳の子供Bによる投石の例では、結果回避措置の内容は、Bが現実に行った投石行為をAが予見しえたことを前提として、投石しようとするBから石を取り上げるなどの措置に限定されるものではない。それだけではなく、日々の生活の中で、子供がその子供らしい振舞いから、たとえばいたずらとして投石などをするおそれがあることを想起して（その意味で、監督義務者Aには、子供が何らかの加害行為をするおそれに基づく予見義務があるといえる）、投石など他人に危険を生じさせる行為をしないようにBを戒め、またAの知らないところでBが投石などをしていないかどうかを確かめることも、行為義務（監督義務）の内容となりうる（さらに、監督義務者の責任が問題となる事案は、間接侵害型事案である→75頁）。前述の①監督義務者の過失は責任無能力者の監督を怠ることを意味するという点は、過失責任のもとでも、このような観点から説明することができる。他方、前述の②監督義務違反がなかったことは監督義務者が証明すべきであるとすることの根拠は、責任無能力者の監督状況をより容易に証明しうる者（監督義務者）に、義務を尽くしたことの証明を要求することが適切である点に求められる。つまり、714条の責任は、確かに監督義務違反（行為義務違反）についての証明責任が法定監督義務者側に転換されているという特色を有する。しかし、同条の責任は、監督義務者自身の過失責任として位置づけられるべきである。

(b) 「中間責任」について

学説では「中間責任」という言葉がしばしば用いられ、本書もこれを用い

る。ただし、その定義については論者によりニュアンスの相違がある。本書では、「加害者の故意または過失についての証明責任を被害者側が負うのではなく、義務違反がなかったことの証明責任を加害者側が負う責任」を、「中間責任」としておく。したがって、714条の責任は中間責任である。しかし、「中間責任」という言葉それ自体は帰責事由をあらわすものではない。

2　要件、責任主体および免責事由

(1)　要件

(a)　712条または713条により「責任無能力者がその責任を負わない」こと

　直接の加害者である責任無能力者が、712条または713条により、言い換えれば責任無能力を理由として、自らの加害行為の責任を負わないことを要する。このことから、次の2点が導かれる。

　(i)　責任無能力を理由として被監督者が責任を負わないこと　　第1に、直接の加害者である被監督者が、責任無能力以外の理由から責任を負わない場合、監督義務者に714条に基づく責任は成立しない。判例には、小学2年生の子供が鬼ごっこ中に逃げるため下級生におんぶしてもらったところ、下級生の子が転倒して負傷した事案において、2年生の子の行為には違法性がないとして親の責任を否定したものがある（最判昭和37・2・27民集16巻2号407頁）。

　(ii)　714条に基づく責任の補充性　　第2に、直接の加害者である被監督者が責任能力を有する場合、714条は適用されない。714条に基づく監督義務者の責任は、被監督者が責任無能力を理由として責任を負わないときだけ成立するという意味で、被監督者の責任に対して補充的な責任である。

　(iii)　責任能力を有する未成年者の親の責任　　もっとも、714条に基づく責任の補充性により、被監督者Bが責任能力を有する場合、被害者Cが監督者Aに対して何ら責任を追及することができないとすると、実際上、被害者の救済に欠ける。被監督者が未成年である場合、財産を持たないことが多いので、かりに被害者Cが責任能力のある未成年者Bを被告とする損害賠償請求訴訟で勝訴しても、現実に賠償金の支払いを受ける見込みは少ないからである。

　また、714条による監督義務者の責任の根拠が過失責任であるとすれば、本

来、Aは、その監督下にあるBの加害行為について、Bが責任無能力であるかどうかを問わず、過失責任を負うはずである。このような理解からは、714条は、Bが責任無能力者である場合に特別に過失の証明責任を転換している規定にすぎないものといえる。したがって、Bが責任能力者であるときは、監督者Aは、原則に従い、709条に基づく責任を負う可能性があることになる。たとえば、15歳の子供Aが友達Xを小遣い銭欲しさに殺害した場合、Aが責任能力を有するとしても、監督義務違反とAの不法行為による結果の間に相当因果関係を認めうるときは、監督者である親Yに709条に基づく不法行為が成立する（最判昭和49・3・22民集28巻2号347頁）。この場合、監督者Yと責任能力ある未成年者Aはともに被害者X（の遺族）に対して、Aに生じた損害を全額賠償する義務を負う（YAの責任の関係については、→178頁参照）。

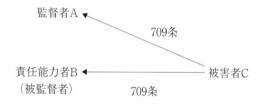

(b) 責任無能力者が第三者に損害を加えたこと

監督義務者Aの714条に基づく責任が認められるには、被監督者Bが第三者に損害を加えるに当たり、Bの属する、とくに年齢に応じて類型化された集団の一般人を基準として、その基準から外れる振舞いがBにあったのでなければならない。とくに悪いところのない子供の行為にも監督が及ぼされるべきだとすれば、子供の行動の自由、ひいては人格の発展とそれを支えるものとしての親の教育の自由に対する過剰な干渉となり、子供の人格の発展が妨げられるおそれがある。そのため、このような場合には監督義務の成立自体が否定される。判例も、11歳の子供が校庭で蹴ったサッカーボールが道路へ転がり出て、これに接触したオートバイの運転者が負傷し、その後死亡した事案で、両親の監督義務違反を否定するに当たり、当該子供の行為が通常は人身に危険が及ぶような行為ではないことを指摘している（最判平成27・4・9民集69巻3号455

頁。さらに、前掲最判昭和37・2・27は、基準から外れる振舞いの有無という視点から監督義務の成立が否定されるケースとみることもできる）。

(2) 責任主体

(a) 法定監督義務者

「責任無能力者を監督する法定の義務を負う者」（714条：法定監督義務者）とは、未成年者については、親権者（820条。監護権者が別にいる場合は監護権者。766条1項）、親権代行者（833条）、未成年後見人（857条）、親権を行う者または未成年後見人のない者について児童福祉施設の長（児童福祉法47条1項）である。これらの者は、被監督者と密接な関係にあることから、被害者より容易に監督状況を証明しうる者といえる。したがって、上記の法定監督義務者は、714条に基づく責任を負わないために、監督義務を尽くしたことを自ら証明しなければならない。つまり、法定監督義務者が監督義務違反のないことについて証明責任を負う。

精神障害者については、その者が成年被後見人である場合、その成年後見人が法定監督義務者に当たるかどうかが問題となる。成年後見人が負う身上配慮義務（858条）は、介護などの事実行為を行う義務を含まない。また、弁護士などが成年後見人として選任されるいわゆる職務後見人などにみられるように、成年後見人が被害者より容易に監督状況を証明しうる者であるとは限らない。したがって、成年後見人は、成年後見人であることだけでただちに法定監督義務者であるとはいえない（最判平成28・3・1民集70巻3号681頁）。

(b) 代理監督者

「監督義務者に代わって責任無能力者を監督する者も」、法定監督義務者と同様の責任を負う（714条2項：代理監督者）。契約や法律により責任無能力者の監督を引き受け、または委託された者である。

託児所・保育所・幼稚園・小中学校・少年院・精神病院などの施設または事業体において、監督の引受けまたは委託があった場合、代理監督者は、施設または事業体か、それとも保母・教職員・医師などの個人か。契約により監督を引き受けるのは事業体などである。また、職務分担のもと被監督者の監督に当たる職員など個人が、より容易に監督状況を証明しうるとは限らない。事業体

の方が個々の職員よりも被監督者に対する監督状況全体を把握しうる地位にあり、監督状況をより容易に証明することができるともいえる。このことから、事業体などを代理監督者とみるべきであろう。職員などについて709条に基づく責任が成立するときは、事業体などの使用者責任（715条）も成立しうる。

事実上の監督者

責任無能力者の監督について法律上の義務を負わない者が、契約による監督の引受けや委託のないまま監督を行う場合、この監督者を「事実上の監督者」という（通説は、事務管理に基づく監督者を714条2項の代理監督者とするが、これも一種の事実上の監督者であろう）。

事実上の監督者がいかなる場合に監督義務違反の責めを負うかについて、判例は、認知症の高齢者Aが線路に立ち入り電車に衝突し、鉄道会社Xに振替輸送の手配などによる損害が生じたことから、Aの介護を行うなどしていたAの妻子Yらに対して損害賠償請求がなされた事案において、次のように述べている。法定監督義務者でない者も、「責任無能力者との身分関係や日常生活における接触状況に照らし、第三者に対する加害行為の防止に向けてその者が当該責任無能力者の監督を現に行いその態様が単なる事実上の監督を超えているなどその監督義務を引き受けたとみるべき特段の事情が認められる場合に」、「法定の監督義務者に準ずべき者として」714条1項の類推適用により責めを負う（前掲最判平成28・3・1）。

しかし、「法定の監督義務者に準ずべき者」といえるかどうかの判断に際しては、事実上の監督者について、被監督者がもたらす危険を予見しえたか否か、監督の引受けがあったといえるか否か（とくに事実上の監督者の介入によって本来の監督者が監督を行うことを妨げられていたか否か、事実上の監督者が監督の引受けをしたことによって、被監督者から加害される可能性のある潜在的被害者がたとえば安心して自ら損害発生の防止を図ることを怠ったか否か）、また事実上の影響力行使の可能性の有無が考慮されるのであり、これらの事情を原告が主張立証することとなる。そうだとすれば、事実上の監督者に714条1項を類推適用する意味はなく、709条の適用によるべきであろう。

(3) 免責事由

法定の責任要件を充たす者について一定の事由が存在することにより、その者が責任を負わなくともよいとされることを免責といい、免責を生じさせる事由を免責事由（めんせき）という。ここでは、714条の要件を充たす者がその責任を負わなくともよいとされる事由について、説明する。

(a) 監督義務違反がないこと

（ⅰ）**法定監督義務と不法行為法上の監督義務**　法定監督義務者および代理監督者は、「その義務を怠らなかったとき」、責任を負わない（714条1項ただし書、2項）。714条に基づく責任を過失責任と解するとき、当然のことである。もっとも、「その義務」とは、たとえば、親の監督義務についていえば、820条の法定監督義務そのものを指すのではない。つまり、820条によって親が子に対して負う法定監督義務を怠ったことが、法定監督義務者の第三者に対する責任を基礎づけるのではない。820条の法定監督義務は、714条に基づく責任との関係では、不法行為法上の行為義務である監督義務の違反について証明責任を転換される者が誰であるかを示すに止まる。820条の法定監督義務それ自体は、法定監督義務者が第三者に対して負う不法行為法上の行為義務の内容を定めるものではないからである。不法行為法上の義務としての714条の監督義務（「その義務」）およびその違反の有無は、法定監督義務者が第三者に対してどのような結果回避義務を負うかという不法行為法の視点から改めて検討されなければならない。

（ⅱ）**監督義務の内容**　未成年の子供に関する監督義務の内容について、従来学説では、①被監督者の生活全般にわたって監護し、危険をもたらさないような行動をするよう教育し、しつけする義務（以下、①の義務とする）と、②被監督者がある程度特定化された状況のもとで、損害発生の危険をもつある程度特定化された行為をすることを予見し、かつその危険を防止するよう監督すべき義務（以下、②の義務とする）の2種があるとされた。そして、しつけや教育が子供の生活全般にわたるものであり、また、子供が何らかの加害行為をしたとき大抵の場合には親のしつけに欠けるところがあったといいうることから、①の義務はきわめて高度な義務と解された。その結果、②の義務の違反がなくとも、①の義務の違反の責任を親は免れることができないとされた。たと

えば、冒頭の子供Bによる投石の例（→168頁）でいえば、Bが従来他人に危害を加えたことがまったくなかった場合、Bの投石行為を親Aは予見できなかったとして②の義務の違反が否定されるとしても、投石のような危険な行為をしないようにBを日々しつけることを怠ったという①の義務の違反が肯定される、といった具合である。実際、とくに714条に関する裁判例において、監督義務違反を否定して親の免責を認めたものは、従来ほとんど存在しなかった。

　しかし、この両者の義務の関係については、②の義務の違反がなくとも①の義務違反が常に認められるという意味で、①の義務が常に高度な義務として②の義務の受け皿になると解するべきではない。被監督者の年齢や従来の行動などに応じて、それぞれの義務の内容と程度が決定されるべきである。

　たとえば、従来何度も投石を繰り返していた６歳の子供については、確かに、両親には①の義務として、投石のような危険な行為をしないように厳しくかつ継続的に教示する義務や、定期的に子供の行為を監視する義務のような、高度な義務が課されるべきである。しかし、従来何ら危険な行動を示さなかった６歳の子供については、子供の行動の自由や人格の発展と、それらを支えるものとしての親の教育の自由の保障という視点から、①の義務として両親に課される義務は、決して高度な義務であるべきではない。たとえば両親が、日々の生活の中で機会を見つけ、投石のような危険な行為をしないように子供に教示していた場合、それだけで①の義務を尽くしたといってよい。それ以上の監督措置を講じることは、かえって加害行為に対する子供の関心を呼び覚ますことにもなりかねない。すでに述べた、とくに年齢に応じて類型化された集団の一般人を基準として、その基準から外れる振舞いが子供に認められないときに（より高度な）監督義務が認められないのは、そのためである（→172頁）。前掲最判平成27・4・9も、従来危険な行動のない子供について、両親が日頃から通常のしつけをしていたとして、監督義務違反を否定している。

　また、①の義務の役割は子供の成長に応じて後退し、その内容は一層狭められ、その程度は一層低められるべきである。すなわち、子供が成長すればするほど、より大きな行動の自由の余地が子供に認められるべきであり、子供の行動への介入を親に義務づけることには、一層慎重でなければならない。たとえば、乳児や１、２歳の子供には常時監督が必要だとしても、５、６歳の子供に

ついては、人格の発展のために一定の行動の自由が与えられるべきであり、その子供を絶えず監督することが、常に親に義務づけられるべきではない。

　以上に述べたことは、責任能力ある未成年者の加害行為についての709条に基づく監督者の責任に関しても妥当する。たとえば従来窃盗や他人への暴行を繰り返していた素行不良な15歳の子供については、親の①の義務は、厳しくかつ継続的な教示の義務や定期的監視をする義務のような、高度な義務となるべきである。しかし、従来素行の良い同年齢の子供について、親はそのような高度な義務を負うべきではなく、主として②の義務の違反の有無だけが問われるべきである。そして、被監督者の行動の自由を確保する必要があり、親が教育などを通して子供に影響力を行使することには限界がある。このことから、子供の成長に応じて、①の義務の内容は狭められ、またその程度は低いものとならざるをえない。たとえば、従来素行不良な成人直前の子供が強盗傷害事件を起こした場合、（成人直前の子供と親の関係において通常みられるように）親が子供らに及ぼしうる影響力は限定的なものとなっていたとき、親の監督義務違反は否定される（最判平成18・2・24判時1927号63頁）。

　このように、①の義務は「柔軟な監督義務」といえる。

　(ⅲ)　監督の委託　　私立小学校に通うＢが授業時間中ふざけて投げた消しゴムがクラスメートＣの目に当たり、Ｃが負傷したとしよう。その私立学校の設置者である学校法人が代理監督者（714条2項）として責任を負うとき、監督を委託した親Ａの責任はどうなるか。

　法定監督義務者が代理監督者に監督を委託する場合、そのことによって法定監督義務者の監督義務がなくなるわけではない。上記の例の親Ａについて、かりに前記②の義務の違反が認められなくとも、「柔軟な監督義務」（①の義務）の違反はなお問題となりうる。また、親には、監督の委託により、適切な代理監督者を選任する義務のほか、子供の性質について代理監督者に注意を喚起し、あるいは、可能なかぎり自らも引き続き子供の監督に当たる義務などが発生・存続する。そして、代理監督者とともに法定監督義務者にも監督義務の違反が認められる場合、両者の責任は併存することとなる。

　(b)　監督義務違反と損害の因果関係がないこと
　法定監督義務者および代理監督者は、「その義務を怠らなくても損害が生ず

べきであったとき」にも責任を負わない（714条1項ただし書、2項）。714条の責任を過失責任とみる場合、監督義務違反と損害の因果関係がないとき監督義務者が責任を負わないことは当然である。ただし、この点に関する証明責任を監督義務者が負うことに加え、損害発生を到底回避しえないことが明確な場合にだけこの証明が認められるとすると、免責が認められるのはまれであろう。

3　効果

　714条の責任が成立すると、法定監督義務者Ａまたは代理監督者 A′ は被害者Ｃに対して、損害賠償義務を負う。Ａと A′ がともに714条の責任を負うとき、両者の損害賠償債務は連帯債務となり、両者はともにＣに対して、Ｃの損害を全額賠償する義務を負う。たとえば、100万円の損害が生じたＣに対して、Ａおよび A′ はともに100万円の損害賠償債務を負う。ただし、Ｃは発生した損害の額を超えて賠償を受けることができないので、Ａまたは A′ のいずれかが賠償債務を弁済すると、その弁済額だけ賠償債務は消滅する。たとえば、損害額が100万円である場合にＡが70万円を賠償金としてＣに弁済すると、A′ は（Ａとともに）残額30万円についてのみ賠償債務を負うこととなる。

　他方、弁済のように損害を填補(てんぽ)する性質の事由を除き、Ａまたは A′ に生じた事由は、原則として他方に効力を生じない（441条本文）。たとえば、Ｃが A′ に対してした賠償債務の免除の効力は、ほかの債務者Ａには及ばず、ＣはなおＡに対して損害賠償を請求することができる。ただし、ＣとＡが、これと異なる合意をすることは認められる（441条ただし書）。たとえば、「Ｃが A′ に対して免除をしたときは、その効力は当然にＡにも及ぶ」という内容の合意を AC 間でしていた場合、A′ C 間の免除の効力はＡにも及ぶ。その結果、A′ に対して免除をしたＣは、Ａに対しても損害賠償を請求することができない。また、更改・相殺・混同(こうかい)がＡまたは A′ に生じたときも、その効力は他方に及ぶ（438条、439条2項、440条。この点については、NBS『債権総論』161頁以下参照）。

　同様の関係は、責任能力のある被監督者Ｂとその監督者Ａが、それぞれ709条に基づく責任を負うときにも生じる。

Ⅱ　使用者責任

1　意義および帰責事由

⑴　意義

　Ａ建築会社の雇用する作業員Ｂが、建築現場において高所での作業中、誤ってハンマーを落下させ、これが下にいた通行人Ｃに命中したとする。このとき、負傷したＣは、ハンマーを落としたＢだけではなく、雇主であるＡに対しても損害賠償請求をすることができる。このＡの責任について、715条1項本文は、「ある事業のために他人を使用する者は、被用者がその事業の執行について第三者に加えた損害を賠償する責任を負う。」とする。この被用者の加害行為について使用者が負う責任を、使用者責任という。ただし、使用者Ａが、「被用者の選任及びその事業の監督について相当の注意をしたとき、又は相当の注意をしても損害が生ずべきであったとき」、Ａは責任を負わない（715条1項ただし書）。使用者の責任は、形式上は中間責任（→170頁）である。

⑵　帰責事由

　使用者責任の性質について従来の学説ではこれを、被用者の選任ないし監督について使用者自身に過失があったことを理由とする自己責任ではなく、本来被用者が負うべき責任を使用者が代わりに負担する責任（代位責任）であるとする見方（代位責任説）が指摘されている。この代位責任説に立つとき、使用者が代位責任を負う根拠（使用者責任の帰責事由）としては、①使用者は被用者の活動によって利益を上げており、利益の存するところに損失も帰せしめるべきとの原理（報償責任）のほか、②人を使用して自己の活動範囲を拡大し、社会に対して加害の危険を創り出し、または維持する者は、その危険を支配す

る者であるからその危険の実現としての加害について責任を負わなければならないとの原理（危険責任）が考えられる。

　しかし、使用者責任の帰責事由が報償責任や危険責任にあるとすれば、使用者責任を、本来被用者が負う責任を使用者が肩代わりしたものとみる必然性はない。使用者責任は、被用者の活動によって利益を上げ、または人を使用することによって加害の危険を創出・維持したという使用者固有の事情に基づく責任だといえる。すなわち、使用者責任は、故意または過失ある自己の行為についての責任という意味での自己責任（→168頁）ではないが、使用者固有の事情に基づく責任という意味でなお（広い意味での）自己責任だといえる。

　以下、従来の学説が指摘する代位責任説の立場からの説明のほか、適宜、（広い意味での）自己責任の立場からの説明も行う。

2　要件および免責事由

(1)　要件

　使用者責任が成立するには、①ある事業のために②他人（被用者）を使用すること、および、その被用者が③その事業の執行について④第三者に損害を加えたことという要件を充たす必要がある。①②④③の順にみていこう。

(a)　事業

　ここでいう「事業」は非常に広い内容を有する。営利的である必要はなく継続的である必要もない。自分の自動車を運転経験の浅い弟に運転させて迎えに来させ、同乗して自宅に帰る途中、弟に運転上の指示を与えるなどしていた兄も、弟が起こした交通事故に関して使用者責任を負う（最判昭和56・11・27民集35巻8号1271頁）。また、事業自体が適法なものである必要もない。「シノギ」とよばれる暴力団における組の威力を利用した資金獲得活動も「事業」に当たる（最判平成16・11・12民集58巻8号2078頁）。ただし、指定暴力団の対立抗争や資金獲得活動などによって、他人の生命、身体または財産が侵害された場合について、現在では、暴力団員による不当な行為の防止等に関する法律31条、31条の2が、その指定暴力団の代表者の無過失責任を定めている。

(b) 使用関係

「使用」とは、雇用契約の存在を前提とするものではなく、契約関係の存在すら必要がない。前述の兄の指示のもとで弟が運転する場合のように、無償でもよい。使用者責任の帰責事由（→179頁）からみて、使用者と被用者の間に、①使用者が被用者の活動によって利益を上げている関係や、②人を使用して加害の危険を創出・維持する関係があることが必要であり、またそのような関係があれば足りる。つまり実質的な指揮監督関係である。実質的な指揮監督関係の有無がとくに問題となる2つのケースを取り上げる。

　(i)　請負人　　716条本文は、「注文者は、請負人がその仕事について第三者に加えた損害を賠償する責任を負わない」とする。この規定の趣旨は、請負では仕事の遂行は請負人自身の事業活動であり、請負人と注文者との間に指揮監督関係がないため、請負人による第三者への加害行為について注文者は使用者責任を負わないことを明らかにする点にある。たとえば、マイホームの建築請負契約において、建築会社Bに対して建築を注文したAは、通常、Bを指揮監督したりしない。しかし、場合によっては、請負契約でも、請負人が注文者の指揮監督に服する場合がみられる。とくに、Aから建物建築を請け負った建築会社B（元請人）が、自らが請け負った建物の建築をほかの建築会社C（下請人）に請け負わせるためにCとの間で結ばれる下請契約や、Cがさらに建築会社Dとの間で締結する孫請契約についてこのことがいえる。そこで、注文者が使用者責任を負うかどうかは、請負人との契約が請負契約であるかどうかだけで定まるのではなく、注文者・請負人間に実質的な指揮監督関係が存在するかどうかによって定まる。

　なお、716条ただし書は、注文または指図について注文者に過失があるときに、注文者が709条により責任を負うことを、注意的に定めた規定である。

　(ii)　名義貸与者　　実質的な指揮監督関係の有無は、現実にそのような関係が存在したかどうかという観点のみからではなく、そのような関係が要請されるかどうかという観点からも判断される。たとえば、自動車運送営業免許の名義人Aが、名義をBに有償で貸与し、Bの雇った運転手Cが交通事故を起こした場合である。この場合、名義貸与者は事故発生を防止するよう指揮監督すべき責務を負うべきであり、AC間に事実上指揮監督関係があったかどうかを問

うまでもなく、Ａの使用者責任が肯定される。

(c) 被用者が第三者に損害を加えたこと

(i) 被用者の不法行為　　使用者責任を代位責任と解すると、使用者が責任を負う前提として被用者自身に不法行為が成立することが必要になる。このことから、第１に、加害行為をした被用者の故意または過失が必要となる。このことは、被用者に故意または過失がないときには使用者が責任を負わないことにより、使用者の責任が不当に重くなることを防ぐ機能をも果たしうる。

　もっとも、使用者責任の要件として被用者の故意または過失を要求することは、他方で、被害者が、加害した被用者を特定してその故意または過失を基礎づける事実を主張・立証することができない場合に、使用者責任の追及を困難にするおそれもある。このことはとくに、多数の従業員を抱え、加害被用者の行為がそこでなされる活動のうちの１つにすぎないものとなる企業について、問題となりうる。このように考える立場からは、とくに企業の責任に関して、直接の加害者である被用者の故意または過失を前提としない理論の構築（たとえば、法人自体の「過失」を認め、法人が直接709条に基づく不法行為責任を負うとすること）が試みられる。

被用者の故意・過失は必要か

　前述のように（→179頁）、使用者責任の帰責事由が報償責任や危険責任にあるとすれば、使用者が被用者の活動により利益を上げ、また社会に対する加害の危険を創出・維持するかぎり、加害行為について被用者に故意または過失がなくとも使用者が責任を負うと考えることもできるはずである。つまり、715条の規定から、使用者責任の要件としての被用者の故意・過失が当然に要求されるわけではない。そこで、近時の学説では、使用者責任が問題となる場面を類型化し、営利事業や危険業務に起因する事故では報償責任・危険責任の観点から使用者の無過失責任をより徹底し、被用者の故意または過失を不要とする見解がみられる。

　他方、本文に述べたように、被用者の故意・過失を要求することによる実際上の問題を指摘する学説もみられる。この見解は過失の客観化を前提として、企業が、被用者の不法行為に基づく715条の責任を負う場合のほかに、自己の不法行為として709条に基づく責任を負う場合を認める。下級裁判決でもこれ

に従うものがある。

　使用者責任を代位責任とし、成立要件として被用者に不法行為が成立することが必要であるとすると、第2に、被用者が加害行為時に責任無能力であるとき使用者は責任を負わないのかが問題となる。責任能力は故意または過失の前提であるとの理解に従えば（→58頁参照）、被用者が責任無能力者であるときは被用者に故意または過失は認められない。すると、前述のように使用者責任の成立に被用者の故意または過失を必要とするかぎり、被害者は使用者責任を問えないこととなる。しかし、責任能力制度を責任無能力者保護という政策的理由に基づく制度ととらえるとき（→64頁。または法的非難としての過失責任を追及するための前提ととらえるとき→76頁）、責任無能力者である被用者の行為についても過失の有無を考えることは可能である。また、自らは責任無能力ではない使用者の責任が追及される場面では、責任無能力の被用者を保護するという配慮は不要となる。したがって、被用者の責任能力は不要と解すべきであろう（なお、この場合の求償については→187頁）。

　(ii)　第三者　　使用者と加害者を除くそのほかすべての者を意味する。被用者Bが同じ使用者Aのもとで働くほかの被用者（同僚）Cを加害した場合にも、Cは「第三者」として、Bの加害行為についてAの使用者責任を問うことができる。たとえば、A会社の被用者Bが同僚Cの同乗中に交通事故を起こし、Cが死亡した場合、Aは使用者責任を負う。同じ使用者Aのもとにあるほかの被用者Cが当該業務執行の共同担当者であり、Cにも過失があったときも同様であり、Cの過失は過失相殺の問題として処理される。

　(d)　「事業の執行について」（事業執行性）

　被用者の加害行為が使用者の事業と関連のないとき、報償責任・危険責任といった帰責事由からすると、使用者にその責任を負わせることはできない。使用者が責任を負うべき被用者の加害行為は、使用者の事業と関連性のある行為でなければならない。このことを715条1項本文は、被用者の加害行為が「事業の執行について」なされたこととしてあらわしている。これを事業執行性という。一般社団法人の代表理事などが第三者に加えた損害に関する法人の責任

を定める一般社団法人及び一般財団法人に関する法律（一般法人法）78条にも、「その職務を行うについて」という同様の要件がみられる。715条の事業執行性に関する解釈論は、一般法人法78条の解釈論にも基本的に妥当する。

（i）外形標準説とは何か　工場Aの被用者Bが工場でのプレス機の操作中に誤って同僚Cの手を挟んで負傷させた場合のように、Bの行為（プレス機の操作）がAの命令・委任した職務執行そのものといえる場合、事業執行性が充たされ、Aが使用者責任を負うことに異論はないであろう。しかし、Bのした行為がAの命令・委任した職務執行そのものとはいえない場合、事業執行性は常に否定されるのであろうか。

　この点について、現在の判例は、とりわけ取引における被用者の権限の逸脱・濫用による不法行為である取引的不法行為に関して、外形標準説とよばれる立場を展開している。これは、715条の「事業の執行について」とは、被用者の職務執行そのものには属しないが、その行為の外形から観察して、あたかも被用者の職務の範囲内の行為に属するものとみられる場合をも含むとする立場である（最判昭和36・6・9民集15巻6号1546頁）。たとえば、A会社で手形事務を担当し代表者の印鑑を保管していた被用者Bが、権限を逸脱して手形を偽造したとしよう。Bの手形偽造は、職務執行そのものとはいえない。しかし、Bは日頃から代表者の印鑑を使用して手形を作成しているため、その外形から観察してBの職務内の行為とみることができる。そこで、この偽造手形を取得して損害を被った手形所持人Cに対して、Aは使用者責任を負う。

　さらに、判例は、外形標準説の根拠を、取引行為に関するかぎり、行為の外形に対する第三者の信頼を保護する点にあるとする。このことから、被用者Aのした取引行為が被用者の職務権限内において適法に行われたものでないことを相手方Xが知りながら、または重大な過失によって知らずに取引したと認められるときは、Xは使用者Yに対して使用者責任を追及することができないとする（最判昭和42・4・20民集21巻3号697頁、最判昭和42・11・2民集21巻9号2278頁）。したがって、たとえば、C会社が、金融取引について相当の知識経験を有する従業員C′の関与のもと、A銀行の支店長Bに違法な手形割引（手形の売買）のあっせんを依頼し、その結果、手形を騙し取られた場合、C会社は、重過失があることを理由に、Aの使用者責任を問うことができない可能性

がある。このような場合、Bの権限濫用などについて悪意または重過失のC（C′）には、保護に値する信頼が欠けるということである。外形標準説に関するこれらの判例には、第三者の信頼の保護という、報償責任・危険責任の視点とはやや異なる視点を見出すことができる。

(ii) 外形標準説における職務権限への信頼　以上のように、取引的不法行為について外形標準説のもと、被用者のした行為が使用者の命令・委任した職務執行そのものではない場合でも、行為の外形から観察して、被用者の職務の範囲内に属するものとみられるとき、事業執行性は充たされる。このことは、第1に、被用者の加害行為がその職務の範囲内の行為といえるかどうかを、使用者や被用者が決めるのではなく、第三者の視点から決めることを意味する。これにより、とりわけ企業において使用者が各被用者の職務権限を細分化することや、職務権限を逸脱・濫用して自己の利益を図るといった被用者の主観的な意図によって、使用者が使用者責任を免れることが防止される。

　以上の立場は、第2に、被用者のした行為が事業執行性を充たすには、その行為が使用者の事業の範囲内に属するとみられるだけではなく、被用者の職務の範囲内に属するとみられることが必要であることを意味する。たとえば、貸金業者である会社Yの従業員Aが、横領した会社の金を穴埋めするため、会社の貸金の原資に充てるとしてXから金銭を騙し取り、Xに損害を与えた場合、Aの行為がYの事業の執行についてされたものとただちにはいえない。そのようにいうためには、貸金の原資の調達がYの事業の範囲に属するだけでなく、客観的、外形的にみてAの職務の範囲内に属するものでなければならない（最判平成22・3・30判時2079号40頁）。

(iii) 事実的不法行為と外形標準説　行為の外形に対する第三者の信頼の保護にその根拠を求める外形標準説は、第三者の取引の安全が要請される取引的不法行為では、合理的だといえる。では、A会社の所有する自動車を運転していた被用者Bがその自動車で歩行者Cを轢いたという交通事故のような、取引的不法行為に当たらない、いわゆる事実的不法行為にも外形標準説は妥当するか。たとえば、Cが、BによるA所有自動車の運転という行為の外形を信頼して加害されたかどうかを問うことは、不合理であることから、問題となる。

　この点に関する判例の態度は、一見すると必ずしも明確ではない。一方で

は、事実的不法行為についても、外形標準説に従い事業執行性の有無を判断したとみられる判例が存在する。たとえば、会社の所有する自動車を従業員が私用で運転して起こした交通事故について、広く被用者の行為の外形をとらえて客観的に観察したとき、使用者の事業の態様、規模などからしてそれが被用者の職務行為の範囲内に属するものと認められる場合で足りるとした判例がある（最判昭和39・2・4民集18巻2号252頁）。しかし、他方で、たとえば、工事現場における工具の受渡方法に端を発する口論から発展した作業員同士の暴行事件について、「会社の事業の執行行為を契機とし、これと密接な関連を有すると認められる行為」であるとして、外形標準説によらずに事業執行性を肯定したとみられる判例も存在する（最判昭和44・11・18民集23巻11号2079頁）。

　学説には、事実的不法行為における事業執行性の判断基準を、使用者責任の帰責事由から説明するものが少なくない。これらの学説は、事実的不法行為について、第三者の信頼の保護をその根拠とする外形標準説を維持することは妥当ではないとし、外形標準説とは異なる基準を立てることを試みる。使用者責任の帰責事由に立ち返ってこの問題を考えるとき、事業執行性の判断に当たっては、危険責任の観点から危険の支配可能性が、また報償責任の観点から利益の獲得可能性が、とりわけ考慮されるべき要素といえる。もっとも、個別の事案での判断に当たっては、これらの要素をより具体化していく必要がある。

(2)　免責事由

　715条1項ただし書は、「使用者が被用者の選任及びその事業の監督について相当の注意をしたとき、又は相当の注意をしても損害が生ずべきであったとき」、使用者は責任を負わないものとする。これらの事由の証明責任は使用者が負う。

　前述（→179頁）のように、報償責任および危険責任を使用者責任の帰責事由とするとき、使用者自身の故意・過失は必要ではない。使用者責任は、無過失責任となる。このとき、「使用者が被用者の選任及びその事業の監督について相当の注意をしたとき」、使用者が責任を負わないとすること（715条1項ただし書）は、過失責任主義のもと故意・過失のない使用者が責任を負わないことを意味するものではない。715条1項ただし書は、特別な免責事由の定めと

いえる。そのためか、戦後の裁判例で免責を認めたケースはないとされる（選任・監督上の過失と損害との因果関係については、→178頁も参照）。

3　効果

(1)　被害者に対する関係

　使用者責任が成立するとき、使用者Aは被害者Cに対して直接、損害賠償義務を負う。他方、被用者Bが709条の要件を充たすとき、BもまたCに対して損害賠償義務を負う。このとき、AとBはともにCに対して、Cに生じた損害を全額賠償する義務を負うことになる。ただし、Cが、発生した損害の額を超えて賠償を受けることはできない点などについては、714条における法定監督義務者と代理監督者の関係と同様である（→178頁参照）。

(2)　使用者と被用者の関係

　(i)　求償　　715条3項は、「前2項の規定は、使用者又は監督者から被用者に対する求償権の行使を妨げない。」とする。使用者責任を代位責任と解するとき、被用者Bと使用者Aの内部関係では本来の責任負担者であるBがすべての責任を負うべきだと考えることができる。この考えに素直に従えば、被害者Cに賠償をしたAは、Bに、支払った賠償金の全額を求償しうるであろう。

　しかし、使用者責任の帰責事由である報償責任や危険責任に照らすと、とりわけBの加害行為が故意ではなく過失によるものであるとき、Aの事業活動の中でいわば危険の実現（事故の惹起）を強制されたBが最終的な負担をすべて負い、他方、Bの行為から利益を得るAが何ら負担しないことは適当ではない。とくに、使用者責任が持つ、使用者固有の責任という側面（→180頁）を強調するとき、AのBに対する求償を制限すべきだとする考えに行き着く。したがって、使用者は、事業の性格や規模、被用者の業務の内容や労働条件、勤務態度、加害行為の態様などの諸般の事情に照らし、「損害の公平な分担という見地から信義則上相当と認められる限度において」、被用者に求償しうるにとどまる（最判昭和51・7・8民集30巻7号689頁）。

　なお、責任無能力の被用者の行為により被害者に損害が発生し、使用者が

715条1項に基づいて被害者に賠償した場合、使用者の被用者に対する求償はどうなるか。使用者責任が使用者固有の責任という側面を有することに加え、被用者が責任無能力であることから、求償は否定されるべきである。

(ⅱ) 逆求償　　使用者責任を代位責任ととらえ、本来の責任負担者は被用者Bであるとするとき、被害者Cから請求を受けたBが賠償に応じたとしても、Bから使用者Aに対する求償（これを逆求償という）は否定されることとなる。

しかし、(ⅰ)で述べたように、報償責任や危険責任に照らし、とくに使用者責任が持つ使用者固有の責任としての性格を強調するとき、発生した損害について使用者が本来負担すべき部分があると考え、逆求償を認めることも考えられる。逆求償が認められないとすると、Aが賠償すれば求償制限によりBは最終的に負担しなくて済むが、Bが賠償すれば逆求償できないBが最終的に負担をすることになり不均衡である。したがって、逆求償を認めるべきである（交通事故被害者の遺族に賠償した運転者からその使用者への逆求償を認めた最判令和2・2・28民集74巻2号106頁参照）。

4　代理監督者

「使用者に代わって事業を監督する者」も使用者責任を負う（715条2項：代理監督者）。判例は代理監督者を、客観的にみて、「使用者に代わり現実に事業を監督する地位にある者」とし、代表者が単に法人の代表機関として一般的業務執行権限を有することからただちに715条2項を適用することはできないとする（最判昭和42・5・30民集21巻4号961頁）。したがって、所長が統轄する営業所を数か所に有し、多数の運転手を使用するタクシー会社の代表取締役は、加害行為をした被用者を現実に選任・監督する地位にあったといえないかぎり、代理監督者として責任を負わない。これに対し、従業員3名の営業所を監督する営業所長は、従業員の1人が手形を偽造した場合、これによる損害について、会社の代理監督者として責任を負う（最判昭和38・6・28判時344号36頁）。

公務員による加害行為についての国または公共団体の責任

　国家賠償法は、国または公共団体の公権力の行使に当たる公務員が、「その職務を行うについて、故意又は過失によつて違法に他人に損害を加えたとき」、国または公共団体が賠償責任を負うものとする（1条1項）。この責任の性質を、行政活動に由来する危険を理由として、公務員の行為について国または公共団体が負う代位責任であると解するとき、国家賠償法1条と715条は、その解釈において多くの共通性を有しうる。

　しかし、他方で、国家賠償法の特質に照らした解釈が必要な場合も少なくない。行政活動の委縮のおそれなどを理由に、被害者が、加害行為をした公務員個人に対して責任を追及することはできないとされること（最判昭和53・10・20民集32巻7号1367頁）は、その例であろう（もっとも、判例はその理由を明らかにしておらず、民法学説では否定的な見解が有力である）。

　なお、国家賠償法は、715条1項ただし書のような免責規定を置いていない。また、公務員個人への求償を故意・重過失ある場合に制限している（国賠1条2項）。しかし、715条に関する裁判例は事実上使用者の免責を認めず、また被用者への求償を制限することから、これらの点で実質的な相違は大きくない。さらに、国家賠償法は違法性要件を立てているが（1条1項）、これは、立法当時支配的であった違法性説（→23頁）の影響によるものである。

第11章

物の危険の実現による責任

　民法には、物の危険が実現したことにより生じた損害について、その物の占有者などの責任を定めた規定もある（717条および718条）。本章ではこれらの規定（→ⅠⅡ）のほか、物の危険の実現による責任を定める特別法（→Ⅲ）について説明する。

Ⅰ　工作物責任

1　意義および帰責事由

(1)　意義

　借家人Ｂの借家の玄関ポーチの柱が内側から腐り、Ｂを訪ねてきたＣの頭上にポーチが崩れ落ち、Ｃが負傷したとする。この場合、Ｃは、第1に、建物の占有者Ｂに対して損害賠償請求ができる。Ｂの責任について、717条1項本文は、「土地の工作物の設置又は保存に瑕疵があることによって他人に損害を生じたときは、その工作物の占有者は、被害者に対してその損害を賠償する責任を負う。」とする。ただし、占有者Ｂが、常日頃ポーチの傷み具合を点検するなど、「損害の発生を防止するのに必要な注意」をしていた場合、Ｂは責任を負わない。この場合、建物の所有者（賃貸人）Ａが、占有者が責任を負わないときはじめて責任を負うという意味で2次的に責任を負う（717条1項ただし書）。土地の工作物の瑕疵に基づいて、その工作物の占有者または所有者が負うこの責任を、工作物責任という。占有者の責任は中間責任（→170頁）である。

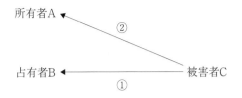

(2) 帰責事由

　所有者の負う工作物責任の帰責事由は、危険責任である。つまり、工作物責任の帰責事由は、建物などの土地上の工作物は倒壊などの危険を常にはらむことから、土地工作物という危険源を所有する者により重い責任を課すという点にある。そのため、工作物の所有者は、自己に過失がないことを証明しても責任を免れることができない。すなわち、２次的な責任主体である所有者の責任は、危険責任に基づく無過失責任である。

　これに対して、所有者に先立って責任を負うという意味で１次的な責任主体である占有者の責任の帰責事由は、過失責任であるが、その責任は中間責任となっている。占有者の責任が中間責任とされる理由は、第１に、損害発生防止に関わる状況をより容易に証明しうる占有者に、注意を尽くしたことの証明を要求することが適切であることに求めることができる。これに加えて、第２に、工作物に由来する危険をコントロールする可能性を持つ占有者は、その危険が実現して損害が発生した場合には、占有者自らが自己の無過失を証明しなければならないという点で通常の過失責任よりも重い責任を負うべきだという考えにも求めることができよう。このような意味で、占有者の責任には危険責任の考え方が取り入れられているといえる。

2　要件、責任主体および免責事由

(1) 要件

　工作物責任の要件は、①土地の工作物に②設置または保存の瑕疵があり、③その瑕疵により他人に損害が生じたこと（瑕疵と損害の因果関係）である。順次みていこう。

(a) 土地の工作物

工場内に据え付けられた機械のシャフトに巻き込まれて工員Cが負傷した場合、巻込みを防止する措置が講じられていないという瑕疵があったとき、機械の占有者Bまたは所有者Aは、Cに対して工作物責任を負う。確かに、事故原因となった機械は、土地ではなく工場に接着している。しかし、工作物を、一定の機能を果たすものとして一体的にとらえるとき、個々の構成部分が土地に付着していることを厳格に要求すべきではない。工場内に据え付けられた機械のほか、建物に設置されたプロパンガス設備における着脱容易なゴムホースや、踏切道における警報器などの保安設備（最判昭和46・4・23民集25巻3号351頁）なども、「土地の工作物」である。

(b) 設置または保存の瑕疵

（ⅰ）　意義　　たとえば、前の所有者AからBに譲り渡された建物が、その柱が腐っていたために、その引渡し直後に倒壊して負傷者が出たとする。現所有者Bにおいて柱の修補により倒壊を避ける時間的余裕がなかった場合、建物の倒壊について予見可能性、または結果回避可能性がないことから、Bに結果回避義務違反は認められない。しかし、工作物責任が危険責任に基礎を置く責任であるとするとき、「瑕疵」はその工作物の危険性の現われである。つまり、「瑕疵」とは、その物がその種類に応じて通常備えているべき安全性を欠くことであるといえる。その発生または存続が占有者または所有者の故意・過失に基づくことを必要とせず、その意味で瑕疵の有無は客観的に判定される。このような立場を客観説という。上の例では、Bに結果回避義務違反が認められないとしても、Bは建物の瑕疵について717条1項ただし書の責任を負う。

もっとも、たとえば、ホームドアのない私鉄の駅において、視力障害者がホームから転落して負傷した場合、ホーム自体は通常備えているべき安全性を欠くとはいえない。しかし、客観説も、瑕疵の発生または存続が占有者または所有者の義務違反に基づくことを必要としないとするに止まり、瑕疵の有無を工作物の性状のみから事実の有無として判断するのではない。回避措置の存否を含めた諸要素を基に、価値判断を行う。したがって、工作物がその性状に照らすかぎり通常備えているべき安全性を欠くとはいえないが、さらに回避措置が考えられるとき、そのことを考慮要素の1つとして、客観説の立場からも瑕疵

が認められうる。つまり、ホームドアの設置などの回避措置が講じられていなかった場合、そのことも考慮して瑕疵を認めることが考えられる。

なお、設置の瑕疵とは、工作物の設置当初から存在する瑕疵であり、保存の瑕疵とは、工作物が維持管理されている間に生じた瑕疵である。もっとも、両者を区別する実益はない。

(ⅱ) 瑕疵の判断基準　瑕疵を、工作物が「その種類に応じて通常備えているべき安全性を欠く」こととするとき、第1に、単に危険があるだけでは瑕疵は認められない。すなわち、通常備えているべき安全性を充たしていれば瑕疵の存在は否定され、絶対的安全性を備えている必要はない。たとえば、その地域で通常発生が予想される震度5の地震に耐えうるブロック塀が、前例のない震度7の地震で倒壊して人が死傷した場合、ブロック塀の設置または保存に瑕疵があるとはいえない。また、工作物の異常な利用方法から生じる危険に対する安全性まで備えている必要はない。営造物責任（国賠2条）の事案となるが、道路端の防護柵に腰を掛けていた6歳児Xが転落し負傷した場合、事故は柵の設置管理者である市Yの通常予測できない行動に起因するものであり、Xのしたような通常の用法に即しない行動の結果生じた事故については瑕疵が否定され、Yは責任を負わない（最判昭和53・7・4民集32巻5号809頁）。

第2に、工作物自体に、倒壊の危険のような積極的な危険性がなくとも、瑕疵は認められる。たとえば、見通しの悪い場所にあり警報器などの保安設備のない踏切道では、軌道（レール）施設は警報器などの保安設備と一体として考察されるべきであり、保安設備を欠くときには軌道施設に瑕疵が認められうる（前掲最判昭和46・4・23→192頁）。なぜなら、工作物が「通常備えているべき安全性を欠く」状態とは、工作物が周囲の者にとって危険な物として機能することであるから、瑕疵の有無の判断では、工作物の機能からみた考察が必要となるからである。したがって、瑕疵の有無は、工作物自体の積極的危険性の有無だけでなく、工作物が周囲にどのように機能するかという観点も取り込むため、工作物の「構造、用法、場所的環境及び利用状況等の諸般の事情を総合考慮して具体的個別的に判断すべき」である（前掲最判昭和53・7・4参照）。

第3に、瑕疵の有無は、事故が起きた時点での技術水準や利用者により期待される水準に従い、判断される。前述のホームドアの例で、事故当時その地域

でホームドアの普及度が低く、その駅で視力障害者がホームから転落する危険性がとくに高いものではなかった場合、裁判時にはその地域でもホームドアが一般に普及しているとしても、事故当時ホームドアが設置されていなかったことがただちに瑕疵となるのではない。

(c) 瑕疵と損害発生の因果関係

工作物責任が成立するには、「瑕疵があることによって他人に損害を生じた」こと、すなわち、瑕疵と損害発生の因果関係が必要である。したがって、瑕疵がなくとも同様の損害が発生したであろうと認められる場合、因果関係が否定され、工作物責任は成立しない。瑕疵と通常予測される自然力を越える自然力が競合して損害が発生したケースをもとに、もう少し詳しく検討しよう。

（ⅰ）工作物が「通常備えているべき安全性」を充たしている場合　この場合、前述の地震とブロック塀の倒壊の例のように、通常予測される自然力を越える自然力が作用することにより損害が発生したとき、工作物（ブロック塀）の瑕疵の存在が否定される。したがって、因果関係を論じるまでもなく工作物責任の成立は否定される。

（ⅱ）工作物が「通常備えているべき安全性」を充たしていない場合　その地域で通常発生が予想される地震が震度5までのものである場合に、震度3までの地震にしか耐えない（したがって震度5の地震では倒壊する）ブロック塀が地震で倒壊したとしよう。このとき前例のない震度7の地震で倒壊して人が死傷した場合、通常予測される自然力を越える自然力が働き、工作物（ブロック塀）に瑕疵がなくとも同様の損害が発生していたといえる。つまり、瑕疵と損害発生の因果関係が否定され、工作物責任は成立しない。

これに対して、震度3までの地震にしか耐えないブロック塀が震度7の地震で倒壊して人が死傷した場合で、ブロック塀の強度が低いために大規模な倒壊が生じて被害が拡大したときのように、瑕疵も損害発生の一因を成しているとき、言い換えれば、瑕疵がなければより軽微な損害しか発生しなかったときはどうか。自然力の競合により発生（拡大）した部分について、占有者または所有者の責任を軽減すべきかどうかが問題となる。裁判例、学説ともに見解は分かれている。自然力の競合を理由とする責任の軽減を肯定する説は、自然力のリスクもすべて占有者または所有者に割り当てることは公平に反するとする。

他方、責任の軽減を否定する説は、自然力による損害リスクを瑕疵ある工作物の占有者または所有者ではなく被害者に負担させることを不当とする。

　自然力による損害と瑕疵による損害が一体をなすとき、実際には、自然力または瑕疵と発生した損害の因果関係を被害者が証明することは困難であろう。このとき、719条1項後段の根底にある考え（→213頁）から、その救済が必要となる。したがって、瑕疵と損害全部の事実的因果関係が存在すること、および損害全部が賠償範囲に含まれることが推定されるものと解すべきである。占有者または所有者は、瑕疵と損害の事実的因果関係、または賠償範囲を基礎づける事実の存在について反証する（たとえば、瑕疵のない塀でも同規模の倒壊が起きていたことを証明する）ことにより、責任を負うことを防ぐことができる。

(2)　責任主体

(a)　占有者

（ⅰ）　民法717条の「占有者」と間接占有者　　学説は従来、占有者を、工作物を事実上支配する者とし、これは物権法上の占有理論によって決まるとしていた。そして、この前提のもと、①たとえば家の主人が留守中の家の管理を家政婦にまかせていたような場合に、その家の瑕疵による工作物責任を負うのは、独立した占有を持たない占有機関（家政婦）ではなく、その家の主人であるとする。また、②たとえば転貸されている建物を転借人が直接占有している場合のような代理占有の場合には、直接占有者（転借人）が1次的に責任を負い、直接占有者が免責立証に成功したとき、間接占有者（転貸人）が2次的に責任を負うものとしてきた。これは、損害防止に直接関係ある者に責任を負わせるという、占有者を責任主体とした立法趣旨を考慮してのことである。しかし、不法行為法上の責任主体が誰であるかを解釈するに当たり、物権法上の占有者概念を持ち出す必然性はない。とくに②について、物権法上の間接占有者による建物の維持管理への関与が間接的なものにすぎないとは限らない。たとえば不動産会社が所有者から建物を一括して借り上げた上で各入居者（テナント）に転貸するサブリースにおいて、転貸人である不動産会社が、テナントから委託を受けて物件を管理しているときが考えられる。この場合、（たとえその管理委託契約が無効であったとしても）間接占有者（不動産会社）も建物の維

持管理に直接関与する者といえよう。したがって、工作物責任において直接占有者と間接占有者が併存的に責任を負い、あるいは間接占有者が単独で責任を負うことも考えられよう。

(ⅱ) 占有者固有の免責事由　　占有者が「損害の発生を防止するのに必要な注意をしたとき」は、その占有者は責任を負わない（717条1項ただし書）。そのことの証明責任は、占有者が負う。

何が損害の発生を防止するのに必要な注意となるかは、工作物の種類・性質、工作物への接近が予想される人の種類などに応じて異なる。たとえば、私有地上の木製の遊具の支柱が腐っている場合に、占有者が、同時に大勢の人が乗らないように利用者である子供たちに呼びかけ、遊具にもその旨の掲示をしていただけでは、子供たちとの関係で必要な注意を尽くしたとはいえない。

(b) 所有者

占有者が免責立証に成功する場合、所有者が2次的に責任を負う（717条1項ただし書）。所有者については、免責立証は定められていない。ここにいう所有者とは事故発生時の所有者（現所有者）であり、現所有者は瑕疵が前の所有者のもとで生じたことを主張して責任を免れることはできない。

所有者も責任主体とされた背景には、賃借人のような占有者は資力のないことが多く、責任主体が占有者のみでは被害者の保護に欠けるという考慮があった。しかし、占有者の免責立証が認められるケースはまれであるとされ、そうだとすれば、結局所有者は責任を負わない。立法論的に疑問のある点である。

所有者が同時に唯一の占有者である場合、その者は1次的な責任主体であるとともに、免責立証は認められない。

(3) 所有者の免責事由

「損害の発生を防止するのに必要な注意をした」ことという占有者の免責事由については、既に述べた。ここでは、そのほかの免責事由、とくに所有者の不可抗力を理由とする免責について説明する。

所有者の責任が危険責任に基礎を置く無過失責任であるとしても、危険責任において伝統的に認められてきたように、不可抗力を理由として所有者が免責されることが考えられる。不可抗力とは、自然力または第三者の行為によって

外部からもたらされた、工作物にとって異質な、経験上予見しえない出来事をいい、さらにそのうち、経済的に負担可能な資金をもってしては最善の注意を尽くしても防止することができず、かつその発生頻度の低さから所有者が考慮する必要がないものをいう。しかし、自然力などの外部からの通常予見しえない作用により工作物に起因する事故が生じるとき、そのような作用に対する安全性を工作物が備えていなかったとしても、それはもはや「瑕疵」とはいえない。工作物責任のように、無過失責任といえども瑕疵要件が定められている場合、不可抗力を理由とする免責の問題は瑕疵要件（または因果関係要件）の問題のうちに解消されるものと考えられる。

失火責任法と工作物責任

　失火責任法は、すでにみたように（→92頁）、失火について軽過失しかない加害者を免責し、故意または重過失ある加害者だけ責任を負うものとする。そこで、1つの事故について、失火責任法のような責任軽減規定と、工作物責任のような責任加重規定の双方の要件が充たされるとき、これらの規定の適用関係が問題となる。

　この問題を考えるには、第1に、失火責任法の適用全般に関わる問題として、その適用範囲を延焼部分に限定すべきかどうか、第2に、工作物責任との関係で、危険な工作物には失火責任法の適用を排除すべきかどうか、第3に、失火責任法が適用されるとするとき、失火についての重過失が必要か、それとも工作物の設置・管理についての重過失が必要か、を考察する必要がある。判例は、「延焼」かどうか、また「危険な工作物」かどうかを問わず、717条1項に失火責任法をはめ込み、工作物の占有者または所有者に設置・保存の瑕疵について重大な過失あるとき、占有者または所有者は責任を負うとする（大判昭和8・5・16民集12巻1178頁）。しかし、工作物責任は、（「危険な工作物」かどうかを問わず）工作物の危険性に基づく危険責任を基礎とする責任である。加えて、火事による重い責任を加害者に負わせることを避けるという失火責任法の立法趣旨の妥当性は、耐火建築が発達し、火災による損害が必ずしもばく大なものとはならない今日では、疑われている。これらのことから、工作物の瑕疵から火災が生じた場合、「延焼」したかどうか、またその工作物が「危険な工作物」かどうかを問わず、失火責任法の適用は排除されるものと解すべきでは

ないか（この場合、上記の第3の問題は生じない）。

　なお、失火責任法と責任加重規定との適用関係という問題は、責任無能力者の監督義務者の責任（714条）や、使用者責任（715条）との関係においても生じる。判例は、前者については、監督義務者における未成年者の監督についての重過失の有無を問題とし（最判平成7・1・24民集49巻1号25頁）、後者については、被用者における失火についての重過失の有無を問題とする（最判昭和42・6・30民集21巻6号1526頁）。

3　効果

　占有者または所有者は、717条1項によって被害者に損害賠償を支払った場合、「損害の原因について他にその責任を負う者があるときは」、その者に対して求償権を行使しうる（717条3項）。ここでいう「損害の原因について他にその責任を負う者」（原因者）とは、たとえば、工作物の施行について過失のあった請負人や、過失で瑕疵を生じさせた（前）所有者または前占有者である。

　原因者Bは被害者Cに対して不法行為責任を負うから、Cは、所有者Aまたは占有者A′に工作物責任を追及するとともに、あるいはそれに先立って、Bに対して（717条1項によらずに）責任追及することもできる。その場合、AまたはA′とBはともにCに生じた損害を全額賠償する義務を負う。ただし、Cが、発生した損害の額を超えて賠償を受けることはできない点などは、714条の法定監督義務者と代理監督者の関係などと同様である（→178頁参照）。

4　竹木への準用

　工作物責任の規定は、「竹木の栽植又は支持に瑕疵がある場合」に準用される（717条2項）。したがって、竹木の所有者または占有者は、栽植または支持の瑕疵により生じた損害について責任を負う。

> **営造物責任**
>
> 　国家賠償法は、道路や河川などの「公の営造物の設置又は管理に瑕疵があつたために他人に損害を生じたとき」、国または公共団体が責任を負うものとする（2条：営造物責任）。営造物責任は、その帰責事由が、「公の営造物」という危険源を支配する国・公共団体に責任を負わせるという危険責任に求められる点において、工作物責任と共通性を有する。しかし、①「公の営造物」は土地工作物だけでなく動産や、河川・池沼などの自然公物も含む、②717条1項ただし書のような免責事由が定められていないなどの点において、営造物責任は、工作物責任よりも責任主体にとって厳格な責任となっている。

II　動物占有者の責任

1　意義および帰責事由

(1)　意義

　たとえば、Aの飼う小型犬に咬まれたBが負傷した場合、犬の占有者AのBに対する損害賠償責任について、718条1項本文は、「動物の占有者は、その動物が他人に加えた損害を賠償する責任を負う。」とする。ただし、Aが、犬をリードに繋いでケージ内に入れ、他人が近づけないようにするなど、「動物の種類及び性質に従い相当の注意をもってその管理」をしていたが、Bがケージ内に無理やり入って咬まれたような場合、Aは責任を負わない（718条1項ただし書）。「占有者に代わって動物を管理する者」も、同様の責任を負う（718条2項）。この占有者または管理者の責任は、中間責任（→170頁）である。

(2)　帰責事由

　動物占有者の帰責事由は過失責任であるが、その責任が中間責任とされる理由は、動物の管理に関わる状況をより容易に証明しうる占有者に、注意を尽くしたことの証明を要求することが適切であることにある。加えて、動物占有者

の責任に危険責任の考え方が取り入れられていることにも求められる。たとえば、よく飼い慣らされた犬も、ふとした拍子から人間に襲いかかることがあるように、動物は、理性的な行動ができないため特有の危険を有する。そこで、動物に由来する危険を支配下に置く占有者は、その危険が実現して損害が発生した場合には、占有者自らが自己の無過失を証明しなければならないという点で通常の過失責任よりも重い責任を負うべきだと考えられる。このことからも、718条は、動物という危険源の占有者に「相当の注意をもって管理していた」こと（無過失）の証明責任を課し、その責任を重くしているといえる。

2　要件、責任主体および免責事由

(1)　要件

(a)　動物

　動物の種類に限定はなく、野生動物も、人の支配下にあるかぎり、718条の「動物」に含まれる。裁判例で問題になったものとしては、家畜である馬、ペットの犬、奈良公園とその周辺の鹿などがある。

(b)　動物が「他人に加えた損害」であること

　718条が、動物特有の危険が実現したことによる損害についての責任を定めたものであるとすると、たとえば、他人に小動物を投げつけて負傷させた場合、718条の適用はない。これに対して、けしかけられた動物が他人にけがをさせた場合、このことは動物特有の危険の現れであるといえるから、けしかけた者について718条が適用される。

　損害は、動物が直接加害したことにより生じたものに限らない。犬が近づいたことにひるんだ7歳の子供が自転車の操縦を誤り負傷した場合にも、718条の責任が成立する。ただし、たとえば、小型犬を怖れた大人が、犬に追われてもいないのに道路上に飛び出して交通事故にあうときのように、被害者が犬から必要以上に逃げて負傷した場合などにおいて、過失相殺（→150頁）の問題を生じよう。

(2) 責任主体

(a) 占有者と管理者の関係

718条2項によれば、占有者のほかに管理者も責任を負う。717条と異なり、所有者は責任主体ではない。起草者は、「管理者」の例として、馬の世話をする者である「馬丁（ばてい）」を挙げていた。しかし、現在では、馬丁のような雇人は「管理者」には含まれないとされる。馬丁のような雇人は、動物の管理について独立の地位を持たず、その者が709条の責任を負うかどうかは別として、718条の重い責任を負うべきではないからである。このとき718条の責任を負うのは、その雇人を用いた者である。また、判例には運送人が管理者であることを前提としたものもみられるが、運送人も（直接）占有者に当たるといえ、あえて管理者とすべき理由はない。したがって、占有者のほかに「管理者」について定めを置く必要はない。718条2項は、現在では無意味な規定である。

(b) 間接占有者

所有者Aから馬の運送を依頼された運送人Bが、その馬を運送中、馬が通行人Cを蹴り負傷させた場合、Cに対して718条に基づく責任を負うのは、間接占有者である所有者Aか、それとも直接占有者である運送人Bか。

動物を現実に占有・管理する者に責任を負わせるという718条の趣旨から、現実に動物の危険を支配することのできない間接占有者は、同条の責任を負わないと考えることもできる。しかし、間接占有者Aも、本来動物を支配すべき地位にあったとすれば、他人Bに動物の管理を託すことにより、Aが本来負うべき注意義務を負わなくて済むということを認めるべきではない。間接占有者Aも責任を負い、①動物の種類および性質に従い相当の注意をもって直接占有者を選任・監督したことのほか、②他人に動物の管理を託した者として尽くすべき注意を尽くしたこと、たとえば、A自らも可能なかぎりその動物の管理に当たっていたことを証明してはじめて免責されると解すべきであろう。

直接占有者と間接占有者がともに責任を負う場合、両者はともに被害者の損害を全額賠償する義務を負う（→178頁参照）。いずれかが賠償した場合、求償の問題を生じる。

(3) 免責事由

占有者および管理者は、「動物の種類及び性質に従い相当の注意をもってその管理」をしていたことを証明すれば、責任を負わない（718条1項ただし書）。この「相当の注意」については、7歳の子供との関係で、体長約40cmのペットの犬が飼主の手を離れた場合に、「相当の注意」を尽くしたとはいえないとした判例もあり、かなり高度の注意が要求されている。そのため、裁判所は免責立証を容易に認めず、718条が事実上無過失責任に接近しているとされている。

また、718条が、危険責任の考えを取り入れた中間責任であるとしても、あくまで過失責任を定めた規定であるとの理解を基礎に置くかぎり、占有者が、相当の注意を尽くしていたとしても同様の損害が生じたであろうこと、すなわち占有者の不注意と損害発生の因果関係が存在しないことを証明したときも、占有者は責任を負わないと解すべきであろう。

3 効果

718条には717条3項のような規定はないが、損害の原因についてほかに責任を負う者があれば、718条に基づいて賠償をした占有者は、その者に対して求償権を行使することができる。この原因者としては、たとえば、動物をけしかけて他人にけがをさせた第三者が考えられる。

原因者は、被害者に対して不法行為責任を負う者であるから、被害者は、占有者に718条の責任を追及するとともに、あるいはそれに先立ち、原因者に（718条によらずに）責任追及することもできる。被害者が占有者とともに原因者に責任追及する場合、両者はともに被害者の損害を全額賠償する義務を負う（→178頁参照）。いずれかが賠償した場合、求償の問題が生じる。

III 自動車損害賠償保障法・製造物責任法

物の危険の実現による損害についての責任を定めた規定は、特別法にもみられる。

1 自動車損害賠償保障法

　自動車損害賠償保障法（自賠法）は、自動車事故での被害者救済の実効性を確保することを目的として、人身損害に関して、無過失責任である運行供用者責任（3条）のほか、運行供用者責任による賠償金を確保するための強制保険を定める（5条、11条）。

　「自己のために自動車を運行の用に供する者」である運行供用者は、自動車の「運行によつて他人の生命又は身体を害したときは」、これによって生じた損害を賠償する（自賠3条本文）。ただし、①自己および運転者の無過失、②被害者または（運転者以外の）第三者の故意または過失、③自動車に構造上の欠陥または機能障害がないことをいずれも証明したときは、責任を負わない（自賠3条ただし書）。したがって、運行供用者は、たとえば、①自己および運転者の無過失を証明しても、③自動車に欠陥等がなかったことを証明できないときは、責任を負う。このように無過失責任である運行供用者責任の帰責事由は、主に、自動車（の走行）という危険を維持・創出する者は、その危険の実現について責任を負わなければならないという危険責任に求められる。

　また、自賠法では、賠償金の支払いにより加害者に生じた損害を填補する責任保険の定め（11条）が置かれ、この責任保険（自賠責保険）契約が締結されている自動車でなければ運行の用に供してはならないとされる（5条）。保険金を請求しうるのは被保険者、とくに自動車保有者であるが（自賠15条）、迅速な被害者救済のため、被害者が保険会社に直接請求することもできる（同16条）。しかし、泥棒が自動車を盗んで運転して事故を起こした場合において運転者である泥棒だけが運行供用者であるときのように、被保険者である自動車保有者が運行供用者責任を負わない場合や、自賠責保険契約が締結されていない場合のほか、ひき逃げで運行供用者が不明な場合には、被害者は自賠責保険金を受け取ることができない。これらの場合、政府が一定限度内で損害を填補する（自賠72条1項：自動車損害賠償保障事業）。

2　製造物責任法

　製造物責任法は、製造物による事故の被害者の責任追及を容易にし、被害者の保護を図るため、製造物の「欠陥」による他人の権利・利益の侵害について製造業者等に責任を負わせる（3条本文）。

　製造物を業として製造加工するなどした製造業者等（製造物2条3項）は、引き渡した製造物の「欠陥により他人の生命、身体又は財産を侵害したときは、これによって生じた損害を賠償する責めに任ずる」（同3条本文）。製造業者等は、大量生産される製品において無過失でもなお防ぐことのできない欠陥製品による事故についても、責任を負う。このように無過失責任である製造物責任の帰責事由は主に、欠陥のある製造物という危険源を製造し、または市場に置いたという意味で創出したことに求められる。つまり危険責任である。

　製造物責任を基礎づける「欠陥」とは、「当該製造物が通常有すべき安全性を欠いていること」をいう（製造物2条2項）。工作物責任における「瑕疵」同様、製造業者等の故意または過失に基づくことを必要とせず、「当該製造物の特性、その通常予見される使用形態、その製造業者等が当該製造物を引き渡した時期その他の当該製造物に係る事情を考慮して」、判断される（製造物2条2項）。たとえば、その製造物が引き渡された時期にすでにより安全な製品を製造する技術が普及していた場合、この製造物に「欠陥」があるとの評価に傾くこととなる。この「欠陥により他人の生命、身体又は財産を侵害したときは」、製造業者等は製造物責任法3条本文により責任を負う。製造物責任法は、自賠法と異なり、その対象を人身損害に限定していない。

　製造業者等は、製造物の引渡時における科学技術の知見によってはその欠陥を認識することができなかったことを証明すれば、責任を負わない（製造物4条1号：開発危険の抗弁）。たとえば、製薬会社Aが製造した医薬品を服用したBに、副作用により健康被害が生じたが、Aがこの医薬品を引き渡した時の科学技術の知見によってはその副作用を知ることができなかった場合である。もっとも、製造業者等において欠陥を認識できなかったことが、それらの者の過失を基礎づける危険の認識可能性がなかったことと同じことを意味するのであれば、開発危険の抗弁は製造業者等に無過失の抗弁を認めることを意味するこ

とになる。このことは、危険責任に基づいて製造業者等の責任を加重した製造物責任法の趣旨に反する。したがって、開発危険の抗弁によって製造業者が免責されるには、製造業者等が、単に過失を基礎づける危険の認識可能性がなかったこと、つまりその製造業者等の立場に置かれた一般的製造業者等がその欠陥を認識できなかったことを証明しただけでは足りない。引渡時における世界最高の科学技術の知見によってもその欠陥を認識できなかったことの証明が必要である。これまで、開発危険の抗弁による免責を認めた裁判例は存在しない。

第12章

複数の責任主体の責任

　不法行為が問題となる場面では、１つの事故が複数の責任主体の関与のもとに生じることがある。たとえば、ABの自転車が交差点で出合い頭に衝突したはずみで、Bの自転車が通行人Cにぶつかって負傷させた場合（ケース１）や、近接する地域に所在するA工場とB工場が各自ばい煙を発生させ、それらが周辺の住民Cらの肺疾患を引き起こした場合（ケース２）のほか、M水利組合・N水利組合間の紛争において、実力行使に訴えても自分たちの農地に水を引くという目的を達成することを決議したM組合の組合員ABらのうちBが、相手方N組合の組合員Cらを殺傷する場合（ケース３）なども考えられる。さらに、ケース２については、A工場とB工場の間に、資本提携も人の交流や原料のやりとりなどもまったくない場合（ケース2a）もあれば、いわゆるコンビナートにおいてそれぞれ一貫した生産技術体系の各部門を担当し、その間に原料の受渡しなどを行っている場合（ケース2b）もあろう。

　このように、１つの事故に複数の責任主体が関与する場合について、民法は719条を置く。しかし、同条の趣旨は必ずしも明らかでなく、そのことは、同条の要件・効果をわかりづらいものとしている。本章では、１つの事故に複数の責任主体が関与した場合の考え方に関して、まず、いわば原則である、いわゆる競合的不法行為について述べる（→Ⅰ）。その後、その特則といえる719条の要件・効果について述べることとする（→Ⅱ）。

I　競合的不法行為

1　競合的不法行為の意義

　1つの事故が複数の行為者の関与のもとに生じ、行為者各人が709条に基づく責任を負うとき、各行為者の負う責任の関係はどうなるか。このような場合の各行為者の不法行為を、競合的不法行為という。

　ケース1において、AB双方によそ見やスピードの出しすぎなどの過失が認められるとき、1つの事故についてABがそれぞれ不法行為（709条）の要件を充たす。そのため、ABは共に、不法行為法の一般原則に従い、Cの損害（負傷）がその賠償範囲に含まれる限り、全額の賠償義務を負う。また、ケース2aにおいて、各自のばい煙の排出についてA工場、B工場にそれぞれ過失が認められるとき、A工場とB工場はそれぞれ不法行為（709条）の要件を充たす。そのためA工場およびB工場は共に、不法行為法の一般原則に従い、Cの損害（肺疾患）がその賠償範囲に含まれる限り、全額の賠償義務を負う。

　反対に、ABの加害行為とCの損害の間に事実的因果関係がないか、またはCの損害が賠償範囲に含まれない場合、ABは責任を負わないこともまた、不法行為の一般原則から導かれる。ケース2aにおいて、A工場（またはB工場）は、Cの肺疾患が各自のばい煙の排出と事実的因果関係がないか、または各自の賠償範囲に含まれないとき、Cの肺疾患について責任を負わない。

2　因果関係の証明の困難

　A工場やB工場にCの肺疾患について責任を負わせるには、AまたはBのばい煙の排出とCの疾患の間に事実的因果関係があること、およびCの疾患に賠償範囲が及ぶこと（より厳密にいえば賠償範囲を基礎づける事実）を、原告Cの側で証明しなければならない。しかし、ケース2aのように、工場のばい煙からCの疾患という一体性を有する損害が発生する場合、その損害のうちどこにまでAまたはBのばい煙の排出との事実的因果関係、または賠償範囲が及ぶかが、明らかではないことが少なくない。このとき、原告Cにおいて因果関係の

証明の困難が生じ、その救済が問題となる。この点については、後の719条1項後段に関する説明の中で、あらためて述べる（→215頁参照）。

II 共同不法行為 (719条)

719条は、「数人が共同の不法行為によって他人に損害を加えたときは、各自が連帯してその損害を賠償する責任を負う。共同行為者のうちいずれの者がその損害を加えたかを知ることができないときも、同様とする。」（1項）とし、さらに、「行為者を教唆した者及び幇助した者は、共同行為者とみなして、前項の規定を適用する。」（2項）とする。とくに1項前段が規定する不法行為を（狭義の）共同不法行為という。

Ⅰで述べた、1つの事故に複数の責任主体が関与した場合のいわば原則である競合的不法行為の処理が、719条の適用を受けるときどのように変容するか、次にみていこう。

1 719条1項前段

(1) 要件

719条1項前段の適用を受けるには、各行為者が共同の「不法行為」をしたことが必要であるから、各行為者において故意または過失、権利または利益の侵害、損害の発生といった一般の不法行為の要件を充たす必要がある。ただし、因果関係要件の充足をどう理解するかは、一般の不法行為の要件にはない1項前段固有の要件である、各行為者の「共同の」不法行為という要件の内容の理解に関わる。この要件を関連共同性という。はじめに関連共同性要件について述べた後、そのほかの要件について述べる。

(a) 「共同の」不法行為であること（関連共同性）

(i) 裁判例における共同不法行為の例　共同不法行為の成立を認めた判例・裁判例として、たとえば、①ケース3のような事案で、BがしたCらの殺傷に関するABの共同不法行為を認めたものがある（大判昭和9・10・15民集13巻1874頁）。また、②ケース2bのような事案で、ABらの共同不法行為を認めたものもみられる（津地四日市支判昭和47・7・24判時672号30頁）。

①の例では、共同行為者Aは、決議への参加という自己の行為と事実的因果関係がないか、または少なくとも自己の行為との間に第三者Bの行為が介入していることから、賠償範囲に含まれるかどうかが問題となるCらの殺傷という損害について、責任を負っているといえる。また、②の例でも、ばい煙の排出量が少量である（と主張する）共同行為者Aは、少量のばい煙の排出という自己の行為との事実的因果関係の存否が問われるか、または少なくとも、Bらによるばい煙の排出という競合するほかの原因を考慮して責任が軽減されるべきかどうかが問われる損害について、責任を負っているといえる。つまり、これらの裁判例では、各行為者の行為と事実的因果関係がないか、または賠償範囲にないとされうる損害についても、各人が責任を負うものとされている。

　(ⅱ)　共同不法行為の帰責事由と関連共同性　　裁判例①②でみたように、共同不法行為において、各人の加害行為との間に事実的因果関係がないか、または賠償範囲に含まれない損害についても各人が責任を負うとき、これを不法行為の一般原則から説明することはできない。では、1項前段の帰責事由は何か。

　この帰責事由については、一方で、これを各行為者の意思に求める考え方がある。たとえば、前述の裁判例①では、Aは、Bの行為を利用する意思とともに、Bが自己の行為を利用するのを認容する意思を持つといえ、Bについても同じことがいえることから、AB間に共同不法行為が成立する。言い換えれば、共同行為者のそれぞれが他人の行為を利用し、また他人が自己の行為を利用するのを認容する意思（共同の意思）を持つとき、その意思のゆえに結果が帰責される。つまり、行為者間に共同の意思が認められるときはじめて関連共同性要件が充たされ、共同不法行為が成立する。このように、関連共同性を認めるには行為者間の主観的要素の存在が必要だとする考え方を、主観的共同説という。

　なお、共同の意思は、各行為者の共謀がある場合や、各人が目指す目的が権利・利益侵害である場合以外にも認められるものとされる。たとえば、医師Aが、患者Cへの実施を予定している治療が正しいものであることを同僚Bに確認したところ、実際には誤った治療であったにもかかわらず、Bが過失によりその治療に賛同した場合に、Aの医療過誤によるCの損害について、Bにも過

失による共同不法行為が成立することが考えられよう。BにはAの行為（治療）を一定の目的（Cの治ゆ）のために利用し、Aが自己の行為（治療法の適否の判断）を利用するのを認容する意思があるといえ、その意思ゆえに、生じた結果が、たとえそれがBの目指していたものと異なるとしても、Bにも帰責されることとなろう。

　他方で、たとえば、前述の裁判例②において、AB間に共謀やそのほか共同の意思がなくとも、共同不法行為が成立するとする考え方もある。つまり、行為者間の主観的要素の有無を問わず、各行為者の行為が客観的に関連していれば関連共同性が認められ、共同不法行為が成立するとする立場である。そして、719条1項前段において各人の加害行為との間に事実的因果関係がないか、または賠償範囲に含まれない損害についても、各人が責任を負わされることの根拠を、最近の学説は、各行為が場所的・時間的に一体性のあるものであることを前提として、各人が互いに他人の権利・利益を侵害しないように協力する「拡大された注意義務」を負うとする点に求める。ケース2bでいえば、AB間に共謀そのほか共同の意思がなくとも、共同で危険を支配するようBに要請しうるAは、自身はもちろんのことBがばい煙を排出してCの健康を侵害しないようにする注意義務を負い、この義務の違反によりABに共同不法行為が成立することになる。このように、各行為者の行為が客観的に関連していれば関連共同性が認められ、共同不法行為が成立するとする立場を、客観的共同説という。

　(iii)　判例の立場とその評価　　判例は、Bが、自動車運転者Aの過失により致命的な傷害を負った後、適切な措置があれば高確率で救命されえたにもかかわらず、搬送先の病院Yの医師の医療過誤もあって死亡した事案において、AY間の通謀や共同の意思といった主観的要素の有無を問わず、AYを共同不法行為者としている。そして、共同不法行為の存在意義を、「共同不法行為者のいずれからも全額の損害賠償を受けられる」とすることにより、「被害者保護を図る」点にあるとする（前掲最判平成13・3・13。→126頁）。つまり、各人の行為の客観的な関連共同性があれば共同不法行為が成立するとした上で、たとえば被害者Bに1,000万円の損害が生じた場合、AおよびYがともにBに対して1,000万円の損害賠償債務を負い、Bの遺族Xは、かりにAに財産がなく

てもYから賠償債務の弁済を受けることができるということであろう。

　しかし、1つの事故について、複数の行為者がそれぞれ不法行為の要件を充たし、そのことを原告が証明するとき、各人が、自己の行為と事実的因果関係を有し、かつ賠償範囲に含まれる損害について、全額の賠償義務を負うことは、719条1項前段がなくとも不法行為法の一般原則から導き出される（→206頁参照）。719条1項の存在意義はむしろ、前述の裁判例①②でみたように、各行為者の加害行為との間に事実的因果関係がないか、または賠償範囲に含まれない損害についても、各人に責任を負わせる点にあると考えるべきであろう。

　したがって、719条1項前段の関連共同性としては、各行為者の加害行為との間に事実的因果関係がないか、または賠償範囲に含まれない損害についても、各人に責任を負わせるに足る関連共同性が要求される。これが認められるには、たまたま近接する地域に所在する互いに無関係な工場が同時期にばい煙を排出していた（ケース2a）というように、複数の加害行為がたまたま同じ時期・場所でなされたという加害行為の時間的・場所的一体性があるだけでは十分ではない（もちろんケース1のような事案でも関連共同性は認められない）。また、前掲最判平成13・3・13の事案のように、複数の加害者が引き起こした損害が区別されえないものであるという、損害の一体性だけでも十分ではない。このとき、主観的共同説も「共同の意思」を、多くの場合において、客観的事情に法的評価を加えて導き出さざるをえないと見られることからすれば、「主観的関連共同」を要するとするか、「客観的関連共同」で足りるとするかという問題は、同じ規範的判断を異なる概念によって説明しているにすぎず、関連共同性の有無を判断するに当たり決定的な問題ではない（このことは、主観的共同説が「共同の意思」を共謀のある場合以外にも広く認めることによっても裏付けられよう）。

　なお、繰り返しになるが、Xの死亡という損害の一体性が認められるにすぎず、自動車運転者と医師の行為の間に関連共同性を認めがたい前掲最判平成13・3・13の事案には、719条1項前段を適用すべきではない。本件は、1つの事故に複数の責任主体が関与した場合の原則である競合的不法行為の事案として位置づけられるべきである。ただし、Bの損害（死亡）はY（の医師と）Aの行為いずれとも事実的因果関係を有し、YAの賠償範囲に含まれるものと

いえる（→126頁参照）。したがって、結論としては、いずれにしろ YA は B の損害について全額を賠償する義務を負う。

(b) 共同の「不法行為」であること

複数の行為者間に関連共同性が認められるものとして719条1項前段が適用される場合、(a)で述べたように、行為者各人は、各人の行為と損害の間の因果関係が存在するという意味での因果関係要件を充たす必要がない。そのかぎりで、かつて判例が述べたのとは異なり、「各自の行為がそれぞれ独立に不法行為の要件を備える」必要はない。

(2) 効果

(a) 「連帯して」の意義

共同不法行為者は、連帯債務者として、各自が被害者に生じた損害を全額弁済する義務を負う。各行為者は、自らの加害行為との間に事実的因果関係がないか、または賠償範囲に含まれない損害についても、責任を負う。自己の行為と発生した損害の間の事実的因果関係、または賠償範囲を基礎づける事実の存在について反証することにより、責任を免れることはできない。

共同不法行為者の1人Aに生じた事由の効力が、ほかの共同不法行為者Bに及ぶかどうかという問題については、→178頁参照。

(b) 求償

AB の共同不法行為により100万円の損害を被った C に、A が賠償債務の弁済として40万円を支払ったとする。A はこの弁済について B に求償できるか。

(i) 負担割合　　A の B に対する求償権の有無・範囲を定める前提として、A：B ＝ 3：2 のように、AB それぞれが負担すべき割合を定める必要がある。これを負担割合という。しかし、共同不法行為の場面では、法律行為に基づく連帯債務の場面と異なり、債務者である共同行為者間に密接な人的関係がない場合が少なくない。そのため、当事者間の合意で負担割合を決定することができないことも多い。そこで、負担割合は、各行為者の過失の割合によって定められる。

(ii) 求償の要件　　前述の例で AB の負担割合を3：2とすると、AB の最終的な負担額はそれぞれ60万円、40万円となる。では、最終負担額に充たない額

（40万円）しか弁済していないＡは、Ｂに求償できるか。この点について442条1項は、複数の債務者のうち1人が弁済した場合、弁済した債務者は、弁済額が「自己の負担部分を超えるかどうかにかかわらず」、ほかの債務者に対し、各自の負担部分に応じた額の求償権を有するとする。つまり、自己の最終負担額である「負担部分」に充たない40万円しか弁済していないＡも、その弁済額のうちＢの負担部分に応じた額（40万円×2/5＝16万円）を求償しうる。

2　719条1項後段

(1)　意義

　Ｃ所有建物の喫煙所で互いに面識のないＡＢが順次喫煙したところ、いずれかのタバコの火の不始末により建物が全焼したとする。このようなＡＢの行為の関係を、択一的競合という。いずれのタバコが原因で火災が生じたかをＣが証明できないとき、一般原則に従えば、いずれかが火災を生じさせたことが明らかであるとしても、ＣはＡＢいずれにも発生した損害の賠償を請求することができない。これは不当である。そこで、このような場合に、一定の要件のもとで、ＡＢいずれの行為についても発生した結果との因果関係を推定し、ＣがＡＢいずれにも請求しうることとしたのが、719条1項後段の規定である。

(2)　要件──「共同行為者」であること

　因果関係の推定による被害者の証明困難の救済という719条1項後段の趣旨から、行為者各人が因果関係以外の不法行為の要件を充たしているかどうかがそもそも疑わしい場合、同後段を適用する前提を欠く。719条1項後段を適用して被告全員に全損害について責任を負わせるには、各人が因果関係を除く不法行為の要件を充たす必要がある。しかし、719条1項後段は、行為者のいずれもが損害を引き起こしえたが誰がそれを行ったか確定されないこと（だけ）から生じる証明困難の救済を目的とする。このことから、「共同行為者」という文言には反するが、719条1項前段の関連共同性という意味での共同性はもちろん、そのほかの何らかの形での共同性も必要がないと解すべきである。

　もっとも、行為と結果の因果関係がある可能性だけで、これを推定するとす

れば、推定の範囲が際限なく広がるおそれがある。したがって、因果関係の可能性に加え、各行為者の行為が具体的な損害を惹き起こすのに適した行為であることが必要であろう。たとえば、駐車中のＣの車の側をＡＢの自動車が一定の時間帯に順次通り過ぎたことは確かだか、いずれの自動車もＣ車に接触したことが確かではない場合、Ｃ車に装備されていた電子機器の衝撃による故障のような、接触によりＣ車に生じた損害について、ＡＢの行為との因果関係の推定を認めるべきではない。側を通り過ぎただけでは、たとえ制限速度を超過しまたは蛇行運転していたとしても、Ｃ車の衝撃による故障を惹き起こすのに適していないからである。これに対して、ＡＢの自動車がいずれもＣ車に接触したことは確かだが、いずれの接触によりＣ車の電子機器が故障したかが明らかにならない場合には、ＡＢの接触とＣ車の損害の因果関係が推定される。

　他方、各行為の時間的場所的一体性は必要ではない。たとえば、血液製剤によりある疾患に感染したＣが、Ａ病院での血液製剤投与により感染したのか、その数年後に受診したＢ病院での投与により感染したのかを明らかにできない場合にも、ＡＢの血液製剤投与とＣの感染との因果関係は推定される。

　被告ＡＢが以上に述べた意味での「共同行為者」であることを原告Ｃが証明した場合、ＡＢの行為と結果との因果関係が推定される。免責のため、自己の行為と結果の因果関係がないことを証明することは、ＡＢらのなすべきことである。したがって、ＡＢらのうち「いずれの者がその損害を加えたかを知ることができない」ことは、Ｃが証明すべき責任要件ではない。また、ＡＢが、ＡＢ以外にも当該損害を惹き起こすのに適した行為をした者Ｄがいたことを証明しても、それだけでは、Ｄもまた719条１項後段の適用を受けることを意味するだけであり、ＡＢが免責されることにはならない。このことから明らかなように、「共同行為者」として原告の特定した者ＡＢ以外の者が損害を惹き起こした可能性のないことも、Ｃが証明すべき責任要件ではない。

(3)　効果

(a)　因果関係の推定

　損害を惹き起こした可能性のある者ＡＢの行為と結果との因果関係が推定され、ＡＢの賠償債務は、719条１項前段と「同様」に連帯債務となる。しかし、

Aまたは（および）Bが、自己の行為と結果との間に因果関係がないことを証明したとき、その者は免責される。これにより、因果関係を解明できないことによるリスクは、損害を惹き起こした可能性のある者ABに課される。

(b) 719条1項後段の類推適用

（ⅰ）**719条1項後段の類推適用の効果**　ケース2aのように、競合的不法行為において、1つの事故から被害者に一体性を有する損害が発生したが、その損害のうちどこにまで各人の行為との事実的因果関係、または賠償範囲が及ぶかが明らかではない場合、被害者において因果関係の証明困難が生じるという状況（→207頁参照）は、719条1項後段が規定する事案と類似する。したがって、このような場合には、各人の行為と結果との因果関係がある可能性のあること、各人の行為が具体的な損害を惹き起こすのに適した行為であることという、719条1項後段と同様の要件のもとで同後段を類推適用し、各人の行為と結果全部の事実的因果関係が存在すること、または発生した結果全部が賠償範囲に含まれることが推定されると解される。

ケース2aについてより厳密にいえば、次のようになる。一方で、ばい煙によるCの肺疾患という一体性のある損害が発生したが、その損害のうちどこにまでABそれぞれのばい煙の排出との事実的因果関係または賠償範囲が及ぶかが明らかでない。他方で、ABのばい煙の排出は共にCの疾患を惹き起こした可能性があり、かつこれを惹き起こすのに適した行為といえる。このことから、ABそれぞれの行為とCの疾患全部の事実的因果関係が存在すること、またはCの疾患全部が賠償範囲に含まれることが推定される。そして、Aまたは（および）Bは、自己の行為とCの疾患の間の事実的因果関係、または賠償範囲を基礎づける事実の存在について反証をして、責任を免れうる。この点は、各行為者が自己の行為と発生した損害の間の事実的因果関係、または賠償範囲を基礎づける事実の存在について反証をしても責任を免れることのできない、719条1項前段の場面とは大きく異なる（→212頁参照）。

（ⅱ）**寄与度減責**　以上のように競合的不法行為において、719条1項後段の類推適用により、各人の行為と結果全部の事実的因果関係が存在すること、または発生した結果全部が賠償範囲に含まれることが推定されると、各人は、一体性を有する損害全部の賠償について連帯債務を負う。これに対して、各人

は、事実的因果関係の不存在、または賠償範囲を基礎づける事実の不存在（寄与度）を立証して責任を軽減され、または免責されうる。このように、競合するほかの原因を考慮してある責任主体Aの責任を軽減することを寄与度減責という。見方を変えれば、Aの結果に対する寄与の度合いである寄与度（が低いこと）を考慮して責任を軽減することになるからである。単独の行為者による不法行為の場面では、もっぱら後続侵害の問題を念頭に置いて論じられる賠償範囲の確定基準の問題が、複数の責任主体がいる場面では、寄与度減責という形でも論じられる。

3　719条2項

(1)　意義

　教唆とは、他人をそそのかして不法行為を行うことを決意させることであり、幇助とは、他人が不法行為を行うことを、その不法行為以外の行為をすることによって容易にすることをいう。

　刑法と異なり、民法では過失による教唆・幇助も認められる。このとき、各行為者の加害行為と損害の間に事実的因果関係がないか、または損害が賠償範囲に含まれない場合に、関連共同性が認められない者を教唆者・幇助者として719条1項前段の共同不法行為者とみなすとすれば、719条2項には独自の意義が認められよう。しかし、教唆者・幇助者とされる者にだけそのような厳格な責任を課す根拠は、明らかではない。したがって、719条2項にいう「教唆」「幇助」は、教唆者・幇助者側からの責任軽減または免責の主張を許さずに責任を負わせるに足る、関連共同性が認められるものに限られるべきである。つまり、719条2項は、同1項前段の確認規定にすぎない。

(2)　効果

　教唆者・幇助者Aと被教唆者・被幇助者Bの賠償債務は、719条1項前段の適用により連帯債務となる。719条1項前段の直接適用の場合と同様、Aからの責任軽減または免責の主張は許されない。

第13章

事務管理

法的な義務なく、他人（本人）の物を預かったり、修理したりする管理行為は、本来、他人の権利領域への勝手な手出しとなり、不法行為となる。しかし、民法は、管理者に他人（本人）のためにする意思がある場合、一定の要件のもと、これを事務管理として、委任類似の適法な関係として扱っている。本章では、この事務管理の意義、要件、効果を説明する。

I　事務管理の意義

Aが友人Bの下宿を訪ねた際、Bがちょっと買い物に出た間に、B宛ての荷物が着払いで配達されてきた。居合わせたAは、Bからとくに頼まれてはいなかったものの、親切心で自分の財布から着払い費用1,000円を支払い、荷物を受取った。Bの帰宅後、AはBにこの荷物を引き渡し、Bに1,000円の支払を請求するであろう。この請求権（費用償還請求権という）を基礎づけるのが、事務管理という制度である。事務管理（697条以下）とは、法律上の義務のない者（A）が、他人（B）のために他人（B）の事務を処理することをいう。

もっとも、BはAに荷物の引取りを依頼していないことから、法律上、AにはBの荷物を受取る義務もないが、権限もない。もしかしたらその荷物は、Bにとっては受取りを拒否すべき不要な荷物であって、Aの好意は、Bには要らぬお世話（おせっかい）であった可能性もある。そのため、たとえAの行動が他人（B）のためを思う好意から出た行為（これを利他的行為という）であったとしても、Aに荷物受取りの権限や義務がない以上、私的自治の原則（意思自

治の原則）によって規律される近代社会では、Aの行為は、本来であれば、他人（B）の生活・権利領域への無用な干渉にあたるものとして違法である。しかし、たとえ要らぬお世話でも、Aの行為によってBは荷物の再配達を依頼する手間が省ける等、Aの行為がBの意思や利益に適う場合も少なくない。事務管理制度は、その限りで、Aの利他的行為に法的正当性を与える（つまり、侵害行為の違法性を阻却する）役割がある。その上で、ここでは本来Bが負担すべきであった事務費用（着払い費用）をB自身の負担とするため、Aのもとに費用償還請求権の発生を認める。このことから、事務管理は──契約・不法行為・不当利得と並ぶ──債権発生原因の1つであって、その債権は、──不法行為・不当利得によるものと同様──法定の要件を充たした場合に法律上自動的に発生する債権（＝法定債権）である。

　ところで、他人の事務を引き受けたAには、債権だけではなく、あわせてこの荷物を適切に管理する法的義務（債務）も生じる。たとえば荷物に「要冷凍」とあればBに引き渡すまでの間、これを冷凍庫にて保管すべきである。Bの外出は意外に長くなるかもしれない。それができない可能性があれば、そもそも他人の荷物を受け取るべきではない。

　以上をまとめると、事務管理（697条以下）は、法律上の義務・権限がないにもかかわらず、ある者A（条文では「管理者」という）が、他人B（条文では「本人」という）のために、他人Bの事務処理を開始した場合の法律関係をいう。事務管理が成立すると、その効果として「管理者」と「本人」との間に、あらかじめその事務の管理を依頼していた場合（＝事前に着払い荷物の受取りの申込みとその承諾という意思の合致がある場合）と同様の法的な関係──委任（643条以下）類似の債権・債務関係──が自動的に発生する。もっとも、民法は事務管理の成立により、管理者にさまざまな義務を課す一方、管理者には費用償還請求権を認めるにとどまり、報酬請求権も、また（たとえ事務管理を通じて管理者に損害が発生したとしても）損害賠償請求権も認めていない。したがって、民法は事務管理を積極的に奨励するものではない。

　なお、以上のほかにも、①長期不在の隣家が台風や地震で破損した場合の応急処置や修繕、②迷い犬や迷子の世話、③道路で倒れている人の病院への搬送といった場面でも事務管理は問題となる。もちろん、管理行為が「本人」の意

思・利益に明らかに反するような場合には（たとえば宅配された冷凍食品を勝手に食べる、あるいは修理とは名ばかりの破壊行為等）、事務管理の問題ではなく、不当利得や不法行為の問題となる。

Ⅱ　事務管理の要件

事務管理が成立するための要件は、次の4つである。

1　他人の事務の管理を始めること

(1)　事務の管理の開始

事務とは、生活に必要な仕事をいう。事実行為（管理者自身による家屋の修繕）でも、法律行為（家屋補修のための工務店との請負契約）でもよい。継続的行為でも、一回的行為（立替払い）でもよい。非財産的行為（救助）でもよい。ただし、違法行為であってはならない。

事務の管理とは、これらの仕事を処理することである。事務管理では、管理行為（家屋の修繕や下水管敷設等の保存・改良行為等。103条参照）だけでなく、処分行為（生鮮商品の転売等）も対象となる。買主が数人ある場合に買主の1人が行った売買契約の解除を他の買主に対する事務管理として認めた判例がある（大判大正7・7・10民録24輯1432頁）。

事実上の管理行為をした時点が、事務管理を開始した時点となる。

(2)　他人の事務

事務は「他人の事務」でなければならない。他人の家屋を現実に修繕する行為は、その行為の性質（修繕による利益が他人に帰属すること）から客観的にみて他人の事務といえる。これを客観的他人の事務とよぶ。これに対して、他人の家屋を修繕するためとはいえ、ホームセンターで材料を購入する行為は、それ自体では、他人の事務か管理者自身の事務か、はっきりとしない（本人は、その材料を自分の家屋を修繕するために購入しているかもしれないからである）。これを中性の事務とよぶ。しかし、中性の事務の場合であっても、「他人のため

にする意思」のあることが客観的に表示（他人の名義で領収証をもらう等）あるいは推断される場合には、他人の事務となり、事務管理が成立すると理解されている。

　管理者自身の事務に事務管理は成立しない。客観的には他人の事務でありながら、管理者が自己の事務であると誤信している場合には（たとえば他人の債務を誤って自分の債務として弁済した場合）、「他人の事務」ではあるが、「他人のためにする意思」がないことから、やはり事務管理は成立しない。不当利得の問題となる（→232頁）。

2　他人のためにする意思のあること＝事務管理意思

　「他人のために」（697条1項）とは、他人の利益を図る意思で行為することをいう。このような意思を事務管理意思とよぶ。客観的他人の事務にあたる場合には、事務管理意思は、事実上推定される。本人が不明な場合でもよい（迷子の保護等）。また他人のためにする意思には、自己のためにする意思が併存してもよい。たとえば、隣家の修繕や除雪をしなければ、自己の家屋や家族にも危険が及ぶため、修繕や除雪を行ったような場合である。この場合にも、他人のために他人の事務を行ったといえ、事務管理が成立する余地はある。

3　他人の事務を管理する義務のないこと

　事務管理では、管理者が「他人の事務の管理」を「他人のために」、しかも「義務なく」開始することが必要である。管理者が、その他人（条文上の「本人」）に対して、契約または法律に基づき事務処理義務を負う場合や権限のある場合には、事務管理の問題は生じない。たとえば、委任（643条以下）、その他の契約、または親権（820条以下）等の法律上の義務がある場合には、それぞれの契約または法律に従って処理される。

4　事務の管理が本人の意思・利益に反することが明らかで
　　ないこと

　事務管理の成立にあたっては、以上の３つの要件に加え、第４に「本人の意思と利益に反していることが明らかでないこと」が解釈上、必要とされる。これは、第１に、管理者は本人の意思を推知できるときは、それに従って管理をしなければならないこと（697条２項）、第２に、事務管理の継続が本人の意思または利益に反することが明らかな場合には、管理の継続を中止しなければならないこと（700条ただし書）、以上の条文の趣旨を考慮したことによる。

　このような考え方を前提とすると、管理開始時に本人の意思または利益に反することが明白な行為（たとえば解体予定の家屋の修繕）は、事務管理の成立要件を充たさず、違法な行為となる。しかし、その場合にあっても、第１に、本人がこの行為を後から事務管理として「追認」することに問題はない。追認された管理行為は、本人がとくに異なる意思を表明しないかぎり、管理行為時に遡って適法な事務管理となり、管理者に費用償還請求権が発生する。第２に、本人の意思が公序良俗や強行法規に違反する場合には、管理者はそのような意思を尊重する必要はないとされる。判例では、他人の税金を立替払いした事案で、本人にその税金を払う意思がなかったとしても、事務管理の成立が認められている（大判大正８・４・18民録25輯574頁）。

Ⅲ　事務管理の効果

1　管理者の義務＝本人の権利

　事務管理の効果は、委任類似の債権債務関係の発生にあることから、管理者の義務は、委任契約における受任者の義務とほぼ対応している。

(1)　善管注意義務（697条）と緊急時の例外（698条）
　管理者の負う注意義務について、第１に、管理者は、事務の性質に従って最も本人の利益に適う方法で事務を管理しなければならないこと（697条１項）、

第2に、管理者が本人の意思を知っているときまたは推知することができるときはその意思に従って管理しなければならないことが明記されている（697条2項）。本人の意思と利益を基準とした管理義務であり、委任契約における受任者の善管注意義務（644条）に対応する。

　ただし、事故現場での救助のように、事務管理の内容が「本人の身体、名誉又は財産に対する急迫の危害を免れさせるため」の行為（これを緊急事務管理という）であるときは、たとえ、その事務の管理によって本人に損害が発生したとしても（たとえば意識を失った人へ心肺蘇生法を試みたところ肋骨が折れる等しても）、管理者に悪意（＝故意ないし害意）または重大な過失がないかぎり、管理者がその損害（骨折の治療費用等）の賠償責任を問われることはない（698条）。その限りでこの場面での管理者の責任は、軽減されている。他方で、本条の反対解釈から、緊急事務管理に当たらないかぎり、たとえば不適切な保管による保管物の破損等、管理者の（軽）過失により本人に損害が発生した場合には、管理者は善管注意義務違反により、本人に対する損害賠償責任を負うことになる（415条1項）。

(2) 通知義務（699条）

　管理者は、管理を始めたことを遅滞なく本人に通知する義務を負う（699条本文）。委任契約と異なり、管理者からの通知をもって、本人は事務の開始の事実と管理者を知り、対応が可能となるからである。したがって、すでに本人が管理の事実を知っている場合には、管理者に通知義務はない（同条ただし書）。通知義務には、本人の回答を待つ余裕がある場合には、これを待ち、それに従った行動をする義務も含まれる。そのため、回答を待つ余裕があるにもかかわらず、それを待たず管理者が独断で管理を進めた場合には、善管注意義務違反となりうる。

(3) 管理継続義務（700条）

　管理行為が一時的なものではなく、物の保管等、継続的な性質のものであるときは、いったん管理を始めた管理者は、本人（またはその相続人や法定代理人）がその事務の管理ができるにようになるまで、管理を継続しなければなら

ない（700条本文）。これを管理継続義務という。管理者が途中で管理を放棄し、その結果、本人に損害を与えた場合には損害賠償責任を負う。逆に、管理を継続することが「本人の意思に反し、又は本人に不利であることが明らかであるときは」（明らかになったときは）、管理者は管理を中止する義務を負う（700条ただし書）。中止義務に違反し、事務管理を継続したことにより本人に損害が生じる場合にも、管理者は損害賠償責任を負う。

(4) 委任規定の準用（701条）——報告義務・受取物引渡義務・権利移転義務

　以上に加えて、事務管理には、委任契約における受任者の義務と責任を定めた645条（報告義務）、646条（受取物の引渡義務）、647条（金銭消費についての責任）が準用される（701条）。なぜなら、管理者は本人の利益に配慮する、という事務管理における管理者と本人との関係が、委任契約における受任者と委任者との関係と似ているからである。したがって、委任契約における受任者と同様に、管理者は報告義務を負い、受領物（および収取した果実）の引渡義務を負う。たとえば、Aが、Bの工芸作品をB自身は廃棄するつもりであることを知らずに、Bのためにフリーマーケットで販売したところ、1,000円で売却できたというような場合には、Aはこの1,000円をBに引き渡す義務がある。この場合、「Bのためにする意思」がAになかった場合には、事務管理は成立しない。したがって、不当利得の返還請求あるいは不法行為の損害賠償の問題として処理するより他ない。しかし、Bはその作品を廃棄する予定であり、Aの商売上の才覚がなければ1,000円で売却できなかったというのであれば、Bには損失も損害もないとも考えられる。そこで、このような場面で、Aのやり得を許さないために、準事務管理という法律構成や（→249頁）、あるいは不法行為の効果としてもAの利益吐出し（→15頁）が検討されている。なお、管理者が、本人に引き渡すべき金銭等を管理者自身のために消費したときには、その消費した日以後の利息をつけて返還しなければならない。（それ以上の）損害が生じた場合にはその賠償責任も負う（647条）。

事務管理が本人の意思に反する場合
　事務管理が本人の意思に反することが明らかである場合には（修理とは名ば

かりの破壊行為等）、すでに説明したとおり（→221頁）成立要件を欠き、事務
管理は成立しない。しかし、「管理者が本人の意思に反して事務管理をしたと
き」にすぎない場合には、管理者に現存利益の範囲で費用償還請求権等を認め
ている（702条3項）。すなわち、管理行為が現実に本人の意思に反している場
合であっても、本人の意思に反していることが「明白でなかった」以上、事務
管理は成立するのである。他方で、同条により、たとえ管理者の利他的意思に
よるにせよ、その事務管理が本人の意思に反する以上、自身の意思に反して他
者（管理者）から財産管理への介入を受けた本人の不利益を考慮し、本人が現
に利益を受けている限度で費用償還・代弁済義務を容認するにとどめられてい
る。したがって、本人は、事務管理が自らの意思に反するものであったと主張
することにより、現存利益の限度で償還すればよいことになる。ただし、本人
の反対の意思が公序良俗に反している場合には、現存利益に限定せず、本人の
費用償還義務を認めるのが通説である。

2　管理者の権利＝本人の義務

　事務管理の成立により、管理者は費用償還請求権・代弁済請求権を得る。条
文では、それを超える（事務処理によって発生した）損害賠償請求権や報酬請求
権は、管理者には認められていない。この点が解釈上の問題点となる。

(1)　有益な費用の償還請求権（702条1項）

　管理者は、事務管理に際して本人のために有益な費用を支出したときは（修
理費用等）、本人に対して、その償還を請求することができる（702条1項）。本
人からみれば、費用償還義務の問題となる。有益な費用を支出した結果が、本
人に利益として現存しているかどうかは問題ではない（この点が問題となるの
は、管理行為が本人の意思に反していた場合である）。たとえば、隣家の犬の様子
をみて病院に連れて行ったが、その甲斐なく死亡したような場合、あるいは隣
家の屋根の修繕を試みたがうまくいかず、結局本人が後に工務店に依頼せざる
をえなかったような場合でも、管理者が本人のために投じた費用が、（結局は
無には帰したものの）管理行為の時点では本人の利益になったと判断できるな

らば、本人に事務管理費用として償還請求ができる。

　管理行為が本人の意思に反していた場合には、費用償還請求権の範囲は「本人が現に利益を受けている限度」に限定される（702条3項）。したがって、本人が管理者自身による素人の修繕行為を望んでおらず、しかもその修繕が失敗に終わった場合には、本人に現存利益がない以上、管理者は本人に修理にかかる費用の償還を求めることは難しい。しかし、素人工事であれ雨風による家財被害が回避できたのであれば、現存利益があるといえ、それに要した費用は償還請求の対象となろう。

　管理者の取得する有益費用償還請求権は、一般債権として、権利を行使することができることを知った時から5年、あるいは、権利を行使することができる時から10年で消滅時効にかかる（166条1項）。

⑵　有益な債務の代弁済請求権・担保提供請求権（702条2項）

　702条2項により委任に関する650条2項が準用される結果、管理者が本人のために事務処理に必要と認められる債務（工務店に支払う修繕代金等）を負担したときは、管理者は、本人に対し管理者に代わってその債務を弁済すること（＝代弁済）を請求できる。また、その債務がまだ弁済期にないときは、本人に対して相当の担保を提供するよう請求することができる。管理が本人の意思に反するときは、代弁済等を請求できる範囲も、費用償還請求権と同様、現存利益に限られる（702条3項）。

⑶　管理者の損害賠償請求権の存否

　管理者が事務を管理している際に、損害を被った場合（修繕中に管理者自身の道具が破損した等）、管理者はその損害の賠償を本人に請求することができるだろうか。委任に関する650条3項は、受任者の損害賠償請求を認めるが、この規定は事務管理に準用されていない。これを反対解釈すれば、事務処理のために管理者が損害を被ったとしても、管理者は、本人に対し損害賠償請求権をもたないといえる。しかし、通説は、費用償還請求権を広く認めることで、実質的にこれを認めようとする（壊れた道具の修理や買替費用も修繕に必要な費用の一部とみる）。もっとも、屋根の修繕中に管理者が屋根から落下し、重傷を負

った場合の損害まで費用に含めうるのは簡単ではない。損害発生の蓋然性や程度、本人が受けた利益の大きさ等に鑑みて判断していくこととなろう。なお、火災や水難事故等で人命救助にあたった者が死亡したような場合については、特別法（例、警官援助2条、消防36条の3）により、国または地方公共団体からその者やその遺族に対して公的な補償が与えられることがある。

公法上の義務と事務管理

民法上、溺れる者を助けるという一般的な義務はない（→95頁）。しかし、救助が奨励される場合には、公法上の義務が課されている。たとえば船長は、他の船舶等の遭難を知った場合にも、人命救助に必要な手段を尽くさねばならず（船員14条本文）、その違反には刑事罰が課される（同125条）。このような公法上の義務として現実に救助活動を行った場合、救助者（船長）と救助された者との間に、私法上の事務管理が成立する。船長は、救助者との関係で公法上の義務を負うにすぎず、救助活動に伴う費用を負担する義務まではないからである。

これに対して、警察官や消防職員など、国・地方公共団体の職員が職務の遂行として市民を救助する場合には、事務管理は成立しない。つまり、被救助者が費用を償還する必要はない。ここでは、市民の安全を保護する義務（公的サービス）の1つとして、国・地方公共団体に救助義務が課されているからである。

---

(4) 管理者の報酬請求権の存否

損害賠償請求権の規定と同様、民法には管理行為に対する対価（報酬）の規定もない。事務管理が奨励される場合にのみ、商法792条1項（海難救助）や遺失物法28条などの特別法に報酬規定が定められている。委任でさえ無償を原則としていることから（648条1項）、事務管理に報酬を認めないのは当然とされる。しかし、医師の医療行為など、職業上の行為として事務管理が行われた場合に、報酬請求を認めることに異論はない。この場合、これを「定型化された費用」として認める考え方と、より広く、社会通念上、通常、報酬を支払わなければ（＝有償でしか）事務の引受けが期待できない場合には、費用とは別

に報酬請求権を認めるべきとの考え方がある。

3　事務管理の対外的効果

　事務管理が成立すると、管理者Ａと本人Ｂとの間に事務を管理し、管理されるという関係が生じる。すでにみたように、その効果として、管理者は、委任における受任者とほぼ同一の義務を負う。

　しかし、管理者Ａが本人Ｂの名で（つまりＢの代理人として）第三者Ｃとの間で法律行為を行っても（たとえばＡがＢ所有家屋の修繕をＢに代理してＣ工務店に依頼する場合）、Ａの行為は無権代理となる。つまり、事務管理法によってＡに代理権が与えられることはない。Ｂが追認をしないかぎり（116条）、あるいは表見代理が成立しないかぎり（109条・110条・112条）、Ｂにその効果（Ｃに対する修繕費用債務等）が帰属することはない。このように、事務管理法の効果は第三者には及ばない（最判昭和36・11・30民集15巻10号2629頁）。

　同様のことは、管理者が、管理者の名で本人の財産を処分したときにも生じる。管理者の行為が、たとえ本人の意思と利益に適合し、事務管理の成立要件を充たす場合でも、これによって管理者に本人の財産の処分権限が与えられるわけではない。したがって、Ａの行為は他人の権利の処分となる。本人Ｂの追認によって、ＢにＡの処分行為の効果が帰属する。

第14章

不当利得総論

　Bに借金を分割弁済していたAが、すでに完済したにもかかわらず、知らずに重ねて弁済した場合（ケース1）、Aの灯油を盗んだCが、これを自分の灯油であると嘘をついて、事情を知らないBに売りつけ、Bがこの灯油を暖房のために消費した場合（ケース2）、農家Aが隣のBの農地を自分の農地と勘違いして農薬を散布する場合（ケース3）、いずれも、BはAの損失において利益を得ている。しかし、Bが利益を得たことに正当な理由はなく、これらの利益はAに返還されるべきである。民法は、このような場面に関して、「法律上の原因なく他人の財産又は労務によって利益を受け、そのために他人に損失を及ぼした者」は、「その利益の存する限度において、これを返還する義務を負う」（703条）とする。これを不当利得という。

I　類型論

1　ほかの法制度の趣旨・目的を踏まえた要件・効果

　不当利得とは、法秩序が予定する財産的利益の移動や帰属が失敗した場合に、その結果生じた不当な財産的利益の移動や帰属を元に戻す（回復させる）制度である。財産的利益の移動が失敗した場合とは、たとえば、AからBに契約上の債務の履行として金銭が支払われたが、実際には債務が存在しなかったため、AからBへの財産的利益の移動（Bの利得）を契約法では正当化できない場合をいう。財産的利益の帰属が失敗した場合とは、たとえば、物権法に基

づく財産的利益の帰属が失敗した場合を例に採ると、Bの消費した灯油の所有権がAに帰属していたことから、本来Aに帰属すべき財産的利益がBに帰属したこと（Bの利得）を物権法上正当化できない場合をいう。これらの場合に、Bの利得をAに回復させるのが不当利得である。

　もっとも、これらの場合において、どのようなときにBの利得がAに回復されるべきか、どの範囲で回復されるべきかは、Bの利得を正当化できないもの（不当なもの）とする契約法や物権法の趣旨や目的を踏まえて明らかになる。つまり、不当利得返還請求権の要件・効果を明らかにするには、契約法や物権法などのほかの法制度の趣旨や目的を踏まえる必要がある。また、それゆえに、事案の相違が不当利得の要件・効果の相違をもたらす。不当利得に関するこのような理解を類型論という。

2　どのような類型があるか

　類型論は、不当利得が問題となる場面を、一般に、①給付利得、②侵害利得、③支出利得の3類型に分け、③をさらに、費用利得と求償利得という2類型に分ける。詳しくは後に述べるが、ここであらかじめ各類型を概観しておく。

(1)　給付利得

　ケース1のように、自己の債務の履行を目的とする給付がなされたが、債務が存在しなかった場合の不当利得である。ケース1のAはBに対して、二重弁済したものについて不当利得返還請求権を取得する。ここでは、債権法・契約法に基づく財産的利益の移動が失敗している。そこで、その回復を図る給付利得の要件・効果は、債権法・契約法の趣旨や目的を踏まえてはじめて明らかになる。とくに、たとえば建物売買契約において売主Aが代金を受領して買主Bに建物を引き渡した後、この契約がBの錯誤を理由に取り消された場合（ケース4）のように、売買や交換といった双務契約の効力が否定されることにより両当事者が受領したものについてそれぞれ不当利得返還債務が生じる場面（双務契約の清算。これを双務契約の巻き戻しという）では、返還債務相互の牽連関

係という観点が重要となる。

　牽連関係とは、売買契約が履行される場面でいえば、売主の目的物引渡債務が存在し、かつ履行されるからこそ、買主の代金支払債務も存在し、かつ履行される（その逆もまた然り）という関係をいう。このような関係は、すでに履行された売買契約が取り消された場合における売主・買主双方の不当利得返還債務の間にも、認められるべきである。

(2)　侵害利得

　ケース２のように、利得者が他人の物を使用・収益・処分・消費し、または他人の権利を行使した場合の不当利得である。ケース２では、ＡはＢに対して、消費された灯油について不当利得返還請求権を取得する。とくに、他人の物の使用・収益・処分・消費による侵害利得が問題となる場面では、物権法に基づく財産的利益の帰属が失敗している。そこで、その回復を図る侵害利得の要件・効果は、物権法の趣旨や目的を踏まえてはじめて明らかになる。ここでは、権利の割当内容を保護する（権利の割当内容の保護）という観点が重要となる。

　割当内容とは、権利者に排他的に帰属するものとして認められる財産的利益をいう。所有権を例に採れば、所有権者は、その所有物を使用し、収益し、処分することができ、他者による使用・収益・処分を排除することができる（206条参照）。つまり、所有権では、所有物の使用・収益・処分が割当内容となる。

(3)　支出利得

　損失者が、自己の債務の履行以外の目的で、自己の財産的利益を他人の財産のために支出する場合の不当利得である。このうち、ＢがＣに対して負う債務をＡが弁済する場合を求償利得という。たとえば、ＢがＣに負う100万円の債務をＡがＢの意に反して弁済した場合、Ａは債務者Ｂに対して、弁済額100万円について不当利得返還請求権を取得する。他方、ケース３のように、損失者が自己の財産的利益を他人の物に関して支出する場合を費用利得という。ケース３では、ＡはＢに対して、農薬の費用について不当利得返還請求権を取得す

る。支出利得では、AB 間に事務管理が成立しない場合における、支出された財産的利益の回復が問題となる。そこで、その回復を図る不当利得の要件・効果は、主に事務管理の観点を踏まえてはじめて明らかになる。そして、ここでは、権利の割当内容の保護のほか、損失者がいわば余計なおせっかいをして利得者に利得を押しつけておきながら後にその返還を請求することを防止する（利得の押しつけ防止）という観点が重要となる。

Ⅱ　叙述の順序

　本書では、各類型について、利得がAからBに移動した場合のような二当事者間での利得の移動について説明した後に、利得がAからB、BからCに移動した場合のような多数当事者間での利得の移動を別に扱う。多数当事者間の不当利得では、請求権の当事者が誰であるか（AB か、それとも AC か）も問題となるからである。

第15章

給付利得

　給付利得とは、自己の債務の履行を目的とする給付がなされたが債務が存在しなかった場合に、利得を回復させる不当利得である。

I　給付利得の要件

1　受益・損失・因果関係——給付

　二当事者間の給付利得では、給付者のした「給付」が、給付者にとっての損失であると同時に、受領者にとっての受益である。1つの事象を異なる角度から表しているだけであるから、損失と受益の因果関係も当然認められる。つまり、少なくとも二当事者間の給付利得では、これらを独立した要件として扱う必要はない。むしろ、「給付」とは何かが重要であり、ここではこれを「債務履行のための出捐(しゅつえん)」としておく。

2　法律上の原因がないこと

　給付利得では、受領者が給付を保持することを基礎づける法律上の原因は、債務の存在である。したがって、法律上の原因が欠けるのは、債務が存在しなかった場合である。冒頭のケース1のように、弁済として給付されたが当初より債務が存在しなかった場合や、債務の弁済後に解除条件が成就したときのように、債務が後に消滅する場合のほか、債務を生じさせる契約が無効であった

か、または取り消された場合などがある。債務の不存在の理由はさまざまであるが、まさにこれらの理由が、どのように利得が回復されるべきかを定める。以下、錯誤に関わる非債弁済（→**Ⅱ**）、不法原因給付（→**Ⅲ**）を取り上げる。

Ⅱ　錯誤に関わる非債弁済

　弁済として給付がなされたが債務が存在しなかった場合、この弁済を非債弁済という。受領者における利得の法律上の原因である債務が存在しないので、弁済者の受領者に対する不当利得返還請求権が認められるのが原則である。705条から707条（とくに705条および707条）は、弁済者の錯誤に関して、非債弁済の不当利得返還請求権を排除する特則を定めている。

1　債務の存在しないことを知ってした弁済（705条）

(1)　意義と趣旨

　弁済者において弁済時に債務の存在に関する錯誤がなかった場合、すなわち、弁済者が「その時において債務の存在しないことを知っていたときは」、給付したものの返還請求は認められない（705条）。その趣旨は、第1に、債務が存在しないことを知りつつ弁済しておきながら後にその返還を求めるという、自己の先行行為に反して行動することは信義に反し許されないという考え（矛盾行為禁止の原則）にある。そして、その反面として、第2に、受領者に生じた、利得を保有しうるという信頼を保護することに求めることができる。

(2)　債務の存在を知っていたこと

　705条は、返還を拒む受領者に、弁済者が債務の存在を知っていたことの証明責任を課し、弁済者の不当利得返還請求権の行使を容易にすることを目的としている。なぜなら、弁済者に、債務が存在しないことを知らなかったことについて証明責任を課すと、弁済者が証明困難に陥り、請求権が認められなくなるおそれがあるからである。

(3) 705条の適用範囲

非債弁済は、たとえば売主Bが買主Aを強迫してした売買契約により代金を受領し、後にAが契約を取り消した場合にも認められる（121条参照）。しかし、このように双務契約が無効であるか、または取り消された場面では、利得がどのように回復されるべきかは、後に述べる、双務契約上の債務の対価的牽連性という観点により規定される（121条の2第1項参照）。また、不法な原因に基づく無効（90条参照）な契約により給付がなされた場合、給付の不法性が主に受領者にあるとき、利得を保有しうることについて保護に値する信頼は受領者に生じないため、705条は適用されない。708条の適用だけが問題となる。

2 期限前弁済（706条）

(1) 意義と趣旨

期限付債権では、弁済期到来前でも債権自体は存在するから、弁済期前の弁済も非債弁済ではない。したがって、弁済期前に弁済した債務者は、給付したものを返還請求できない（706条本文）。しかし、たとえば金銭債務が弁済期前に弁済されたことにより、受領者が受領時から本来の弁済期までに得た運用利益（中間利益。金銭では中間利息）は、本来弁済者に帰属すべきものである。706条ただし書は、「債務者が錯誤によってその給付をしたときは」、債権者（受領者）に、「これによって得た利益」の返還を命ずる。

(2) 要件

弁済者が弁済期前であることを知っていた場合、期限の利益（ここでは弁済期までの中間利益を得るという利益）を放棄したということができ、弁済者は中間利益の返還を請求できない。弁済者が請求できるのは、「錯誤によって」、すなわち弁済期前であることを知らずに弁済した場合に限られる。

3 他人の債務の弁済 (707条)

(1) 意義と趣旨

CがBに対して負う債務を、Aが、自己の債務と誤信してBに弁済した場合、すなわち、「債務者でない者が錯誤によって債務の弁済をした場合」、Aの弁済は非債弁済である（弁済としての効力を持たず、Cの債務は消滅しない）から、原則としてAのBに対する不当利得返還請求権が認められる。しかし、Bが、Aの弁済が無効であることを知らず、Cに対する債権は消滅したと考えて債権の証書を破棄したり、抵当権設定登記を抹消したりしたとき、BのCに対する債権の行使は困難となる。そこで、Aによる弁済が有効であることに対するBの信頼を保護する必要がある。民法は、「債権者が善意で証書を滅失させ若しくは損傷し、担保を放棄し、又は時効によってその債権を失ったときは」、弁済者は返還請求することができないとする（707条1項）。

Aが返還請求できない結果、Aの弁済は第三者弁済として有効となり、Cの債務は消滅する。代わりに、AはCに対する求償権を取得する（707条2項）。

(2) 要件

Aが錯誤により、すなわち自己の債務と誤信して弁済することが必要である。Aが、誤信せずにした弁済は、第三者弁済である（474条参照）。

Ⅲ 不法原因給付

1 意義と趣旨

AがBとの愛人関係を維持するためBに不動産を贈与した場合、贈与契約は公序良俗違反（90条）により無効となる（ケース5）。また、Aの経営する飲食店で娘がホステスとして働いて得る金銭で弁済する約束のもと、父親BがAから金銭を借りた場合、娘がホステスとして稼働する契約だけでなく、金銭消費貸借契約も公序良俗違反により無効となる（ケース6）。ケース6で契約が未履行であれば、Aのホステス契約の履行請求は認められず、Aは法の保護を受

けることができない。このことは、すでに履行された契約でも同様である。貸金がBに交付されていた場合、消費貸借契約が無効とされるとき、AからBへの金銭交付に法律上の原因はなく、交付された金銭についてAは不当利得返還請求権を持つはずである。しかし、不法な原因のために給付した者を法は保護しない。つまり、Aの不当利得返還請求権は排除される。また、ケース5では、贈与された不動産のBへの引渡しと所有権移転登記が完了していた場合、贈与契約が無効とされるとき、同様に、不動産について不当利得返還請求権を持つはずのAを法は保護しない。Aの不当利得返還請求権は排除される。

　このように、「不法な原因のために給付をした者は、その給付したものの返還を請求することができない」(708条本文)。その根拠は、信義に反する振舞いを自ら行う者は法の救済を求めることができないというクリーン・ハンズの原則に求められる。このことからまた、たとえば、Bから密輸資金の貸付をしつこくせがまれたAがやむなくこれに応じた場合のように、「不法な原因が受益者についてのみ存したとき」(708条ただし書)は、いわば手の汚れていない給付者Aの受益者Bに対する、給付した金銭の不当利得返還請求が認められる。

2　708条本文の要件

　708条本文による不当利得返還請求の排除を広く認めると、法秩序の許容しない不法な状態が結果的に是認される。たとえば、ケース5では、Aの不当利得返還請求権が排除されることにより、愛人関係の他方の当事者であるBが不動産を保持しうることになる。そこで、判例や学説では、「不法」、「給付」、「給付したもの」といった概念を狭く解し、要件が満たされる場合を限定すること（および、ただし書の適用範囲を広げること）により、708条本文の適用範囲を限定する傾向がみられる。しかし、そこから進んでさらに、不当利得返還請求権を排除することが法律行為の効力を否定する規範の目的に適うかどうかというように、規範の目的を正面から考慮すべきであろう。

(1) 不法な原因

(a) 不法性

給付が「不法」な原因に基づくものとして不当利得返還請求権が排除されるかどうかは、給付原因が倫理・道徳を無視したものかどうかとは異なる観点から決められる（ただし、最判昭和37・3・8民集16巻3号500頁などは異なる傾向を示す）。たとえば、弁護士資格を持たない者（無資格者）が報酬を得る約束のもとで法律相談を業として行う非弁活動（弁護士法72条参照）は、必ずしも倫理・道徳に反するとまでいえない。しかし、報酬を得ていない無資格者は、相手方に提供したサービスの価値に相当する額の賠償（価値賠償）を請求することができない。これを認めると契約を有効とするのと変わらないからである。

(b) 動機の不法

売春契約のように、給付の基礎となった契約自体が不法な場合だけでなく、ケース6（ホステス契約と消費貸借契約が一体となっている場合→235頁）の消費貸借契約のように、給付の動機が不法な場合にも、不法原因給付が認められる（最判昭和30・10・7民集9巻11号1616頁）。したがって、ケース6では、AがBに交付した元金について、Aが不当利得返還請求することはできない。これを認めると、娘がホステスとして働くことを事実上強制されるからである。

(c) 不法性の比較

給付者と受領者の不法性の程度を比較し、前者が後者より大きいときに708条本文を適用すべきである。これは、同条本文の適用により給付者の不当利得返還請求権が排除される結果、受領者が利得することによって、当事者間の公平が害されることのないようにするためである。受領者の不法性のほうが大きい場合、708条ただし書の適用により、給付者の請求が認められる。

(2) 給付

学説では、不法原因に基づく給付が実現することを防止するため、たとえば、ケース5（愛人関係維持のための不動産贈与→235頁）において、708条本文の「給付」があったというには登記と引渡しの双方を要するというように、「給付」の意義を限定する見解がみられる。判例も、未登記建物については引渡しがあれば「給付」があるとするのに対し、既登記建物については引渡しだ

けでは「給付」があったとはいえないとする（最判昭和45・10・21民集24巻11号1560頁、最判昭和46・10・28民集25巻7号1069頁）。いずれの判例も愛人関係維持のための不動産贈与に関するものであるが、不法原因給付として不動産譲渡が問題となるほかの事案でも同様に考えることができよう。

3　708条本文の効果

⑴　「給付したもの」の返還請求の排除

ケース5（愛人関係維持のための不動産贈与→235頁）において、贈与に基づく給付が不法原因給付とされ給付者Aの返還請求が認められない場合、受領者Bが給付を返還する必要がなくなる結果、不動産所有権は最終的にBに帰属する（前掲最判昭和45・10・21）。その理由は、1つには、Aに登記がある場合に、贈与の無効によりBに所有権が帰属せず、Bは所有権移転登記を求めることができないとし、他方で、Aは返還請求できないとする結果、法律関係が複雑化することを防ぐ点にある。

⑵　返還請求の排除が及ぶ範囲

ケース5において建物の不当利得返還請求権を排除されたAが、贈与の無効により建物所有権は自分にあるとして所有権に基づく返還請求をしたとき、この請求は認められるか。これを認めると708条本文の存在意義が失われる。708条本文は所有権に基づく返還請求にも準用される（前掲最判昭和45・10・21）。

Ⅳ　給付利得の効果

冒頭のケース1（債務者Aによる二重弁済→228頁）のように、給付利得の基本形態である、一方的給付による給付利得を説明した後、売買が詐欺・強迫により取り消された場合のような双務契約の巻き戻しが問題となる場面を扱う。

1 一方的給付による給付利得

(1) 返還の対象
(a) 原物返還の原則

給付利得では、給付自体が受益者の利得であるから、原物返還が原則となる。ただし、たとえば不動産所有権が贈与され、贈与が無効であったとき、（708条本文の適用がないかぎり）所有権は給付者に帰属するため、原物返還の内容は占有の回復や所有権移転登記の抹消となる。

(b) 価値賠償

他人の労務給付によって利得したときのように、給付されたものの性質から、または、給付された有体物が滅失したなどの理由から、原物返還が不可能な場合、給付されたものの客観的価値が返還対象となる。金銭については、原物返還は無意味である。なぜなら、給付者は通常、給付したまさにその紙幣等を返して欲しいのではなく、給付者にとっては、別の紙幣等であっても給付したものと同価値のものを返してもらうことこそが重要だからである（つまり、金銭は原則として個性を持たない価値そのもの、すなわち単なる価値表象物である）。したがって、金銭が給付された場合も返還は原則として価値賠償となる。

賠償されるべき価値は客観的価値、つまり市場価値である。なぜなら、給付されたものの客観的価値が、本来、給付者に割り当てられていた内容（割当内容）であり、給付利得はその回復を目的とするからである。他方、利得者が受領した物を市場価値（100万円）より高価（120万円）で転売した場合、利得者の才能による部分（20万円）まで返還させることは、失敗した財産的利益の移動の回復という給付利得の制度趣旨を越える。利得者の才能による部分は、給付者の割当内容に含まれないからである。これに対して、利得者が受領した物を市場価値（100万円）より安価（80万円）で転売した場合、市場価値との差額（20万円）については、事情により、後述の利得消滅（703条）が認められる。

(c) 果実・使用利益

受領したものから生じた果実・使用利益も返還対象となる。たとえば、鶏の売買契約において売主が鶏を買主に引き渡したが、契約で取り決められた数を超える鶏を引き渡し、これらの鶏が卵を産んだ場合である。金銭が給付された

とき、または利得者が価値賠償義務を負うときは、利息を付けて返還しなければならない。善意占有者の果実返還義務を免除する189条以下は侵害利得に関する特則であり、給付利得には適用がない（→247頁参照）。

(2) 利得消滅の抗弁

　Cから10キロ５万円の米の注文を受けたＡが、これを誤ってＢの家に届け、Ｂは自分がＤに注文した10キロ3,000円の米をＤが届けてくれたものだと思いすべて食べた場合（ケース７）、Ａは、給付利得の返還としてＢに価値賠償を請求することができる。他方、自分の米だと考えて消費したＢの信頼も保護する必要がある。そこで、利得に法律上の原因がないことについて善意の受益者は「利益の存する限度」で返還すれば足る（703条。121条の２第２項も参照）。

　本来返還対象は給付されたものだとすると、返還義務を免れようとする利得者の側で利得が消滅したことを立証しなければならない（最判平成３・11・19民集45巻８号1209頁）。これを利得消滅の抗弁という。

　利得消滅の抗弁は、本来、非債弁済において弁済者が一方的に給付することにより利得者に生じる、利得を保有しうるという信頼を保護するものである。ところが、日本民法では、703条により不当利得の要件が一般化されたことにともない、利得消滅の抗弁も不当利得一般の効果として規定されるに至った。しかし、利得消滅の抗弁が認められるかどうかの解釈は、一方的給付による利得保有への信頼の保護という本来の趣旨に沿うものでなければならない。

(a) 目的物の消費

　ケース７で、Ｂの利得消滅の抗弁によりＡの請求権が排除されるには、Ａの給付があってはじめて10キロ５万円の米をＢが消費したという関係、すなわち給付と利得消滅の因果関係が必要である。このときはじめて、Ａの犠牲のもとでＢの利得保有への信頼の保護を図ることが正当化される。そうすると、ＡがＢの家に誤って米を届けなくとも、Ｂは3,000円で買った米を消費していたので、3,000円分の米の消費についてはＡの給付とＢの利得消滅の間に因果関係がない。したがって、Ｂの利得のうち3,000円の部分については、Ａの請求権が排除されることはない。Ａの価値賠償は、3,000円の限度で認められる。

(b) 金銭の消費

　誤って給付された金銭が消費された場合にも、利得者Bの利得保有への信頼、およびAの給付とBによる消費の因果関係があれば利得消滅の抗弁が認められる。ただし、利得者がその金銭を生活費に充てた場合（Bはいずれにせよ生活費を支出しなければならないから、Aの給付があってはじめてBが支出したという関係がない）、給付と利得消滅の因果関係を認めることは容易ではない。

(c) 目的物の毀損

　贈与者Aと受贈者Bの自動車の贈与契約が無効であった場合、自動車は自分のものになったと考えたBが、贈与がなければしなかったドライブの最中に事故を起こし、自動車を毀損したとき、Bは壊れた自動車を返還すれば足りる。

(3) 悪意の受益者の義務

　利得に法律上の原因がないことについて悪意の受益者には、利得消滅の抗弁は認められない。金銭を受領した悪意受益者や、受領した目的物の滅失または消費のため価値賠償義務を負う悪意受益者は（→239頁参照）、受けた利益に利息を付して返還しなければならない（704条前段）。利率は法定利率による。

　悪意受益者が受けた利益に利息を付して返還した場合、なお損害があるときはその賠償の責任を負う（704条後段）。この責任は不法行為責任である。

　704条は悪意者の責任を加重する規定であるから、同条に基づいて利息や損害賠償を請求する損失者の側で、受益者の悪意について証明責任を負う。

2　無効または取消しによる双務契約の巻き戻し

　ケース4（建物売買契約の錯誤取消→229頁）では、AB相互に、建物と代金について原状回復義務が生じる（121条の2第1項参照）。その性質は、不当利得返還債務である。このとき、売買契約における目的物引渡債務と代金支払債務のような双務契約に基づく債務が相互に牽連関係（→230頁）に立つことから、既履行双務契約の無効または取消しにより生じる原状回復義務相互の間にも、この牽連関係を反映させるべきである。

(1) 給付目的物の滅失・毀損

ケース4で、Bの錯誤取消前に建物が隣家からの延焼で焼失した場合、Bは善意の受益者として利得消滅の抗弁により価値賠償を免れ、他方、AはBに代金返還債務を負うとすると、Aは建物返還を受けることができないにもかかわらず、なお代金を返還しなければならないことになる。しかし、ABは、取り消された契約に基づいて、互いに対価としての意味を持つ、牽連関係にある債務（対価的牽連性のある債務）を相互に負っていたのであり、Bは建物を取得するために対価を支払わなければならない立場にあった。このような契約をしたBは、その清算の場面でも、Aの代金返還債務と対価的牽連性ある債務を負うと解すべきであり、自分の利得は消滅したとしてその返還を拒みながら、Aに代金の返還を求めることができるものと解すべきではない。したがって、Bの返還義務は価値賠償義務として存続する（121条の2第2項の反対解釈）。

もっとも、双務契約の無効または取消しの効果に関する規定が、以上と異なる定めを置くときは別である。たとえば、制限行為能力者であることを理由に契約が取り消されたときは、その契約に基づいて給付されたもののうち「現に利益を受けている限度において」返還すれば足りる（121条の2第3項）。

(2) 利息と果実・使用利益

ケース4で、AB双方が代金または建物を返還していないとき、575条の類推適用により代金の利息はAに、建物の果実・使用利益はBに帰属するとすべきではない（侵害利得の特則である189条も適用されない。→247頁参照）。なぜなら、この場合、たとえば代金は900万円であったが建物の市場価値は300万円にすぎないというように、通常、建物と代金は対価的に均衡しない。すると、Aは受け取った900万円に付いた相当額の利息を取得できるのに、Bが得る建物の使用利益はわずかでしかないというように、利息と果実・使用利益も均衡しないからである。AB双方が代金または建物を返還していない場合、原則として各自利息と果実・使用利益について返還義務を負うとすべきである。

(3) 同時履行の抗弁権

ケース4では、Aの代金返還債務とBの建物返還債務は、その間に牽連関係

が認められ、同時履行（533条参照）の関係に立つ。詐欺・強迫を理由に契約が取り消された場合には、被詐欺者・被強迫者からの返還請求に対する詐欺者・強迫者の同時履行の抗弁権は、295条2項の趣旨から否定されるべきである。

第16章

侵害利得

　ケース２（Aの灯油のCによる窃取とBによる消費→228頁）では、BがAの灯油を消費することにより、Aの財産からBに利得が移動する。このとき、灯油自体はもはや存在せず、所有権に基づく灯油の返還請求は不可能である。また、Aの灯油の消費についてBに過失がなければ、不法行為に基づく損害賠償請求もできない。しかし、そのような場合でもAはBに、侵害利得に基づく価値賠償を請求できる。侵害利得は、所有権に基づく請求権が認められないときに、いわば物権法をその明文の規律の及ばない領域について補い、侵害者の故意・過失の有無を問わずBの利得をAに回復させる制度だといえる。したがって、その要件・効果は物権法の趣旨・目的を踏まえてはじめて明らかになる。

　侵害利得が物権法を補うという点についてもう少しみてみよう。たとえば、酒屋Aに恨みを持つ肉屋BがAの営業を妨害する目的で、Aの顧客に、「Aは賞味期限の切れた酒を売っている」と嘘をつき、Aの売上げを低下させたとする。このとき、売上げの維持・増大というAの営業上の利益は、不法行為法上の保護を受け、BはAの売上げの低下について709条による損害賠償責任を負う。しかし、この営業上の利益は、Aに排他的に割り当てられた財産的利益ではない。誰が顧客を獲得するかは、原則として自由競争の範囲内の問題である。酒屋Bが営業努力を尽くした結果、Aから顧客を奪った場合には、Aの売上げの低下についてBは損害賠償責任も不当利得返還債務も負わない（この場合にBの不法行為責任が認められないことについては→６頁も参照）。

　これに対して、代表的な物権である所有権では、前述のように（→230頁参照）、目的物の使用・収益・処分は、権利者に排他的に割り当てられており

（206条参照）、所有権の割当内容（権利者に排他的に帰属するものとして認められる財産的利益）をなす。そして、割当内容が権利者Aに排他的に割り当てられていることから、たとえばBがAの自動車をAに無断で使用するときのように、BによるAの割当内容の侵害に対して、Aは、侵害者Bに故意または過失があれば損害賠償責任を追及しうることはもちろん、Bに故意・過失がない場合にも、いわば割当内容が奪われた後も認められる効力（継続的効力）として、侵害利得の返還を請求することができる。したがって、侵害利得の要件・効果を考えるに当たっては、権利の割当内容の保護という観点が重要となる。

　本書では有体物所有権に関する侵害利得を中心に説明する。

I　侵害利得の要件

1　受益・損失・因果関係——侵害

　二当事者間の侵害利得でも、侵害（財産的利益の帰属が割当内容に反すること）が、損失者（権利者）の損失であると同時に、侵害者の受益である。給付利得のときと同様に、因果関係を独立した要件として扱う必要はない。

　損失者の行為によらず、かつ給付によらないかぎり、侵害態様は問わない。

2　法律上の原因のないこと

　BがAの物を使用・収益・処分（消費を含む）することによってAの財産的利益から利得が移動する場合、この利得の移動を正当化しうるものとしては、契約のほか、Bにおける即時取得（192条）や時効取得（162条）の成立が考えられる。侵害利得が成立するのは、これらの原因を欠くときである（契約の不成立・無効・取消のときは、通常、給付利得の問題となろう）。これに対して、Bにおける添付（242条ないし246条）の成立は、Bの所有権取得を基礎づけるが、AからBへの利得の移動を正当化しない。添付による所有権取得者Bに原所有者Aへの償金の支払いを義務づける248条は、そのことを示す。

3 侵害利得が成立する具体的場面

(1) 他人の物の使用・収益

Aの土地にBが無断で車を停めた場合、土地についてAはBに、所有権に基づく妨害排除請求をすることができる。他方、土地の使用利益については、Aは侵害利得の返還請求権を取得する。このとき、Aの損失は、目的物の使用可能性を奪われたことだといえる。Aの所有権の侵害についてBに故意・過失があるかぎり、Bに対する不法行為に基づく損害賠償請求権（709条）も生じ、Aは不当利得返還請求権と不法行為に基づく損害賠償請求権のいずれかを選択して行使することができる（請求権競合）。

Aの所有する自動車（登録済み）が所有権留保付きでCに売買され、CがこれをBに転売したが、CがAに売買代金を支払わなかった場合、AはBに対して自動車とともに使用利益の返還を求めることができる。ただし、このとき、189条が侵害利得の特則として適用される（同条の適用範囲については、次頁参照）。したがって、Aは善意のBに使用利益の返還を求めることができない。

(2) 他人の物の処分・消費

BがAから預かったAの動産甲をCに売却し、Cが甲を即時取得する場合、AはCに対して所有権に基づく返還請求権をもはや行使できない。その代わり、AはBに、侵害利得の返還請求権として価値賠償請求権を持つ。BがAの物を消費するケース2でも、同様である。Bに故意・過失があるときは、Bに対する不法行為に基づく損害賠償請求権（709条）と不当利得返還請求権の関係は請求権競合となり、Aはいずれかを選択して行使することができる。

Ⅱ 侵害利得の効果

1 返還の対象

侵害利得でも、給付利得同様、原物返還が原則となる。もっとも、有体物所有権の侵害では、利得者が物を処分し、または消費した場合のように原物返還

はもはや不可能であるか、使用利益の返還が問題となる場合のように原物返還は始めから問題とならない。そこで、利得者は通常、価値賠償義務を負う。

2　利得消滅の抗弁

　侵害利得では、非債弁済（→233頁参照）と異なり、弁済者の給付により利得を保有できるという信頼が利得者に生じるわけではない。したがって、この信頼を保護するという意味での利得消滅の抗弁（703条）をただちに認めることはできない。侵害利得で利得消滅の抗弁が認められるかどうかについては、（有体物所有権の侵害に関するかぎり）侵害利得の返還請求権が所有権の継続的効力（→245頁）として認められることから、物権的請求権の効果に照らして考えるべきである（具体例は次頁参照）。

　なお、189条ないし191条の趣旨は、善意・有償で目的物を取得した占有者の取引の安全を、果実および使用利益の返還義務ならびに目的物の滅失・毀損を理由とする損害賠償義務を免除する限りにおいて保護する点に求められる。これらの規定は、所有権まで占有者に取得させるものではないため、占有物を消費した場合には191条は適用されない。善意で占有物を消費した自主占有者も、侵害利得の返還義務として価値賠償義務を負う。

3　悪意の受益者の義務

　悪意受益者の義務については第15章Ⅳ1(3)（→241頁参照）で述べたことと同様である。

4　返還義務の具体的内容

(1)　他人の物の使用

　前述のように、使用利益の返還が問題となる場合、利得者は価値賠償義務を負う。侵害時に価値賠償請求権が生じ、利得消滅は生じえない。価値賠償の対象たる利得された使用利益の客観的価値は、侵害時を基準として算定されよ

う。たとえば、CがAから預かったAの自動車を、事情を知らないBに使用させた場合、Aに対するBの価値賠償義務の範囲は、使用時における当該自動車の使用の客観的価値（同種の自動車の一般的なレンタカー代などに基づいて定められよう）に従い算定される。

(2) 他人の物の処分

①Bが、Aから預かったAの動産甲（市場価値100万円）をCに120万円で売却し、Cが即時取得により甲の所有権を得た場合、Aは、Bに対して甲の客観的価値（100万円）の賠償を請求しうる。侵害者Bの才能により取得した価値（20万円）の返還まで認めることは、失敗した財産的利益の帰属の回復という侵害利得の趣旨を越える。なぜなら、侵害されたものの客観的価値が、本来、権利者であるAに割り当てられていた内容（割当内容）であり、侵害利得はその回復を目的とするものだからである。利得者Bの才能による部分は、権利者の割当内容には含まれない（次頁も参照）。

②BがAから盗んだ動産甲（市場価値100万円）を100万円で購入した善意無過失のC（193条によりAから回復請求を受けうる）が、甲を120万円でDに転売した場合も、①の場合と同様に、Aは、Cの処分を追認して（AはDに回復請求できなくなる）、Cに客観的価値（100万円）の賠償を請求できる（ただし、大判昭和12・7・3民集16巻1089頁は、Cの得た転売代金〔120万円〕の返還を認める）。

②の場合にCが、Bに対する対価（100万円）の支払いを利得消滅として主張して価値賠償を免れうるか。かりにCのもとに動産が存在すれば、Cはこれを返還しなければならず、Bへの対価の支払いを抗弁とすることはできないから、利得消滅の抗弁を否定すべきであろう（前掲大判昭和12・7・3）。

(3) 他人の物の消費

他人の物の消費のケースでも、他人の物の使用のケースと同様に、消費時（侵害時）に、その時点におけるその物の客観的価値に従って算定された価値賠償請求権が生じ、利得消滅は生じえない。

マンションの自室前に置いてある10キロ5万円の米を見つけたBが、いつも

食べている10キロ3,000円の米を家族が買って来たものと考え、自室に運び入れてすべて食べたが、その米は隣室のAが買ったものであったとき、AはBに価値賠償を請求できる。このとき、Aが請求しうる額はいくらか。Bが3,000円の支出を免れたことは利得の結果にすぎず、これ自体はBの利得ではない。Bが利得したものの客観的価値（5万円）が賠償の対象となる。

準事務管理について

　侵害利得の趣旨から、侵害者の才能により取得した価値の返還は認められない。しかし、とくに故意の侵害者との関係では、侵害者への制裁や将来生じうる同種の侵害の予防のため、その利得を剥奪すべきだともいえる。たとえば、Aの特許権をBが無断使用して巨額の利益を得た場合である。この場合（A自身は特許を使用していなかったとする）に、特許実施料相当額についてBに返還義務を負わせるほか、Bの利益を剥奪すること（利益の吐き出し）が望ましいと考えるとき、その法律構成が必要となる。その1つが準事務管理である。

　準事務管理とは、他人の事務を、他人の事務と知りながら、「他人のため」（697条1項）ではなく自己のためにする意思をもって処理することをいう。条文はないが、これを認める見解は、事務管理の条文を類推適用する。すなわち、準事務管理の要件を満たすかぎり、侵害者（準事務管理者）は損失者（本人）に対し、受取物引渡義務・権利移転義務（701条・646条類推適用）などを負う。上述のBは、準事務管理者として特許の無断利用により得た利益をAに引き渡すこととなる。

　もっとも、①特許法を含む知的財産法は、侵害者に対する損害賠償請求について、侵害者が侵害行為により得た利益を権利者の損害額と推定する規定を置く（特許102条2項、商標38条2項、実用新案29条2項、意匠39条2項、著作114条2項、不正競争5条2項）。これらの規定により損害額が推定されるかぎり、準事務管理は不要である。また、②学説では、利益吐出し自体を否定するものも含め、準事務管理という法律構成に反対する見解も少なくない。しかし、①上記規定による推定を受けない場合にも利益吐出しを可能とする準事務管理は、なお有用でありうる。そして、②利益吐出しを準事務管理によって実現すべきかどうかは、今後の検討課題といえよう（利益吐出しを不法行為の効果として位置づける可能性について、→15頁参照）。

第17章
支出利得

　支出利得は、他人の財産への支出が自己の債務の履行のための給付でない点で給付利得と異なり、損失者自ら利得を移動させる点で侵害利得と異なる。そこで、支出利得では、割当内容の保護に加え、利得の押しつけ防止という観点が重要となり、悪意受益者も利得消滅の抗弁をなしうると解すべきである。

　損失者自身が自己の財産的利益を支出する場合、事務管理が成立すれば、利得の回復は費用償還（702条）の問題である。事務管理が成立しないとき、利得の回復は不当利得による。支出利得は、費用償還に関して、いわば事務管理法の規律の及ばない領域を補う制度である。

I　求償利得

　BがCに負う債務をAが、自らの債務を弁済する意思で弁済した場合は、705条の問題である。これに対して、Bの債務を弁済する意思でした場合には、AはBに対する求償利得の返還請求権を得る。ただし、Aの求償権を定める規定があるときはそれによる（351条、372条、442条、459条、459条の2、462条、650条、702条など）。求償利得が問題となるのは、たとえば、Bが借地上に所有する建物の賃借人Aが、Bの借地料不払を理由とする土地所有者Cからの借地契約解除を防ぐため、Bの意思に反して借地料を弁済する場合である。

　債務からの解放という利得をしたBは、価値賠償義務を負う。原物返還は考えられない。Aは、Cよりも過酷な取立てをBに対して行う可能性がある。もっとも、Aが、Bの債務をCに弁済したことにより、Bに対する不当利得返還

請求権を取得するという状況は、Aが、対価をCに支払うことにより、CのBに対する債権を取得する状況に類似する。つまり、求償利得の返還請求権は、弁済者が債権者から譲り受けた債権を行使するのと同じ機能を果たす。このことから、求償利得はいわば債権譲渡法を、その明文の規律の及ばない領域について補うものともいえる。したがって、債務者が譲渡人に対して有する抗弁権が債権譲渡によって奪われてならないのと同様に、求償利得の返還請求権の発生によって債務者の抗弁権が奪われてはならない。このことは利得の押しつけ防止の観点から正当化される。たとえば、CB間債権がすでに消滅時効にかかっていた場合、この債権を弁済したAから求償を受けたBは、Aに対して消滅時効の抗弁をすることができよう（468条1項類推適用）。

II　費用利得

　Aが自己の債務の履行以外の目的で自分の財産をBの物に関して支出する場合、AはBに対する費用利得の返還請求権を取得する。ただし、費用償還に関する規定があるときはそれによる（196条、299条、391条、595条、608条、650条、702条など）。費用利得が問題となるのは、ケース3（自己の農地と誤信したAによるBの農地への農薬の散布→228頁）のような場合である。

　費用利得では価値賠償が主に問題となる。賠償すべき価値や返還時期の決定に当たっては、利得の押しつけ防止の観点から、利得者の財産計画を考慮する必要がある。利得者は計画外の急な出費を強いられるべきではない。また、支出された費用の客観的価値が常に返還されるものとすれば、利得者が契約の締結を強制されるのと同じことになる。196条および同条に準じる規定（391条、583条2項、595条2項、608条2項。299条2項、993条1項も参照）が、必要費償還の時期を物の回復時とし、また有益費償還について償還額に上限を設けるとともに期限の許与を認めるのは、このことから理解できる。したがって、費用利得もこれらの規定に準じて解されるべきであろう。このことは、費用利得が事務管理法（とくに702条）を補う制度であることからも正当化される。

第18章

多数当事者間の不当利得

　利得の移動に多数の者が関与する場合、不当利得返還請求の当事者は誰かが問題となる。たとえば、Bが、A銀行から金銭を借り、Cに負う自己の債務を弁済するためCの有するA銀行口座への入金を指示し、入金された場合（ケース8。指図による金銭債務の弁済）、後にAB間の消費貸借が錯誤で取り消されたとき、Aの不当利得返還請求の相手方はBCいずれかという問題である。

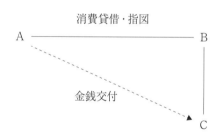

　もっとも、当事者決定の問題がとくに検討を要するのは給付利得においてである。侵害利得では、債権者は割当内容を侵害された権利者であり、債務者は割当内容の侵害による利得者となる。たとえば、注文者Cの建物修繕を請け負った請負人Bが、無効な売買契約に基づいて売主Aから建築資材甲を買い、これを修繕に使用したため、付合（242条）によりCが甲の所有権を取得した場合を考えてみよう。（AがBに給付利得の返還を請求できることは別として）侵害利得での債権者は甲の所有権を失ったAであり、債務者はこれを取得したCである。このように、侵害利得では債権者・債務者の確定はそれほど難しくな

い。

　そこで、ここでは、多数当事者間の不当利得の問題を、給付利得に関する
「指図による金銭債務の弁済」の例を素材としてみた（→Ⅰ）後、従来とくに
議論された転用物訴権（→Ⅱ）および騙取金銭による弁済（→Ⅲ）について述
べる。

Ⅰ　指図による金銭債務の弁済

　ケース8では、Bが貸金受領後これをCへの弁済に充てるプロセスが簡略化
されているとみることができる。すなわち、BのAに対する指示（指図）が有
効であるかぎり、AC間の金銭交付により、AB間の消費貸借に基づくAのB
に対する給付が行われているとともに、BがCに負う債務についてBのCに対
する給付が行われているといえる（AC間の資金移動は事実上の資金移動にすぎ
ない）。このことから、AB間の消費貸借が取り消されるなどした場合、Aは
Bに対する給付利得の返還請求権しか行使できず（最判平成10・5・26民集52巻
4号985頁参照）、Cに対する請求は認められない。これに対して、BC間債務
が存在しなかった場合、BのCに対する不当利得返還請求が認められるだけで
ある。このことは、AB間の消費貸借が第三者の強迫により取り消され、かつ
BC間の債務も存在しなかった場合も同様であり、AのBに対する不当利得返
還請求権と、BのCに対する不当利得返還請求が成立する（ただし、前掲最判
平成10・5・26は、暴力団幹部の強迫によりAと消費貸借を締結してC口座への入
金を指示したBが、入金後、消費貸借を取り消したため、AがBに不当利得返還請
求した事案について、Bは特段の事情がないかぎりAC間給付により利益を受けた
とみるのが相当としつつ、本件では特段の事情ありとして請求を棄却する）。このよ
うに、多数当事者間の給付不当利得では、契約の履行といえる給付が誰と誰の
間で行われたのかが1つの当事者決定の基準となりうる。

Ⅱ　転用物訴権

土木業者AがYの所有する建設機械甲を、修理費用はAの負担とする取決め

のもと、市場価格より低い賃料で賃借し、その修理をXに依頼したが、修理後Xから甲の引渡しを受けたAが修理代金を支払わないまま倒産したとしよう。修理により修理代金相当額以上の価値の増加が甲に残っているものとして、甲をAから引き揚げたYに、Xは修理代金相当額を不当利得として返還請求することができるか。このように、契約上の給付が第三者の利益となった場合に、給付者がその第三者に不当利得返還請求することを転用物訴権という。

判例はかつて、このような事案で、次のように述べてXのYに対する不当利得返還請求を認めた（最判昭和45・7・16民集24巻7号909頁）。Yの利得とXの損失には直接の因果関係がある。ただ、XはAに対して修理代金債権を取得するから、修理によりYの受ける利得は一応Aの財産に由来し、原則としてXはYに不当利得返還請求権を持たない。しかし、Aの無資力により修理代金債権が無価値であるときはその限度で、XはYに不当利得返還請求できる。

これに対して学説は、修理費用をAが負担する取決めのもとで低い賃料で賃貸された場合のように、Yの利得保有がAY間の関係全体から有償と認められる場合にXY間の転用物訴権を肯定すると、Yは、賃料を安くしたことに加えて修理代金相当額を支払うという二重の負担を強いられるなどと批判した。

判例はその後、AがYの所有するビル甲を、改修費用はAの負担とする取決めのもと、権利金を支払わず賃借し、改修をXに依頼したが、完成後Xから甲の引渡しを受けたAが、報酬をXに完済しないままYから賃貸借を解除され、所在不明となった事案で、XのYに対する不当利得返還請求が認められるのは、YA間の賃貸借契約を全体としてみてYが無償で利益を受けたときに限られるとして、この請求を否定した（最判平成7・9・19民集49巻8号2805頁）。

Ⅲ　騙取金銭による弁済

AがXから金銭を騙取または横領し、それによりYに対する債務を弁済した場合、とくにAが無資力のとき、XがAに対して騙取または横領された金（騙取金）について不当利得返還請求をしても、実際にAから弁済を受けることは難しい。そこで、Xは騙取金についてYに返還請求できるだろうか。

この問題について、一方では、金銭の所有権はその占有とともに移転するものとされる（最判昭和39・1・24判時365号26頁）。その理由は、金銭は単なる価値表象物であるとの点にある。Ｘにとっては、Ａに与えた金銭と同価値の金銭の返還を受ければよいのであって、Ａに渡した紙幣等その物の返還が重要なのではない（→239頁）。また、金銭が市場に流通するものであることを考えると、Ｘの手元を離れた金銭にＸの所有権を及ぼし続けることは望ましくない。このことから、Ｙは、即時取得の成否を問うまでもなく、金銭の占有とともに原則として金銭の所有権も取得すべきことになる。したがって、Ｘには、金銭の所有権に基づく返還請求権は認められない（以上についてはNBS『物権法〔第2版〕』22頁以下も参照）。

　しかし、他方で、次のように、ＸＹ間の不当利得返還請求の可能性が認められる。「社会観念上Ｘの金銭でＹの利益を図ったと認められるだけの連結がある場合には、なお不当利得の成立に必要な因果関係があるものと解すべきであり、また、ＹがＡから右の金銭を受領するにつき悪意又は重大な過失がある場合には、Ｙの右金員の取得は、被騙取者又は被横領者たるＸに対する関係においては、法律上の原因がなく、不当利得となるものと解するのが相当である」（最判昭和49・9・26民集28巻6号1243頁）。ここでは、不当利得返還請求権の成立要件であるＸの損失とＹの利得の因果関係として、社会観念上の因果関係があれば足りるとし、Ｘの不当利得返還請求の可能性を認めた上で、Ｙの取引の安全が、Ｙが騙取金であることにつき善意無重過失であるかぎり法律上の原因を肯定するという形で図られている。

　これに対し、ＸＹ間の請求を不当利得ではなく債権者取消権の問題とする学説もみられる。この説によれば、金銭には個性がないので、ＡがＸに弁済する資力を有するかぎり、弁済が騙取金によることをＹが知っていたとしても、Ｙに責められるべき点はない。この種の事案の本質は、Ｘが、Ａに対する（不当利得）債権について弁済を受けられない場合に、債権の効力として第三者Ｙに何を請求しうるかという債権の対外的効力の問題にある。つまり、ＸＹ間の請求は、機能的にみれば債権者取消権そのものである。この説に従えば、Ｘの請求が認められるかどうかは、424条以下、とく424条の3の要件を満たすかどうか次第となろう（債権者取消権についてはNBS『債権総論』126頁以下参照）。

有体物の返還請求権と価値の返還請求権

騙取金銭による弁済について、本文で述べたのとは異なる角度から考察する見解もみられる。この学説は、有体物（紙幣・硬貨）としての金銭の所有権が占有とともにXからYに移転する結果、XのYに対する有体物所有権に基づく返還請求が否定されるとしても、AがXから金銭を騙取・横領したことにより金銭の持つ価値までAが取得するわけではないとする。このことから、騙取金銭の価値の所有権はなおXに帰属するとし、XのYに対する価値所有権に基づく返還請求を認める。ただし、Yは、Aに価値の処分権がないことについて善意無重過失であれば、金銭の価値所有権を即時取得しうるとする。

この学説の特徴は、第1に、金銭について有体物所有権と価値所有権を区別し、XのYに対する（不当利得返還請求権ではなく）価値所有権に基づく返還請求を認める点にある。第2に、流通性の高い金銭について取得者Yの取引の安全を、Yが善意無過失ではなく善意無重過失であれば金銭の価値所有権を即時取得するとすることにより、同様に流通性の高い手形・小切手の即時取得（手形16条、小切手21条参照）と類似の要件のもとで図るものといえる（以上については NBS『物権法〔第2版〕』24頁も参照）。

事項索引

259

判例索引

●著者紹介

根本尚徳（ねもと・ひさのり）
北海道大学大学院法学研究科教授
早稲田大学大学院法学研究科博士後期課程研究指導終了（2007年）
博士（法学）
[序章・第 1 章・第 2 章・第 3 章・第 4 章・第 5 章・第 6 章]

『差止請求権の理論』（有斐閣、2011年）
「民事責任能力の意義に関する基礎的・比較法的考察——ドイツの学説による議論を手がかりとして」中原太郎編著『現代独仏民事責任法の諸相』（商事法務、2020年）など

林　誠司（はやし・せいじ）
北海道大学大学院法学研究科教授
北海道大学大学院法学研究科博士後期課程単位取得退学（2002年）
博士（法学）
[第10章・第11章・第12章・第14章・第15章・第16章・第17章・第18章]

「監督者責任の再構成(1)～(11・完)」北大法学論集55巻 6 号～58巻 3 号（2005年～2007年）
『オリエンテーション民法』（共著、有斐閣、2018年）など

若林三奈（わかばやし・みな）
龍谷大学法学部教授
立命館大学大学院法学研究科博士課程単位取得退学（1998年）
[第 7 章・第 8 章・第 9 章・第13章]

「損益相殺——損益相殺的な調整の意義と課題」藤村和夫ほか編『実務交通事故訴訟大系 第 3 巻』（ぎょうせい、2017年）
「ふるさと喪失損害の意義——生活再建後になお遺る包括生活基盤の喪失・変容による機能障害」和田真一ほか編『現代市民社会における法の役割』（日本評論社、2020年）など

日本評論社ベーシック・シリーズ＝NBS

事務管理・不当利得・不法行為
（じむかんり・ふとうりとく・ふほうこうい）

2021年6月25日第1版第1刷発行

著　者————根本尚徳・林　誠司・若林三奈
発行所————株式会社　日本評論社
　　　　　　　〒170-8474　東京都豊島区南大塚3-12-4
電　話————03-3987-8621（販売）
振　替————00100-3-16
印　刷————精文堂印刷株式会社
製　本————株式会社難波製本
装　幀————図工ファイブ

検印省略　©H. Nemoto, S. Hayashi, M. Wakabayashi　　　ISBN 978-4-535-80695-5